14 x Amerika-Gedenkbibliothek

14 x Amerika-Gedenkbibliothek

Architekten aus den Vereinigten Staaten planen für Berlin
Architects from the United States planning for Berlin

Herausgeber/editor: Kristin Feireiss

Ernst & Sohn

Auslober des Wettbewerbs
Der Senator für Bau- und Wohnungswesen, Berlin

Veranstalter der Ausstellung
Der Senator für Bau- und Wohnungswesen, Berlin, und Amerikahaus Berlin

Organisation der Ausstellung
Kristin Feireiss

Koordination der Ausstellung
Miller Stevens

Der Katalog entstand mit der freundlichen Unterstützung
des Senators für Bau- und Wohnungswesen, Berlin,
des Amerikahauses Berlin und der Initiative Berlin-USA e.V.

Verlag für Architektur und technische Wissenschaften
Berlin
ISBN 3-433-02288-7

Reproduktionen
Reprogesellschaft Lutz Wahl mbH, Berlin

Satz und Druck
Alphabet KG, Berlin

Bindearbeiten
Buchbinderei Bruno Helm, Berlin

Photographien
John Nichols (Morphosis), Hans-Joachim Wuthenow

Übersetzungen
Chris Charlsworth, Miller Stevens und Annette Tietenberg

Gestaltung
Kristin Feireiss und Axel Menges

Herstellerische Betreuung
Fred Willer

Geleitwort
Prefatory note
Harry J. Gilmore
American Minister, U.S. Mission Berlin
6

Vorwort
Foreword
Georg Wittwer
Senator für Bau- und Wohnungswesen, Berlin
7

Die Geschichte der Amerika-Gedenkbibliothek
The history of the Amerika-Gedenkbibliothek
8

Ein Problem mit drei Schokoladenseiten
A problem with three sunny sides
Falk Jaeger
10

Die Mitglieder der Jury
The members of the jury
17

Die Ergebnisse des Wettbewerbs
The results of the competition
17

Die Entwürfe
The projects
18

Biographische Notizen
Biographical notes
132

Geleitwort
Harry J. Gilmore
American Minister, U.S. Mission Berlin

Die Amerika-Gedenkbibliothek trägt in ihrem Geist und in ihrer Geschichte den Anspruch und die Verpflichtung der Freiheit, der Offenheit und des Fortschritts.
Sie wurde in der Zeit von 1950 bis 1954 erdacht und erbaut mittels einer Spende des amerikanischen Volkes, das seinem Dank und seiner Bewunderung für den Freiheitswillen und die Standhaftigkeit der Berliner Bevölkerung während der Blockade 1948/49 Ausdruck verleihen wollte. Konzipiert als öffentliche Bibliothek nach dem Vorbild der amerikanischen »public library«, stellt sie sich seit ihrer Eröffnung in den Dienst ihrer Benutzer aus allen Berufen, Altersgruppen und Bevölkerungsschichten. Seit ihrer Gründung gehört sie zu den modernsten Bibliotheken in Europa und hat immer wieder richtungsweisende Impulse für die Entwicklung des Bibliothekswesens gegeben.
Mit der Planung und Verwirklichung einer großzügigen Erweiterung, wie sie in diesem Wettbewerb angestrebt und eingeleitet wird, kann die Amerika-Gedenkbibliothek auch in Zukunft diesen Ansprüchen und Aufgaben gerecht werden.
Bei der Grundsteinlegung im Jahre 1952 nannte der damalige amerikanische Außenminister Dean Acheson die Amerika-Gedenkbibliothek »ein Symbol unserer gemeinsamen Sache und unseres gemeinsamen Handeln, das zeigt, wie sehr die Freiheit, die wir erstreben, im Grunde eine recht einfache, selbstverständliche und persönliche Angelegenheit ist – nämlich die Freiheit zu lernen und die Wahrheit zu suchen. Sie ist das wesentliche Merkmal einer freien Gesellschaft und die Quelle unserer Lebenskraft.«
Die neue, erweiterte und modernisierte Amerika-Gedenkbibliothek bleibt ein Symbol dieser Freiheit und der Freundschaft zwischen Berlin und den USA, die sich auf diese Freiheit gründet.

Prefatory note
Harry J. Gilmore
American Minister, U.S. Mission Berlin

The Amerika-Gedenkbibliothek embodies in its spirit and history the claim and commitment to freedom, openness and progress.
The library was conceived and constructed with a donation from the American people who wanted to express their gratitude and admiration for the will to freedom and steadfastness of the Berliners during the 1948/49 Blockade. The Amerika-Gedenkbibliothek was created in the tradition of the American »public library«. From its opening day, it has served the needs of Berliners of all ages, occupations and backgrounds. Founded as one of the most modern libraries in post-war Europe, it has directed and stimulated library development.
The planning and realization of a spacious library annex, initiated by this competition, assures that the Amerika-Gedenkbibliothek will be able to meet its high purpose and commitment in the future.
At the laying of the cornerstone in 1952, the American Secretary of State Dean Acheson called the Amerika-Gedenkbibliothek »a symbol of our intentions and our common action which shows that the freedom we strive for is really a quite simple, basic and personal matter. It is the freedom to learn, to seek the truth. It is the essential characteristic of a free society and the source of our great power.«
In this spirit of freedom, the renovated, expanded and modernized Amerika-Gedenkbibliothek will remain a symbol of the friendship between Berlin and the United States.

Vorwort
Georg Wittwer
Senator für Bau- und Wohnungswesen, Berlin

Die Amerika-Gedenkbibliothek (AGB) ist zu einem Symbol der deutsch-amerkanischen Beziehungen nach dem Zweiten Weltkrieg geworden.
Mit der Auslobung dieses beschränkten Wettbewerbs ausschließlich unter amerkanischen Architekten wird die Intention verbunden, die freundschaftlichen Beziehungen zwischen Amerikanern und Berlinern auch auf dem Gebiet der Architektur zu fördern.
Nach langwierigen Vorarbeiten, denen ein Konzept der Amerika-Gedenkbibliothek aus dem Jahre 1978 zugrunde lag, war es im August 1988 gelungen, ein Raumbedarfsprogramm festzulegen.
Im Bauwettbewerb für die Amerika-Gedenkbibliothek wird nicht nur eine quantitative Erweiterung für die seit der Errichtung ständig gewachsenen Buchbestände erwartet, die AGB soll sich auch auf veränderte und sich weiter verändernde Ansprüche und Bedürfnisse ihrer Besucher einstellen und ihre Angebote verbessern und um neue ergänzen. Die Erschließung neuer Medien, verbunden auch mit neuen Techniken der Informationsvermittlung für die Besucher einer öffentlichen Bibliothek stellt dabei neben den klassischen Bibliotheksaufgaben sicher die entscheidende Herausforderung dar.
Städtebaulich ist die Erweiterung eines solchen Solitärs, der dem Geiste der frühen fünfziger Jahre entspricht, eine Herausforderung im doppelten Sinne. Der Architekt muß nicht nur eine Antwort auf das bestehende Gebäude, sondern auch eine Antwort auf inzwischen gewandelte städtebauliche Ziele und Leitvorstellungen finden, indem er die architektonische Formensprache neu definiert.
Seit der Errichtung der AGB hat sich die städtebauliche Situation insbesondere durch die Neubebauung des Mehringplatzes und die Verlegung der Straßen derart verändert, daß die damalige Planungsabsicht und Wirkung des Gebäudes heute kaum noch nachvollziehbar sind.
Das städtebauliche Erscheinungsbild des Blücherplatzes erfordert daher aus heutiger Sicht eine Neugestaltung des gesamten Blockes, wobei aber der Gebäudecharakter der AGB als Solitär erhalten bleiben soll. Nicht nur deshalb, sondern auch aus planungsrechtlichen und funktionalen Überlegungen heraus sollte die Erweiterung in unmittelbarem Anschluß an den Altbau erfolgen. Alle anderen Freiraumelemente der unmittelbar dem Gebäude zugeordneten Außenbereiche wie auch des übrigen Blockes sollen in einer Neugestaltung dem erweiterten AGB-Gebäude, aber auch neueren städtebaulichen Zielvorstellungen Rechnung tragen.

Foreword
Georg Wittwer
Senator für Bau- und Wohnungswesen, Berlin

The Amerika-Gedenkbibliothek (AGB) has become a symbol of the German-American relationships following the Second World War.
The sponsoring of the competition exclusively limited to American architects is related to the sponsor's intention of supporting the friendly relationships between Americans and Germans in the field of architecture.
After long and difficult planning based on a concept from 1978, a spatial requirements program was successfully obtained in August 1985.
The architectural competition for the Amerika-Gedenkbibliothek therefore anticipates not only a quantitative addition for the holdings which have constantly increased since the establishment of the library. It is also expected that the AGB adjust to the changed and further changing standards and needs of the users, improve its offerings and supplement these with new acquisitions. The inclusion of new media, connected with new technologies of information acquisition for the users of a public library, certainly represents, in addition to the classic library tasks, the most decisive challenge.
The addition to the solitary structure, with elements of urban planning and architecture corresponding to the mentality of the early 1950's, poses a two-fold challenge. The architect must not only find an answer to the existing building, he must also find an answer to the urban planning goals and concepts which have changed in the meantime by defining a new architectural »language« of form.
Since the AGB was first built, the urban planning situation has changed to such an extent, particularly by the new construction of the Mehringplatz and the changes of the street system, that the original planning intention and effect of the building are hardly recognizable.
From the current point of view, the appearance of the Blücherplatz, in the sense uf urban planning, therefore requires a new design of the entire block. This should involve maintaining the building's character as a solitary structure. Based on this and on considerations of function and planning law, the addition should directly connect to the existing building. All other elements which belong to the immediate outdoor area of the building and to that of the block should be subordinated to a new design serving both the extended AGB building and new goals of urban planning.

Die Geschichte der Amerika-Gedenkbibliothek

Die Einrichtung der Amerika-Gedenkbibliothek als Berliner Zentralbibliothek setzt eine Tradition fort, die mit der Errichtung der ersten vier städtischen Volksbüchereien im Jahre 1850 begann. Schon damals orientierte man sich auf Anregung des Historikers Friedrich von Raumer am amerikanischen Vorbild der »Public Library«.
Im Jahre 1907 wurde die Berliner Stadtbibliothek mit einem Bestand von 89.000 Büchern als Zentralbibliothek eröffnet. Diese Bibliothek war zunächst in dürftigen Räumen in der Zimmermannstraße und ab 1921 im ehemaligen Marstallgebäude untergebracht. Drei Planungen für den Bau eines eigenen Bibliotheksgebäudes konnten aufgrund widriger politischer und ökonomischer Verhältnisse nicht realisiert werden.
»Stattdessen vollzog sich seit Mitte der zwanziger Jahre im Konzept der Stadtbibliothek, die vorher den Public Libraries des Auslandes geähnelt hatte, eine bemerkenswerte Veränderung, weil sie, gestützt auf wertvolle Schenkungen und Spezialsammlungen, die Eigenheiten der volksbibliothekarischen Arbeiten aufgab und sich ausschließlich wissenschaftlichen Bedürfnissen zuwandte.« (Fritz Moser, erster Direktor der AGB, in *Amerika-Gedenkbibliothek, Berliner Zentralbibliothek,* Festschrift zur Eröffnung am 17. September 1954.)
Nach der Spaltung Berlins im Jahre 1948 verfügte Berlin-West mit Ausnahme der Lateinamerikanischen Bibliothek über keine Großbibliothek mehr. Die Staats-, Stadt- und Universitätsbibliothek waren im Ostteil der Stadt beheimatet.
Um dieses Defizit aufzufangen, wurde daher 1948 zunächst die Wissenschaftliche Zentralbibliothek in Dahlem gegründet.
Die Idee zur Gründung der Amerika-Gedenkbibliothek entstand 1950. Anlaß war eine Spende des amerikanischen Volkes in Höhe von einer Million Dollar zur Errichtung eines kulturellen Gebäudes. Das amerikanische Volk wollte mit dieser Spende seine Bewunderung für die standhafte Haltung der Berliner Bevölkerung während der Blockade aussprechen. Dank des intensiven Bemühens des damaligen Oberbürgermeisters Ernst Reuter fiel die Entscheidung zugunsten einer »Public Library« aus.
Mit der Errichtung einer »Public Library« sollte an die seit der Mitte des vergangenen Jahrhunderts bestehende – jedoch in den zwanziger Jahren des 20. Jahrhunderts zurückgedrängte – Tradition der Bibliothek nach amerikanischem Vorbild angeknüpft werden.
Die Spende war mit der Auflage an den Senat verbunden, daß dieser für die laufenden Kosten der gesamten Bibliothek aufzukommen habe. Weitere Auflagen wurden nicht gemacht.
Trotz mehrerer möglicher Standorte im City-Bereich wurde schließlich das Grundstück am Halleschen Tor für den Bau ausgesucht, u.a. auch deswegen, weil es genügend Platz bot für eventuell später notwendige Erweiterungen. Eine weitere Überlegung, die zu diesem Standort führte, war die Nähe des Ostsektors und damit zusammenhängend die zentrale Lage für ganz Berlin.
Im Jahre 1951 wurde ein bundesweiter Ideenwettbewerb zum Bau der Amerika-Gedenkbibliothek ausgeschrieben. 500 Architekten, von denen 193 einen Entwurf abgaben, bekundeten das große Interesse der deuschen Architekten an dieser Bauaufgabe. Das Ergebnis offenbarte jedoch die anfänglichen Schwierigkeiten, vor welche sich die Architekten durch diese neue Idee und Funktion einer Großbibliothek gestellt sahen. So konnte das Preisgericht auch keinen eindeutigen 1. Preis vergeben, sondern ordnete den Entwurf der Arbeitsgemeinschaft Gerhard Jobst, Willy Kreuer und Hartmut Wille sowie die Arbeit von Hans Peter Burmester aus Karlsruhe der 1. Preisgruppe zu. Mit einem Ankauf wurde u.a. die Arbeit von Fritz Bornemann ausgezeichnet.

The history of the Amerika-Gedenkbibliothek

The establishment of the Amerika-Gedenkbibliothek as the Berlin Central Library (Zentralbibliothek) continues a tradition which began with the founding of the first four city public libraries in 1850. The founding, suggested and supported by the historian Friedrich von Raumer, was already at that time oriented to the American model of the public library.
In 1907 the Berlin City Library (Stadtbibliothek) with holdings of 89,000 books was opened as the Central Library. This library was housed at first in inadequate rooms on Zimmermannstraße and beginning in 1921, in the former »Marstall« building. Three planning projects for the construction of a library building could not be realized due to adverse political and economic conditions.
»Instead, beginning in the mid-twenties, there occurred in the trend of the City Library, which previously resembled the public libraries abroad, a remarkable change. The library, supported by valuable donations and special collections, gave up the peculiarities of public library work and devoted itself exclusively to academic/ scientific needs.« (Fritz Moser, first director of the AGB, in *Amerika-Gedenkbibliothek, Berliner Zentralbibliothek,* text from the library's opening on September 17, 1954.)
Following the division of Berlin in 1948, Berlin-West was separated from all of the city's libraries which remained after the war with the exception of the Latin American Library.
In order to alleviate this deficit the Academic/Scientific Central Library (Wissenschaftliche Zentralbibiliothek) was therefore established in 1948 in the city district of Dahlem.
The idea for the founding of the Amerika-Gedenkbibliothek arose in 1950. The reason was a donation from the American people of one million dollars for the construction of a cultural building, announced by the American High Commissioner John J. McCloy. With this donation the Americans wanted to express their admiration of the steadfast composure of the citizens of Berlin during the blockade of the city. The decision was finally made, with particular thanks to the intensive efforts of Ernst Reuter, for a public library.
By constructing a public library, a tradition of the library based on the American model was to be resumed which existed since the middle of the 19th century but which had been suppressed in the 1920's.
The donation was coupled with the sole obligation of the city administration (Senat) to provide the operation costs of the library. Despite several possible locations in the city, the property at Hallesches Tor was finally chosen as the building site, because, among other things, it offered sufficient space for possible expansions later. Another consideration which led to this site was the proximity to the Eastern sector and the correspondingly central location for entire Berlin.
In 1951 a national conceptual competition for the construction of the Amerika-Gedenkbibliothek was conducted. 500 architects, 193 of whom entered design proposals, testified to the great interest of the German architects in this design task. The results displayed, however, the initial difficulties of this new idea and function of a large library which faced the architects. The jury arrived at no unanimous decision but placed the design by the architects' collective of Gerhard Jobst, Willy Kreuer and Hartmut Wille and that of Hans Peter Burmester from Karlsruhe in the first prize group. The design by Fritz Bornemann was awarded with a purchase.
The construction of the building was commissioned to Gerhard Jobst, Willy Kreuer, Hartmut Wille and Fritz Bornemann, whose plans particularly stood out in the competition according to the jury. Assisted by several American experts, a final construction plan was arrived at.

Die Ausführung des Baues wurde den Architekten Gerhard Jobst, Willy Kreuer, Hartmut Wille und Fritz Bornemann übergeben, deren Pläne nach Auffassung der Jury besonders herausragten. Unterstützt durch die Mithilfe einiger amerikanischer Experten wurde ein endgültiger Bauplan ausgearbeitet.
Die offizielle Gründung der Amerika-Gedenkbibliothek fand im Jahre 1951 statt, die Grundsteinlegung erfolgte 1952. Nach zweijähriger Bauzeit konnte die AGB am 17. September 1954 eröffnet werden.
Zur Zeit ihrer Eröffnung im Jahre 1954 war die Amerika-Gedenkbibliothek die mit Abstand modernste Bibliothek in der Bundesrepublik Deutschland. Dies lag daran, daß hier zum ersten Mal nach dem Kriege ein großes neues Bibliotheksgebäude für eine öffentliche Bibliothek nach angloamerikanischem Vorbild als »Public Library« errichtet werden konnte.
Wesentliche Neuheit war das Angebot von rund 90.000 Bänden im Freihandbereich. So war es primär die neue Konzeption, die diese Bibliothek zum Vorbild für alle anderen Bibliotheken der Bundesrepublik Deutschland machte, wobei sich dies auch im Gebäude widerspiegelte.
Auch bei einem Anbau wird wieder angestrebt, daß die AGB beispielhaft für andere Bibliotheken sein soll. Das bedeutet in der heutigen Zeit einen entsprechenden Einsatz der Datenverarbeitung. Großzügige Freihandflächen sind auch in anderen Bibliotheken in den letzten Jahren schon angeboten worden. Hier gibt es inzwischen eine gewisse Konsolidierung im Bibliotheksbau. Die AGB kann also von anderen etwas übernehmen. Anders sieht es im Bereich der Datenverarbeitung aus; hier kann die Amerika-Gedenkbibliothek vorbildhaft für die gesamte Bundesrepublik Deutschland wirken.
Es ist beabsichtigt, in dem Gesamtgebäude der Bibliothek einen Bestand von 1,5 Mio. Bänden und anderen Materialien unterzubringen. Der Freihandbereich soll eine Gesamtbuchstellfläche bieten, die 350.000 Bände aufnimmt.
Der Standort der AGB im Schnittpunkt dreier U-Bahn-Linien ist für die Berliner Bevölkerung optimal, deshalb wird die Erweiterung der AGB einem Bibliotheksneubau an anderer Stelle vorgezogen. Die Gestaltung des Anbaus soll nicht nur den funktionalen Forderungen der Bibliothek entsprechen, sondern auch mit dazu beitragen, daß die stadträumliche Situation durch Würdigung geschichtlich gewachsener Stadtstrukturen verbessert wird.
Der Wettbewerb muß daher Planungsaussagen ergeben zu:
einer entsprechend anspruchsvollen Architektur, die sowohl der Aufgabenstellung der AGB als Berliner Zentralbibliothek als auch der Bedeutung des bestehenden denkmalwerten Gebäudes gerecht wird;
den städtebaulichen Anforderungen zur Verbesserung der stadträumlichen Situation am Blücherplatz.
Dabei werden benutzerfreundliche und zukunftsorientierte Lösungen erwartet, die in funktionaler und gestalterischer Hinsicht den Qualitätsvorstellungen moderner Bibliotheken entsprechen.

The official founding of the AGB occurred in 1951, the cornerstone was laid in 1952.
After two years of construction, the AGB was opened on September 17, 1954.
A building addition for the childrens's library was completed in 1955 according to plans from Fritz Bornemann.
At the time of its opening in 1954, the Amerika-Gedenkbibliothek was by far the most modern library in the Federal Republic of Germany. This was due to the fact that here, for the first time after the war, a large new library building could be constructed according to Anglo-American models of a public library.
A significant novelty was the presentation of 90,000 books in an open-access area. It was, therefore, the new concept of the organizational forms which made this library a model for all other libraries in the Federal Republic – something which was reflected in the building itself.
Similarly, by an addition to the library it is again striven for that the AGB may be exemplary for other libraries. Today this means a corresponding use of data processing. Large open-access areas have also been offered in other libraries in recent years. In the meantime a certain consolidation in library construction has emerged. The AGB can therefore take over some of the features of other libraries. In the area of data processing there is a different scenario. Here the AGB can function as a model for the entire Federal Republic.
It is planned to house holdings consisting of 1.5 million books and other materials in the entire library building, existing building plus addition. The open-access area is to offer an overall shelving space for 350,000 books.
The location of the AGB at the intersection point of three subway lines is optimal for the population of Berlin, despite the problem which a building addition poses compared to new planning and construction for such a large library. The design of the building addition should not only correspond to the library's functional requirements but should also contribute to the improvement of the urban spatial situation by respecting historically developed urban structures.
The competition must therefore result in planning statements addressed to:
an appropriately demanding architecture which will serve the function of the AGB as the Berlin Central Library;
the requirements of urban planning for the improvement of the urban spatial situation on Blücherplatz.
User-friendly and future-oriented solutions are thereby expected which correspond to the qualitative concepts of modern libraries with regard to function and design.

Falk Jaeger
Ein Problem mit drei Schokoladenseiten

»Anspruchsvolle Architektur, die sowohl der Aufgabenstellung der AGB als Berliner Zentralbibliothek als auch der Bedeutung des bestehenden denkmalwerten Gebäudes gerecht wird« forderte die Ausschreibung, und selbstverständlich auch die »Verbesserung der stadträumlichen Situation am Blücherplatz«. Das bedeutet bei Licht besehen nichts anderes, als daß hier ein charaktervoller Neubau gesucht wurde, der sich mit einer als Solitäranlage geplanten architektonischen Komposition verträgt und darüber hinaus einen stadträumlich und stadtgeschichtlich delikaten Ort zu adeln hat; wahrlich keine Übungsaufgabe fürs erste Semester!
Doch betrachten wir den Ort und werfen zunächst einen Blick zurück nach »Neu-America«. So hieß das Gelände nämlich schon vor 200 Jahren. Nicht daß man damals bereits an Amerika gedacht hätte, oder gar an eine gleichnamige Bibliothek. Auch nicht, daß man den Platz für die AGB bewußt wegen dieses Namens ausgesucht hätte. Es ist schlichtweg ein Zufall. Von dem wohl die wenigsten Berliner Kenntnis haben, denn der Name verschwand bereits 1860 wieder von den Landkarten. Die Herkunft des seltsamen Namens ist nicht geklärt und wird unterschiedlich gedeutet. Auch nachdem das Grundstück zum Blücherplatz geworden war, trug das stattliche Gebäude Blücherplatz 1 noch diesen offiziellen Namen.
Zunächst lag das Grundstück vor den Toren der Stadt. 1734 hatte der Soldatenkönig Friedrich Wilhelm I. die Stadt mit der

Falk Jaeger
A problem with three sunny sides

»High-quality architecture which meets the needs of the AGB as a central library and respects the significance of this historically valuable existing building«; this is what was called for in the invitation to compete, along with, of course, »an improvement in the urban quality of Blücherplatz.« In the cold light of day that, in fact, simply means that a new building was sought here which is full of character, is compatible with an architectural composition which was originally planned to stand alone, and in addition has the task of ennobling a site which is delicate both historically and as an element in the urban tissue. Certainly not a problem to set first year students!
But let us examine the site and start by taking a look back in time to »New America« which is what it was called 200 years ago. People at the time were not thinking about the country of America and certainly not about a library of the same name, nor was the site for the AGB chosen for its name. It was a pure coincidence and one which most Berliners know nothing about since the name disappeared from maps as early as 1860. The origin of the strange name has never been clarified and there are different theories about it. Even after the name changed to Blücherplatz the magnificent building on Blücherplatz 1 was still known unofficially by this name.
Originally the land lay outside the gates of the city. In 1734 the Soldier King, Friedrich Wilhelm I, had had a wall built around the city, not for defence (armaments were already at such an

Belle-Alliance-Platz, Landwehrkanal und Blücherplatz. Luftaufnahme um 1892

Belle-Alliance-Platz, Landwehrkanal and Blücherplatz. Aerial photograph around 1892

Akzisenmauer umfangen lassen, nicht zur Verteidigung (die Wehrtechnik war dafür schon etwas zu weit fortgeschritten), sondern zur Kontrolle des Güterverkehrs und gegen den Ausbruch von Deserteuren. Auch am Halleschen Tor, vor dem kreisrunden Belle-Alliance-Platz am südlichen Ende der neuen Friedrichstadt, wurden von den einreisenden Kaufleuten die Akzisen eingezogen . Vor dem barocken Stadttor am Ende der Friedrichstraße lag der schmale Landwehrgraben und gegenüber, am jenseitigen Ufer, erstreckte sich bereits das freie Land mit der Straße nach Tempelhof. Lediglich ein Holzplatz verwies auf die Stadtnähe des Areals.

Im Verlauf des neunzehnten Jahrhunderts reihten sich nach und nach einzelne Gebäude an die vor der Brücke und dem Halleschen Tor fächerförmig ausstrahlenden Straßen. Zwei prominentere Bauten sorgten für die Aufwertung des Quartiers: die Dragonerkaserne an der Tempelhofer Straße, ein imposanter, klassizierender Bau mit Festungscharakter von 1851, und bereits seit 1842 das Rother-Stift an der Einmündung der Tempelhofer Straße, ein Wohnstift für unverheiratet in Ehren ergraute Beamtentöchter.

Langsam formierte sich die städtebauliche Grundfigur des Blücherplatzes als in West-Ost-Richtung langgestrecktem Kreuzungspunkt. Hier trafen sich die den Landwehrgraben begleitenden Verkehrswege mit den nach Hasenheide und Rixdorf führenden Diagonalstraßen und der wichtigsten Ausfallstraße, jener nach Tempelhof, der heute Mehringdamm genannten Achse nach Süden. Die nördliche Begrenzung des Blücherplatzes bildete der sanft nach Süden ausschwingende, im 15. Jahrhundert angelegte Landwehrgraben, der 1883 bis 1889 zum Landwehrkanal ausgebaut wurde. »Nicht bloß technische, sondern auch landwirtschaftliche, selbst architektonische Rücksichten«, wie es 1896 hieß, bestimmten damals die Linienführung der neuen Wasserstraße. Zur selben Zeit wie der Kanal wurde die weiter östlich gelegene Kirche Zum Heiligen Kreuz errichtet. Der Entwurf des neugotischen Kuppelbaus aus Backstein stammt von Johannes Otzen. Das Rother-Stift zog 1898 nach Lichterfelde, das letzte noch offen bebaute Gartengrundstück am Blücherplatz wurde einer intensiveren Nutzung zugeführt. Die Reichspost und der Warenhauskonzern Jandorf, der 1926 von Hermann Tietz (»Hertie«) übernommen wurde, teilten sich das Grundstück an der Belle-Alliance-Straße, Ecke Tempelhofer Ufer. Jandorf ließ sich 1897 von dem Architekten Fritz Flatow an der Ecke ein überaus prächtiges, dreigeschossiges Warenhaus errichten, das mit viel barokkem Stuckwerk und einer Kuppel als Blickfang imponierte.

Die stadträumliche Genese des Blücherplatzes war um die Jahrhundertwende zu einem vorläufigen Abschluß gekommen. Nur unvollkommen fügte sich die von fünf Radialstraßen unterbrochene Randbebauung des entlang des Kanals offenen Platzes zu einer raumbildenden Platzwand, und doch vermochte er es, den seit dem Fall der Akzisenmauer nun geöffneten Raum des Belle-Alliance-Platzes (heute Mehringplatz) wie in einer Schale »aufzufangen«.

Doch diese glückliche Konstellation am Südende des barocken Berlin währte nur wenige Jahre. Bereits 1902 wurde die räumliche Verbindung durch eine Verkehrsverbindung jäh durchschnitten. Die U-Bahn Linie 1, entlang des Kanals als Hochbahn geführt, setzte neue Maßstäbe. Der U-Bahnhof, nicht auf der Achse der Friedrichstraße gelegen, verschob den Akzent nach Westen. Doch diese Veränderungen bewegten sich immer noch gewissermaßen im Rahmen des Städtebaus der Jahrhundertwende. Die Gebäude der südlichen Platzwand wurden in den zwanziger Jahren abgerissen und zunächst nicht ersetzt, so daß sich der Raum nach den südlich gelegenen Friedhöfen öffnete.

Für gründliche Öffnung allerseits sorgten dann die Bomben im

advanced stage that this would have been useless) but as an excise wall to control the transport of goods and also to prevent deserters from escaping. Excise duty was also collected from the merchants entering the city at Hallesches Tor, in front of the circus, Belle-Alliance-Platz. The narrow Landwehr ditch ran in front of the baroque gate to the city at the end of Friedrichstraße and on the other side of the river was already open countryside. Here the road out to Tempelhof began. A timber-yard was the only indication that the city was nearby.

During the course of the nineteenth century individual buildings were constructed anlong the streets in front of the bridge and along those which fanned out from Hallesches Tor. Two major buildings upgraded the neighbourhood. One of them was the Barracks of the Dragoons on Tempelhofer Straße, an imposing castle-like building with neo-classical aspirations, dating from 1851, and the other was the Rother-Stift at the junction of Tempelhofer Straße, a charitable institution providing a home for spinster daughters of civil servants in the twilight of their honourable lives.

Gradually the urban figure of Blücherplatz was formed, basically a junction drawn out in an east-west direction. Here the roads which ran parallel to the Landwehr ditch met those running off diagonally to Hasenheide and Rixdorf and the most important arterial road, leading to Tempelhof, the axis to the south, known today as Mehringdamm. The northern edge of Blücherplatz is defined by the Landwehr ditch which curves out gently towards the south. It had been dug in the 15th century and made into a canal in the years between 1883 and 1889. »Not only technical aspects but also landscape ones, even architectural ones«, it was said in 1896, were taken into consideration when planning the course of the new waterway. At the same time as the canal, the Heilig-Kreuz-Kirche was built further to the east. This neo-Gothic brick domed church was designed by Johannes Otzen. In 1898 the Rother-Stift moved to Lichterfelde and the last property on Blücherplatz with a garden and open style of building was given over to more intensive use. The property on the corner of Belle-Alliance-Straße and Tempelhofer Ufer was divided up between the Reichspost and the Jandorf chain of department stores, which was bought up in 1926 by Hermann Tietz (»Hertie«). In 1897 Jandorf had the architect Fritz Flatow build him a thoroughly magnificent, three-storey department store on the corner. With its lavish baroque stucco decoration and a dome serving as an eye-catcher it was a very impressive building.

The development of Blücherplatz into a true urban space had come to a temporary halt around the turn of the century. Althoug the perimeter development was repeatedly interrupted by the five roads in a radial arrangement and therefore formed only an incomplete wall to the square which was open on the canal side, it still managed to »scoop up« Belle-Alliance-Platz (now Mehringplatz) which had been opened up when the excise wall was torn down.

But this fortunate constellation on the southern edge of the baroque area of Berlin lasted only a few years. In 1902 the spatial composition was brutally bisected when line 1 of the Underground system was built, which at this point runs parallel to the canal on overhead tracks. The whole focus of the square was thus changed. The Underground station was not placed on the axis of Friedrichstraße and so the accent was shifted to the west. But these changes still remained, to some extent at least, within the context of urban design at the turn of the century. The buildings on the southern edge of the square were demolished in the twenties and at first nothing was built in their place so that the space opened directly onto the cemeteries to the south.

The bombs which fell during the Second World War ensured thorough opening up to all sides After the ruins had been

Zweiten Weltkrieg. Nach dem Abräumen der Ruinen hatte sich ein völlig verändertes Bild ergeben. Bis auf einige Reste am Mehringdamm waren sämtliche Begrenzungen des Blücherplatzes ausradiert. Nach Süden schaute man auf die Friedhöfe, nach Osten bot erst die Heilig-Kreuz-Kirche optischen Halt, im Norden vermißte man die Bebauung der Südlichen Friedrichstadt. Platz und Gelegenheit also, die Stadt neu zu ordnen, was dann auch geschah.

Inzwischen hat sich der Typus des Platzes in sein genaues Gegenteil verkehrt. Wo sich zuvor die Verkehrsströme kreuzten, vereinten und bündelten, ist heute ein verkehrstechnisches Vakuum. Durch Verschwenkung der Wilhelm- und der Lindenstraße und neue Brückenbauten wurden die Verkehrsströme an Mehringplatz und Blücherplatz vorbeigeleitet. Nach Süden hatte der Blücherplatz früher den Rücken frei, nun ist er hier durch eine neue Verkehrsader abgeschnitten. Dafür ist seine Verbindung zum Mehringplatz durch die neue Wegeführung und die Nutzung der Brücke als Busbahnhof unterbrochen, was jedoch nicht weiter ins Gewicht fällt, da der Mehringplatz inzwischen zum hermetisch geschlossenen Kreis bebaut wurde und mit sich selbst beschäftigt ist. Der Blücherplatz ist also heute nicht mehr durch Randbebauung, sondern durch tangierende Verkehrsströme definiert. »Platz« kann diese städtische Multifunktionsfläche nicht mehr genannt werden. Mit architektonischen Mitteln ist die Situation kaum mehr zu retten, wenn sich diese auf die »Mittelinsel«, also auf das Wettbewerbsgebiet beschränken müssen.

Das gelang schon nicht beim Bau der Amerika-Gedenkbibliothek vor 36 Jahren. Angesichts der gestörten Achse nach Norden blieb es ein gutgemeintes Unterfangen, den Neubau der AGB durch seine axiale Stellung und seine architektonische Ausprägung auf die Südliche Friedrichstadt zu orientieren. Der sehnsuchtsvolle Blick nach Norden, hin zum verlorenen Stadtzentrum, stößt bereits jenseits des Kanals an Grenzen. Am wirkungsvollsten ist das Erscheinungsbild der AGB, und das mußte auch für die Wettbewerbsteilnehmer eine wichtige Vorgabe sein, für die vielen tausend Passagiere, die täglich mit der U-Bahn die Gegend passieren und vom Hochbahnviadukt aus einen günstigen Blickwinkel auf das Gelände haben.

Auf einer Verkehrsinsel angesiedelt, mußte die AGB als Solitärbau geplant werden, der sich nirgendwo anlehnen kann und aus vielen Richtungen schon von weitem gut zu sehen ist. Die Architektur mußte darauf mit einem entsprechenden Baukörper und der angemessenen, selbstbewußten Architektursprache reagieren, was den Architekten zu jener Zeit nicht schwergefallen ist. Durch die verschränkte Anordung der Baukörper wurde der Bau allen Blickwinkeln gerecht. Nach keiner Seite zeigt der Bau die kalte Schulter.

Geradezu prototypisch repräsentiert er die Architektur der fünfziger Jahre mit ihren aus den zwanziger Jahren übernommenen rationalistischen Tendenzen, überformt und in ihrer Konsequenz gemildert durch den expressiven Schwung der fünfziger Jahre. Stereometrisch, klar und von einer gewissen Gefühlskälte zeigt sich der Hochbau. Seine Fassade variiert in noch grobnerviger Gliederung das Thema Betonskelettbau, doch der sanfte Schwung des gesamten Baukörpers enthebt ihn seines Gewichts, wie es der Zug der Zeit war. Auch die Mosaikfassung der Wandfelder unterstützt diese Absicht.

Wettbewerbsgebiet und Umgebung. Luftaufnahme aus dem Jahr 1984

Competition aerea and surroundings. Aerial photograph from the year 1984

cleared away a totally different picture was presented. Apart from a few remnants on Mehringdamm, all the buildings which had defined Blücherplatz had been wiped out. To the south it was possible to look right into the cemeteries, whilst to the east there was nothing to stop the eye until the Heilig-Kreuz-Kirche. To the north the building in Southern Friedrichstadt had disappeared. Here then was the chance and the space required to re-order the city and that is exactly what happened.

In the meantime the square has undergone a complete reversal. Where streams of traffic once crossed and merged, there is now a vacuum which has had all the traffic sucked out of it. Wilhelmstraße and Lindenstraße have been re-routed and new bridges built so that the traffic has been diverted away from Mehringplatz and Blücherplatz. The southern side of Blücherplatz used to have nothing behind it but now it is blocked off by a new traffic artery. At the same time its connection to Mehringplatz has been interrupted by the re-routing of the roads and the fact that the bridge is used as a bus station. This, however, is of no great import since Mehringplatz has been re-developed as a hermetically sealed ring and is totally self-related. To sum up: Blücherplatz is no longer defined by perimeter development but by streams of traffic going by it at a tangent. This multi-functional urban space can no longer be called a »square«. The situation cannot be saved by architectural means if they can only be used on the »central reservation«, i.e. the competition site.

The same problem was posed (and not solved) the first time round when the Amerika-Gedenkbibliothek was built 36 years ago. As the axis to the north had been destroyed, it was a well-meant undertaking to orientate the new AGB building with its axial positioning and its architectural expression to Southern Friedrichstadt. The wistful glance to the north towards the lost city centre only just reaches to the other side of the canal. The most impressive view of the AGB, and it was essential that this was emphasised in the competition brief, can be had by the many thousands of passengers who pass through the area each day on the overhead railway and can look at the site from a very favourable angle.

Situated as it is on a traffic island the AGB had to be planned as a free-standing building. It has nothing to lean on and is in a prominent position, clearly visible from many directions. The architects of the time had no difficulty in reacting to produce exactly what was needed – an appropriate building in an appropriate, self-confident architectural language. Its skew-wiff position means that the building is good from all sides. It gives the cold shoulder to no side.

It is a prototype example of the architecture of the fifties with its rationalist tendencies adopted from the twenties and exaggerated forms, their hardness mitigated by the expressive curve of the fifties. The building is stereographic, clear and to some extent lacking in emotional qualities. Its façade has a coarse expression which is a variation on the theme of the concrete skeleton frame building, yet the gentle curve of the overall building composition gives it a feeling of weightlessness which was the trend of the time. This effect is reinforced by the mosaic framing of the wall panels.

The architects Gerhard Jobst, Willy Kreuer, Hartmut Wille and Fritz Bornemann included the foyer and the reading rooms in the lively interplay, and used the graceful glass façade and undulating roof form to create elegance and lightness to form both a counterbalance and a background for the sober office wing. These qualities can still be felt today even if the condition of the building and its surroundings have a very negative effect on the way the building looks. The routing of the road in front of the western wall of the square, which was formerly the western perimeter of Tempelhofer Straße, can perhaps be explained and

Amerika-Gedenkbibliothek. Ansicht von Süd-West

Amerika-Gedenkbibliothek. South-west side

Die Architekten Gerhard Jobst, Willy Kreuer, Hartmut Wille und Fritz Bornemann schlossen auch das Foyer und die Lesesäle in das spannungsreiche Wechselspiel mit ein, gaben ihnen mit der grazilen Glasfassade und dem gewellten Dachprofil Eleganz und Leichtigkeit als Gegengewicht und Unterbau für den nüchternen Verwaltungstrakt.
Diese Qualitäten sind heute noch zu erleben, wenngleich sich der Bauzustand und das Umfeld sehr negativ auf das Erscheinungsbild des Gebäudes auswirken. Vielleicht ist die Straßenführung vor der westlichen Platzwand, der Westzeile der ehemaligen Tempelhofer Straße, noch zu erklären und städtebaulich zu rechtfertigen; sie dient der Häuserzeile als Vordergrund und Bezugsfeld. Genutzt wird sie nur noch als Platzerschließung. Völlig unverständlich und unbedingt verzichtbar ist jedoch deren Weiterführung vor der Nordseite der Bibliothek. Der Flächenaufwand zur Erschließung von 41 Stellplätzen ist unvertretbar. Kaum sinnvoller erscheinen die beiden organisatorisch und eigentumsrechtlich getrennten Parkplätze der Bibliothek mit 10 und 50 Stellplätzen. Eine Neuordung des Bereichs mit umweltgerechter und stadtgestalterisch verträglicher Gestaltung des Parkplatzangebots ist vonnöten.
Die Südseite des Platzes, eingenommen von der sechsspurigen Blücherstraße, ist an Unwirtlichkeit kaum zu überbieten. Unmut entzündet sich auch an den durchbrochenen Betonwänden beiderseits der Fahrbahn. Die Südseite mit den Friedhöfen ist

justified in terms of urban planning. It serves as foreground and point of orientation for the row of buildings. Today its sole use is to provide access to the car park. But what it is totally impossible to comprehend and perfectly possible to dispense with is the fact that it has been continued in front of the northern side of the library. The use of this amount of space to provide access to parking space of 41 cars is absolutely unjustifiable. The two car parks to the west of the library with 10 and 50 spaces, which are under separate administration and ownership, are just as pointless. It is essential that this area be re-organised to include parking space in a way which will neither harm the environment nor the appearance of the area.
The southern side of the square, dominated by a six-lane road here, Blücherstraße, is singularly unwelcoming. The hole-ridden concrete walls on either side of the road create a negative atmosphere. The southern side, where the cemeteries are, is certainly not capable of defining the significant edge, which would be needed to give the square form and character.
The situation to the east of the library is hardly better. Here there is a sprawling, anonymous bit of green space which has been laid out with a lack of imagination that words cannot describe. The high spot of architecture and urban design comes into view on the north-east corner of the site – the low building which houses the East German office dealing with entry visas. At its side is a strange apartment building with side wings, Waterloo-

ohnehin nicht in der Lage, dem Platz durch eine signifikante Randausbildung Fassung und Charakter zu geben.
Kaum besser sieht es östlich der Bibliothek aus. Hier breitet sich eine anonyme Grünfläche aus, deren einfallslose Gestaltung sprachlos macht. Als Höhepunkt architektonischer und städtebaulicher Kultur tritt in der Nordostecke des Geländes der Flachbau des »Büros für Besuchs- und Reiseangelegenheiten« ins Blickfeld, flankiert von dem wie ein einsamer Stiftzahn seltsamerweise stehengebliebenen Wohnhaus mit Seitenflügel, Waterloostraße 8, dessen Qualitäten seinen Erhalt wahrlich nicht rechtfertigen können. Daran vermag auch die künstlerische Überarbeitung der Brandwände nichts zu ändern. Beide Gebäude sollten bei der anstehenden Neuordnung des Gebiets zur Disposition gestellt werden. Auch die Ostflanke des Blücherplatzes wird von einer sechsspurigen Verkehrsführung begrenzt. Den räumlichen Abschluß leistet die Heilig-Kreuz-Kirche, die mit ihren Dimensionen auch dazu in der Lage ist.
Nach Südosten öffnet sich der Platz weiträumig in den weiteren Verlauf der Blücherstraße. Von hier aus ergibt sich auch eine der wichtigsten Blickachsen auf das Planungsgebiet. Diese und die Blickrichtung vom Mehringdamm aus sind die für die Neubauplanung wichtigen optischen Bezüge, dazu natürlich die gesamte Nordfront als Ansichtsfläche von der U-Bahn aus. Eine untergeordnete Rolle wird dagegen die Achse der Friedrichstraße spielen. Selbst wenn man, was denkbar und wünschenswert erscheint, den Bebauungsring des Mehringplatzes durch Herausnahme des südlichen Brückenelements öffnen würde, bliebe die Unterbrechung der Achse durch die U-Bahnbrücke bestehen.

straße 8, which has somehow managed to survive and now stands out like a sore thumb in the otherwise desolate landscape. Its quality can hardly justify its being preserved. The art work on the blank end walls cannot change that. The fate of both buildings should be made to depend on the plans to re-organise the area.
The estern side of Blücherplatz is also flanked by a six-lane road. The only definition to the space is provided by the Heilig-Kreuz-Kirche which has adequate dimensions to be able to do this.
The square opens up to the south-east and merges into Blücherstraße. From here there is one of the most important sight axes in the whole area earmarked for planning. Both this and the sight from Mehringdamm are important points of reference to be considered when planning any new buildings as is, of course, the whole northern front which can be seen from the overhead railway. The Friedrichstraße axis is not so important. Even if the ring of buildings which encircles Mehringplatz were to be opened up by taking out the bridge element on the southern side, something which is both conceivable and desirable, the axis would still be broken by the railway bridge.
Essentially the architects in 1988 were faced with similar problems as those in 1951, one of them being to design a free-standing building which turns its sunny side to the north and yet has to look presentable from the south-east and the south-west. An extremely rare design problem in inner-city areas which have numerous structural and design constraints of a different nature. The real design problem was presented by the existing building. Will it be respected, will it be integrated, will it remain dominant, will its style be given preferential treatment? These

Amerika-Gedenkbibliothek. Leseraum

Amerika-Gedenkbibliothek. Reading room

Im Grund genommen standen die Architekten des Jahres 1988 vor ähnlichen Problemen wie jene des Jahres 1951: einen Solitär zu entwerfen, der sich mit einer Schokoladenseite nach Norden wendet, der aber von Südwest und Südost ebenfalls ansehnliche Flanken zeigen muß. Eine Entwurfsaufgabe also, wie sie in innerstädtischen Situationen mit ihren sonst vielfältigen strukturellen und gestalterischen Randbedingungen äußerst selten ist. Die eigentlichen Entwurfsprobleme stellt der Altbau. Wird er respektiert, wird er integriert, bleibt er dominant, wird ihm die stilistische Präferenz zugesprochen? Das waren die wichtigsten Fragen, auf die die Bearbeiter durchaus unterschiedliche Antworten formulierten.
Die von der Ausschreibung geforderte »Verbesserung der stadträumlichen Situation« war vom Zentrum der Anlage aus kaum zu erreichen. Der Blücherplatz ist ein an seinen Rändern unzureichend gefaßter Stadtraum, der von der Orientierung auf sein Zentrum lebt. Ohne eine umfassende Neuordnung des gesamten Areals, über die gegebenen Grenzen des Wettbewerbs hinaus, muß das Bauvorhaben Stückwerk bleiben. Deshalb kommt der Nutzung und Ausprägung der Freiflächen im gegenwärtigen Verfahren eine überdurchschnittliche Bedeutung zu, zeigt das Wettbewerbsgebiet doch in fast allen Belangen erhebliche Mängel und einen entsprechenden Handlungsbedarf.

were the most important issues for which the architects came up with different responses.
The »improvement of the urban situation« called for in the competition programme could hardly be achieved by concentrating on the centre of the area. Blücherplatz is an urban space whose edges are insufficiently defined. Its lifeline is its central orientation. Unless the whole area is comprehensively re-ordered beyond the boundaries of the competition site, the building will be nothing but a one-off piece. The use and design of the open spaces ist therefore of paramount importance in this procedure despite the many other problems the competition site has in almost every respect and the concomitant need for action.

Vorsitzender des Preisgerichts/Chairman of the jury

Hardt-Waltherr Hämer, Berlin

Fachpreisrichter/Architectural jurors

John Hejduk, Riverdale, New York
Harry Faulkner-Brown, Northumberland, England
Erich Schneider-Wessling, Köln
Hardt-Waltherr Hämer, Berlin
Hans Kollhoff, Berlin
Manfred Schiedhelm, Berlin
Johan-Michael Fischer, Berlin

Stellvertretende Fachpreisrichter/Alternative architectural jurors

Kurt W. Forster, Santa Monica
Rolf Ramcke, Hannover/Berlin
Ulrich Stange, Berlin

Sachpreisrichter/Technical jurors

Lutz von Pufendorf, Berlin
Piet Schoots, Rotterdam
Peter Delin, Berlin
Karlheinz Wuthe, Berlin
Ortwin Ratei, Berlin
Richard Röhrbein, Berlin

Stellvertretende Sachpreisrichter/Alternative technical jurors

Dietger Pforte, Berlin
Ute Klaassen, Gütersloh
Ursula Müller-Schüssler, Berlin

Ständiger Berater/Permanent adviser

Fritz Bornemann, Berlin

Erste Preisgruppe/First prize group

Steven Holl (New York)
Karen van Lengen (New York)
Lars Lerup (Berkeley)

Zweite Preisgruppe/Second prize group

Ron Krueck, Keith Olsen (Chicago)
Mark Mack (San Francisco)

Sonderankauf/Special purchase

Morphosis - Michael Rotondi, Thom Mayne - (Santa Monica)

Ankäufe/Purchases

Marc M. Angélil, Sarah R. Graham (Los Angeles)
Andres Duany, Elizabeth Plater-Zyberk (Miami)
Paul Florian, Stephen Wierzbowski, William Worn (Chicago)
Dirk Lohan (Chicago)
Stanley Saitowitz (San Francisco)
Bernard Tschumi (New York)

Erster Rundgang/First round

Donald B. Genasci (Eugene, Oregon)
Wilfried Wang (Cambridge, Massachusetts)

Steven Holl (New York)
Mitarbeiter: Peter Lynch, Stephen Cassell, Friederike Grosspietsch, Pier Copat, Thomas Gardner, Bryan Bell, Markus Penell, Guy Nordenson
Ingenieure: Ove Arup & Partners
Graphik: John Nichols
Berliner Kontaktarchitekt: Stefan Schroth

Erläuterungsbericht

Unser Entwurf zur Erweiterung der Amerika-Gedenkbibliothek basiert auf folgendem Konzept:

Der Rundgang
Der Entwurf erweitert die philosophische Bedeutung des Freihandbereichs als ungehinderten Austausch zwischen Leser und Buch, indem die verfügbaren Bestände entlang eines Browsing-Rundgangs angeordnet sind. Dieser Rundgang zieht sich durch das ganze Gebäude und verbindet die Sammlungen der Bücherei zu einer Einheit.

Die Umklammerung
Der Rundgang umklammert als verformter Ring das existierende Gebäude. Der Anbau faßt die bestehende Bibliothek im Raum ein, ohne sich dieser über- oder unterzuordnen.

Städtebaulicher Standpunkt
Die Bedeutung der Lage des Grundstücks wird dadurch betont, daß die Bibliothek zu einem wichtigen städtebaulichen Element wird, analog einem Stadttor.

Der definierte Blücherplatz
Die Nordseite des Bibliothekanbaus bildet die südliche Begrenzung des neuen Blücherplatzes. Zusätzliche Gebäude zur Ost- und Westseite würden eine Definition des Platzes verstärken. Diese Gebäude können öffentliche Funktionen beherbergen, wie ein Konservatorium, einen überdachten Brunnen oder einen Treffpunkt für die Nachbarschaft. Erstellt aus Stein und Glas, werden die Gebäude sich auf die neue Steinpflasterung des Blücherplatzes beziehen. Kleine Glaskugelelemente werden in die Steinplattierung eingelassen und dienen als Lichtspender für die Parkgarage.

Park der Kirche Zum Heiligen Kreuz
Ein klar definierter Park, östlich der Bücherei, verstärkt die Verbindung zur Kirche Zum Heiligen Kreuz. Der Vorschlag, einen Teil der Zossener Straße zu schließen, würde die Verbindung vervollständigen.

Die Freihandbereiche
Die Bücherregale definieren als Stellwände Zonen unterschiedlichen Charakters im offenen Grundrißplan. Die Idee des Browsing-Rundgangs kommt in ihrer Vielfältigkeit zur Geltung durch die unterschiedlichen Regalaufstellungen.

Die Proportion
Die Proportion aller wichtigen Elemente, wie Innenräume, Außenräume und Konstruktionsraster, basiert auf einem Verhältnis von 1:1.618, das von der Höhe des vorhandenen Gebäudes abgeleitet wird.

Die räumliche Ordnung
Eine räumliche Ordnung setzt sich von den inneren Volumina zum Innenhof bis hin zum städtebaulichen Maßstab des

Steven Holl (New York)
Collaborators: Peter Lynch, Stephen Cassell, Friederike Grosspietsch, Pier Copat, Thomas Gardner, Bryan Bell, Markus Penell, Guy Nordenson
Engineers: Ove Arup & Partners
Graphics: John Nichols
Berlin contact architect: Stefan Schroth

Explanatory report

Our proposal for the Amerika-Gedenkbibliothek is based on the following concepts:

Circuit
This design extends the philosophical position of the open stack unobstructed meeting of the reader and the book by organizing the offerings along a browsing circuit. The circuit is a public path looping the building, presenting the collection of the entire library.

Bracketing
The circuit forms a slipped ring bracketing the original building. The extensions holds the original building in space without overpowering it or deferring to it.

Urban point
The importance of the site within the city plan is expressed by forming the library into a major urban element, analogous to a gate of the city.

Blücherplatz defined
The north face of the library addition defines the south edge of the new Blücherplatz. Additional buildings to the east and west would complete the definition of space. These buildings would contain public programs such as a conservatory, an enclosed public fountain, and a neighborhood information point. Built in glass and stone they would be designed in relation to the new stone paving of the Blücherplatz. Small cast glass lenses would be set into the stone paving bringing light to the parking below.

Park
A clearly defined park space to the east of the library would strengthen the connection to the Church Zum Heiligen Kreuz. The proposal to close a portion of the Zossener Straße would complete this connection.

Open stacks
The library stacks are developed as furniture, giving different characteristics to areas of the open plan. The concept of a browsing circuit ist given memorable variety by these different stack arrangements.

Proportion
Proportions of all major architectural elements, including interior and exterior spaces and structural grid, are determined by a single series (1:1.618) based on the height of the existing building.

Spatial hierarchy
A spatial hierarchy extends from interior volumes to the exterior enclosed court and into the urban scale of Blücherplatz, more clearly defined by the new library.

Niches
Seven human-sized recessed openings are set into the east and west curtain walls, providing a gazing point from each depart-

Blücherplatzes fort, der durch die neue Bibliothek klarer bestimmt wird.

Die Nischen
Sieben zurückgesetzte Öffnungen sind in die Ost- und Westfassade eingelassen und erlauben einen Ausblick aus jedem Fachbereich. Ellipsoide Linien verbinden die Nischen der einzelnen Bereiche miteinander.

Das Licht
Die vorgehängte Glasfassade ist unterteilt in lichtzerstreuende Bereiche aus sandgeblasenem weißem, bernsteinfarbenem und blauem Glas.

Der Turm und die Kinderbibliothek
Der Turm bietet einen öffentlichen Aussichtsraum - das Auge ist auf die Stadt gerichtet. Die freitragende Kinderbibliothek, hoch in der Luft, zeichnet das Kind als Wächter der Stadt aus. Der gewölbte Boden der Bücherei erlaubt das Lesen im Liegen.

Der Innenhof - Homage an Berlin
Wie ein alter Spiegel, wiederentdeckt und entstaubt, erinnert der Hof an die einmalige Geschichte des Berliner Hinterhofs. Außenbereiche zum Gehen und Sitzen sind gekennzeichnet durch Gedenkskulpturen, Erinnerungen an herausragende Literaten wie Johann Wolfgang von Goethe, Walter Benjamin, Heinrich von Kleist, Alfred Döblin, Thomas Mann, Martin Heidegger, Georg Büchner.

Die Konstruktion
Die Hauptkonstruktion ist ein Stahlbetonskelett mit einer vorgehängten Fassade aus sandgeblasenem klarem und farbigem Glas, das sich von Bereichen mit bleigeschichteten Metall- oder Edelstahlpaneelen absetzt. Die Kinderbibliothek ist aus Fachwerkträgern konstruiert, die mit sandgeblasenem und klarem Glas verkleidet sind.

Die Akustik
Besondere Beachtung ist der Akustik bei der Ausarbeitung der Innenräume gewidmet, von den leisen und langsam laufenden Gummi-Rampen bis zur Verwendung von schallabsorbierenden Oberflächenmaterialien, wie einem modernen Korkfußboden.

Atmosphäre
Zurückhaltende Farben und natürliche Materialien, wie Putz und Holz, tragen zu der ruhigen Gesamtatmosphäre bei, die für die Innenräume bestimmend ist.

ment. Ellipsoidal lines join the niches across departments as an analogue to the browsing circuit's transversal of categories.

Light
Under the grey skies of Berlin the large glass curtain walls of the library are developed in light diffusing sections of sandblasted white, amber and blue glass.

Tower and Children's Library
The tower offers a public observation point - a spatial lense focused on the city. The suspended Children's Library elevates children to caretakers of the city. It has sloped floors for reading while lying down.

Suspended court: Homage to Berlin
Like an ancient mirror dug-up and re-used, the court reveals the private part of the innerblock courtyards. Outdoor walls and sitting areas are marked by objects of remembrance, monuments to outstanding literary figures, like Johann Wolfgang von Goethe, Walter Benjamin, Heinrich von Kleist, Alfred Döblin, Thomas Mann, Martin Heidegger, Georg Büchner.

Construction
The main structure is an exposed concrete frame with curtain walls of sandblasted, clear and colored glass set off by areas of lead or stainless steel covered panels. The structure of the Children's Library is a lattice truss sheathed in sandblasted glass with vision panels.

Acoustics
Attention to acoustics is central to the development of interior spaces from the silent and smooth running of the inclined rubber ramps to the sound absorbent development of interior finishes such as modern cork floors.

Atmosphere
Subdued colors in natural materials such as plaster and wood contribute to a serene overall reflective mood characteristic for the interior.

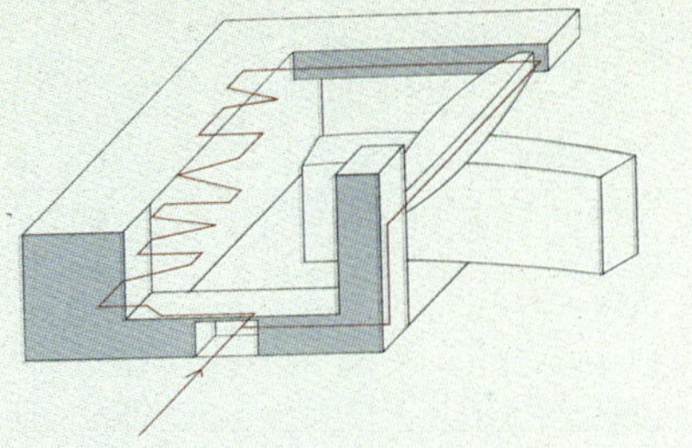

DER RUNDGANG

DER ENTWURF ERWEITERT DIE PHILOSOPHISCHE BEDEUTUNG DES FREIHANDBEREICHES – EIN UNGEHINDERTER AUSTAUSCH DES LESERS UND DES BUCHES. DIE VERFÜGBAREN BESTÄNDE SIND ENTLANG EINES "BROWSING RUNDGANGES" ANGEORDNET. DIESER RUNDGANG ZIEHT SICH DURCH DAS GANZE GEBÄUDE UND VERBINDED DIE SAMMLUNG DER BÜCHEREI ZU EINER EINHEIT.

CIRCUIT

THIS DESIGN EXTENDS THE PHILOSOPHICAL POSITION OF THE OPEN STACK – UNOBSTRUCTED MEETING OF THE READER AND THE BOOK – BY ORGANIZING THE OFFERINGS ALONG A BROWSING CIRCUIT. THE CIRCUIT IS A PUBLIC PATH LOOPING THE BUILDING, PRESENTING THE COLLECTION OF THE ENTIRE LIBRARY.

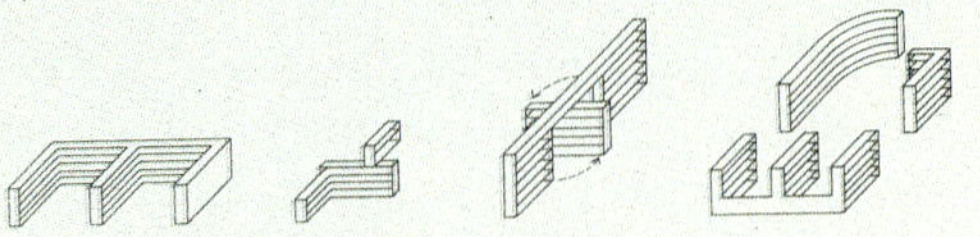

DIE FREIHANDBEREICHE – STELLVARIANTEN DER REGALE

DIE BÜCHERREGALE DEFINIEREN ALS STELLWÄNDE ZONEN UNTERSCHIEDLICHEN CHARAKTERS IM OFFENEN GRUNDRISSPLAN. DIE IDEE DES "BROWSING RUNDGANGES" KOMMT IN SEINER VIELFÄLTIGKEIT ZUR GELTUNG DURCH DIE UNTERSCHIEDLICHEN REGALAUFSTELLUNGEN – EINIGE BEISPIELE SIND OBERHALB GEZEIGT.

OPEN STACKS – VARIETY OF TYPES

THE LIBRARY STACKS ARE DEVELOPED AS FURNITURE GIVING DIFFERENT CHARACTERS TO AREAS OF THE OPEN PLAN. THE CONCEPT OF A BROWSING CIRCUIT IS GIVEN MEMORABLE VARIETY BY THESE DIFFERENT STACK ARRANGEMENTS, A FEW ARE AS ABOVE.

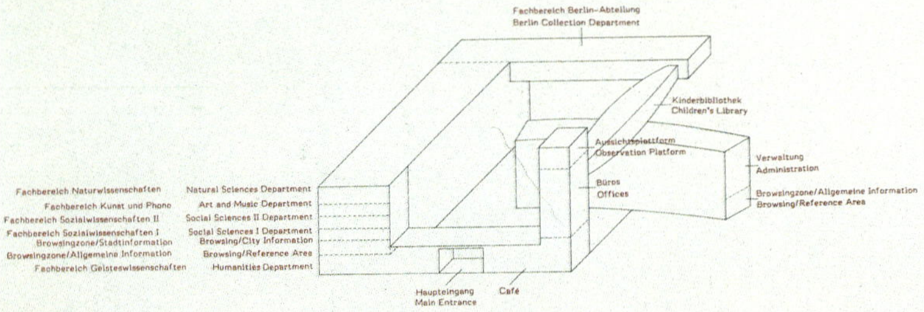

FUNKTIONSDIAGRAMM FUNCTION DIAGRAM

DER TURM UND DIE KINDERBIBLIOTHEK

DER TURM BIETET EINE ÖFFENDLICHE AUSSICHTSPLATTFORM– DAS AUGE IST AUF DIE STADT GERICHTET. DIE FREITRAGENDE KINDERBIBLIOTHEK, HOCH IN DER LUFT, ZEICHNET DAS KIND ZUM WÄCHTER DER STADT AUS. DER GEWÖLBTE BODEN DER BÜCHEREI ERLAUBT DAS LESEN IM LIEGEN.

TOWER AND CHILDREN'S LIBRARY

THE TOWER OFFERS A PUBLIC OBSERVATION POINT – A SPATIAL LENS FOCUSED ON THE CITY. THE SUSPENDED CHILDREN'S LIBRARY ELEVATES CHILDREN TO CARETAKERS OF THE CITY. IT HAS SLOPED FLOORS FOR READING WHILE LYING DOWN.

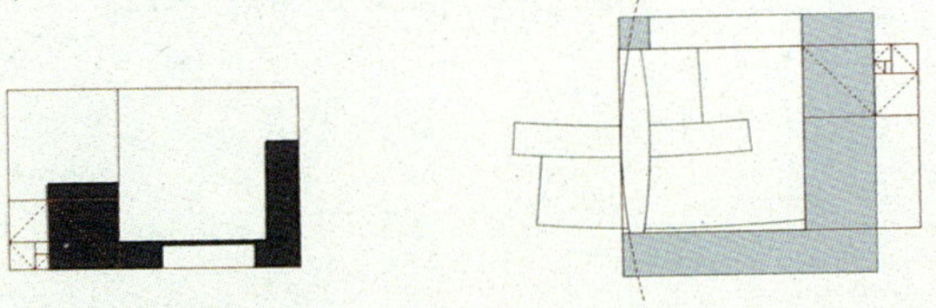

DIE PROPORTION

DIE PROPORTION ALLER WICHTIGEN ELEMENTE, WIE INNENRÄUME, AUSSENRÄUME UND KONSTRUKTIONSRASTER, BASIEREN AUF EINEM VERHÄLTNIS (1:1.618), ABGELEITET VON DER HÖHE DES VORHANDENEN GEBÄUDES.

PROPORTION

PROPORTIONS OF ALL MAJOR ARCHITECTURAL ELEMENTS, INCLUDING INTERIOR AND EXTERIOR SPACES AND STRUCTURAL GRID, ARE DETERMINED BY A SINGLE SERIES (1:1.618) BASED ON THE HEIGHT OF THE EXISTING BUILDING.

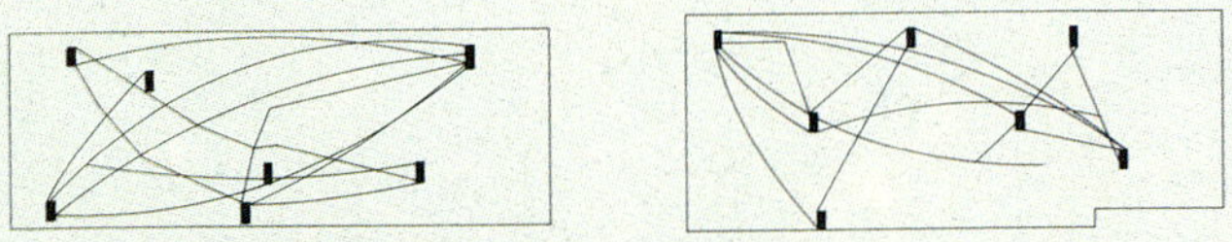

DIE NISCHEN

SIEBEN ZURÜCKGESETZTE ÖFFNUNGEN, IM MENSCHLICHEN MASSTAB, SIND IN DIE OST- UND WESTFASSADE EINGELASSEN UND ERLAUBEN EINEN AUSBLICK AUS JEDEM FACHBEREICH. ELLIPSOIDE LINIEN VERBINDEN DIE NISCHEN DER EINZELNEN BEREICHE MITEINANDER, ANALOG ZU DEM "BROWSING RUNDGANG," EIN DURCHKREUZEN VON KATEGORIEN.

NICHES

SEVEN HUMAN-SIZED RECESSED OPENINGS ARE SET INTO THE EAST AND WEST CURTAIN WALLS, PROVIDING A GAZING POINT FROM EACH DEPARTMENT. ELLIPSOIDAL LINES JOIN THE NICHES ACROSS DEPARTMENTS AS AN ANALOGUE TO THE BROWSING CIRCUIT'S TRAVERSAL OF CATEGORIES.

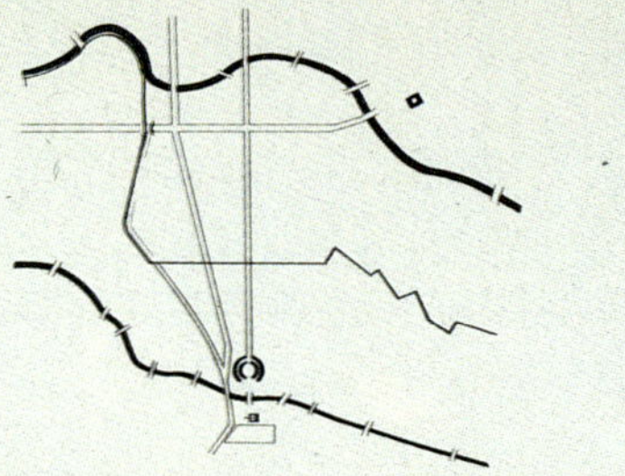

STÄDTEBAULICHER STANDPUNKT

DIE BEDEUTUNG DER LAGE DES GRUNDSTÜCKES WIRD BETONT, INDEM DIE BIBLIOTHEK ZU EINEN WICHTIGEN STÄDTEBAULICHEN ELEMENT WIRD, ANALOG ZU EINEM STADTTOR.

URBAN POINT

THE IMPORTANCE OF THE SITE WITHIN THE CITY PLAN IS EXPRESSED BY FORMING THE LIBRARY INTO A MAJOR URBAN ELEMENT, ANALOGOUS TO A GATE OF THE CITY.

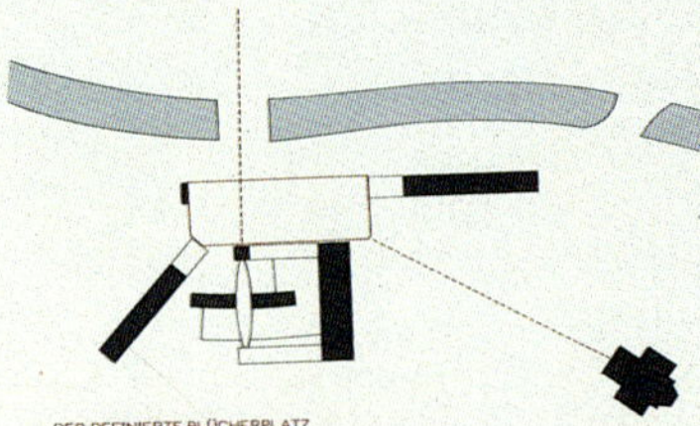

DER DEFINIERTE BLÜCHERPLATZ

DIE NORDSEITE DES BIBLIOTHEKANBAUS BILDET DIE SÜDLICHE BEGRENZUNG DES NEUEN BLÜCHERPLATZES. ZUSÄTZLICHE GEBÄUDE ZUR OST- UND WESTSEITE, WÜRDEN EINE DEFINITION DES PLATZES VERSTÄRKEN. DIESE GEBÄUDE KÖNNEN ÖFFENLICHE FUNKTIONEN BEHERBERGEN, WIE EIN KONSERVATORIUM, EINEN ÜBERDACHTEN ÖFFENDLICHEN BRUNNEN ODER EINE INFORMATIONSTELLE FÜR DIE NACHBARSCHAFT.

BLÜCHERPLATZ DEFINED

THE NORTH FACE OF THE LIBRARY ADDITION DEFINES THE SOUTH EDGE OF THE NEW BLÜCHERPLATZ. ADDITIONAL BUILDINGS TO THE EAST AND WEST WOULD COMPLETE THE DEFINITION OF SPACE. THESE BUILDINGS WOULD CONTAIN PUBLIC PROGRAMS SUCH AS A CONSERVATORY, AN ENCLOSED PUBLIC FOUNTAIN, AND A NEIGHBORHOOD INFORMATION POINT.

KIRCHE ZUM HEILIGEN KREUZ PARK

EIN KLAR DEFINIERTER PARK, ÖSTLICH DER BÜCHEREI, VERSTÄRKT DIE VERBINDUNG ZUR KIRCHE ZUM HEILIGEN KREUZ. DER VOSCHLAG EINEN TEIL DER ZOSSENER STRASSE ZU SCHLIESSEN, WÜRDE DIE VERBINGUNG VERVOLLSTÄNDIGEN.

CHURCH ZUM HEILIG KREUZ PARK

A CLEARLY DEFINED PARK SPACE TO THE EAST OF THE LIBRARY WOULD STRENGTHEN THE CONNECTION TO HOLY CROSS CHURCH. THE PROPOSAL TO CLOSE A PORTION OF ZOSSENER STRASSE WOULD COMPLETE THIS CONNECTION.

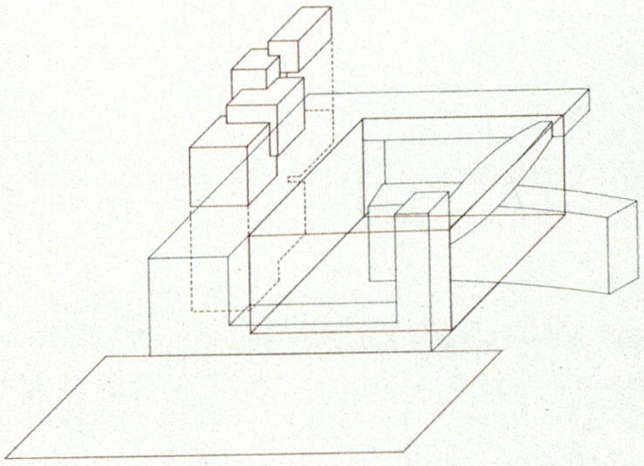

SPATIAL HIERARCHY

A HIERARCHY OF SPACES EXTENDS FROM INTERIOR VOLUMES TO THE EXTERIOR ENCLOSED COURT AND TO THE URBAN SCALE OF THE BLÜCHERPLATZ, MORE CLEARLY DEFINED BY THE NEW LIBRARY.

RÄUMLICHE ORDNUNG

EINE INNERE ORDNUNG VERBINDET DIE INNEREN VOLUMINA, DEN INNENHOF MIT DEM STÄDTEBAULICHEN MASSTAB DES BLÜCHERPLATZES, DER DURCH DIE NEUE BIBLIOTHEK KLARER BESTIMMT IST.

DIE KONSTRUKTION

DIE HAUPTKONSTRUKTION IST EIN STAHLBAUSKELETT MIT EINER VORGEHÄNGTEN FASSADE AUS SANDGEBLASENEN, KLAREN UND FARBIGEN GLAS, DAS SICH VON BEREICHEN MIT BLEIBESCHICHTETEN METALL – ODER EDELSTAHLPANELEN ABSETZT. DIE KINDERBIBLIOTHEK IST AUS FACHWERKTRÄGERN KONSTRUIERT, DIE MIT SANDGEBLASENEM UND KLAREN GLAS VERKLEIDET SIND.

CONSTRUCTION

THE MAIN STRUCTURE IS AN EXPOSED CONCRETE FRAME WITH CURTAIN WALLS OF SANDBLASTED, CLEAR AND COLORED GLASS SET OFF BY AREAS OF LEAD OR STAINLESS STEEL COVERED METAL PANELS. THE STRUCTURE OF THE CHILDREN'S LIBRARY IS A LATTICE TRUSS NET, SHEATHED IN SANDBLASTED GLASS WITH VISION PANELS.

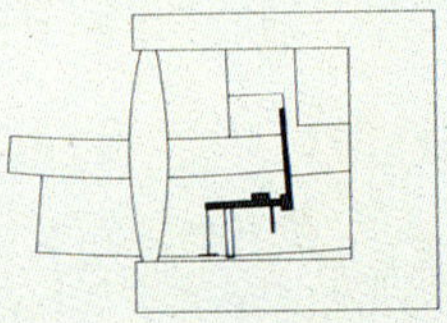

DER INNENHOF: HOMAGE AN BERLIN

WIE EIN ALTER SPIEGEL, WIEDERENTDECKT UND ENTSTAUBT, ERINNERT DER HOF AN DIE EINMALIGE GESCHICHTE DES BERLINER HINTERHOFS. AUSSENBEREICHE ZUM GEHEN UND SITZEN, SIND GEKENNZEICHNET DURCH GEDENKSKULPTUREN, WIDMUNGEN AN LITERATEN.

1. J. W. v. GOETHE
2. W. BENJAMIN
3. H. v. KLEIST
4. A. DÖBLIN
5. T. MANN
6. M. HEIDEGGER
7. G. BÜCHNER

SUSPENDED COURT: HOMAGE TO BERLIN

LIKE AN ANCIENT MIRROR DUG UP AND RE-USED, THE COURT REVEALS THE PRIVATE PAST OF THE INNER-BLOCK COURTYARDS. OUTDOOR WALLS AND SITTING AREAS ARE MARKED BY OBJECTS OF REACTION, MONUMENTS TO LITERARY FIGURES.

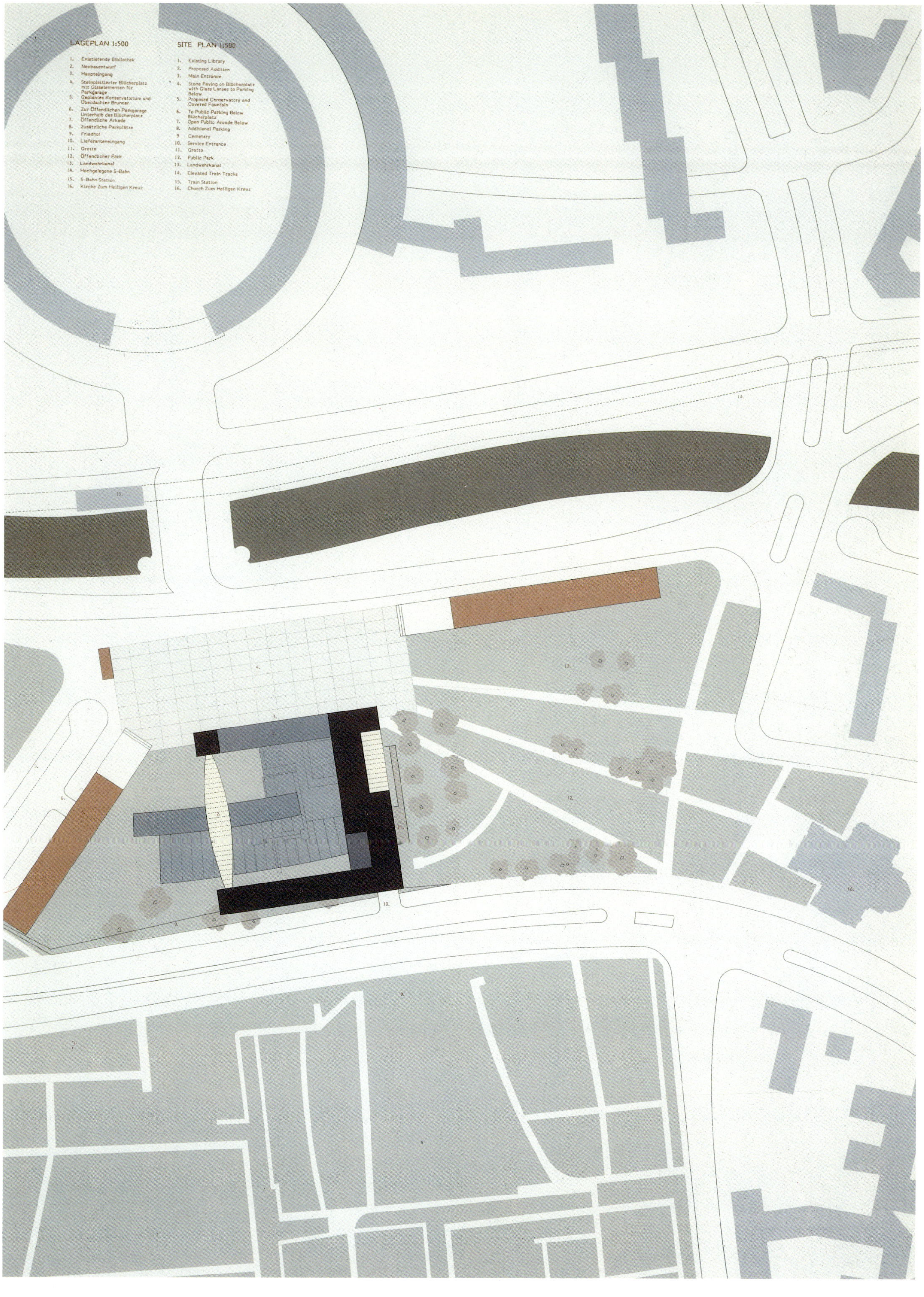
LAGEPLAN 1:500
1. Existierende Bibliothek
2. Neubauentwurf
3. Haupteingang
4. Steinplattierter Blücherplatz mit Glaselementen für Parkgarage
5. Geplantes Konservatorium und Überdachter Brunnen
6. Zur Öffendlichen Parkgarage Unterhalb des Blücherplatz
7. Öffendliche Arkade
8. Zusätzliche Parkplätze
9. Friedhof
10. Lieferanteneingang
11. Grotte
12. Öffendlicher Park
13. Landwehrkanal
14. Hochgelegene S-Bahn
15. S-Bahn Station
16. Kirche Zum Heiligen Kreuz
SITE PLAN 1:500
1. Existing Library
2. Proposed Addition
3. Main Entrance
4. Stone Paving on Blücherplatz with Glass Lenses to Parking Below
5. Proposed Conservatory and Covered Fountain
6. To Public Parking Below Blücherplatz
7. Open Public Arcade Below
8. Additional Parking
9 Cemetary
10. Service Entrance
11. Grotto
12. Public Park
13. Landwehrkanal
14. Elevated Train Tracks
15. Train Station
16. Church Zum Heiligen Kreuz

PROJIZIERTE NORDANSICHT   PROJECTED NORTH ELEVATION

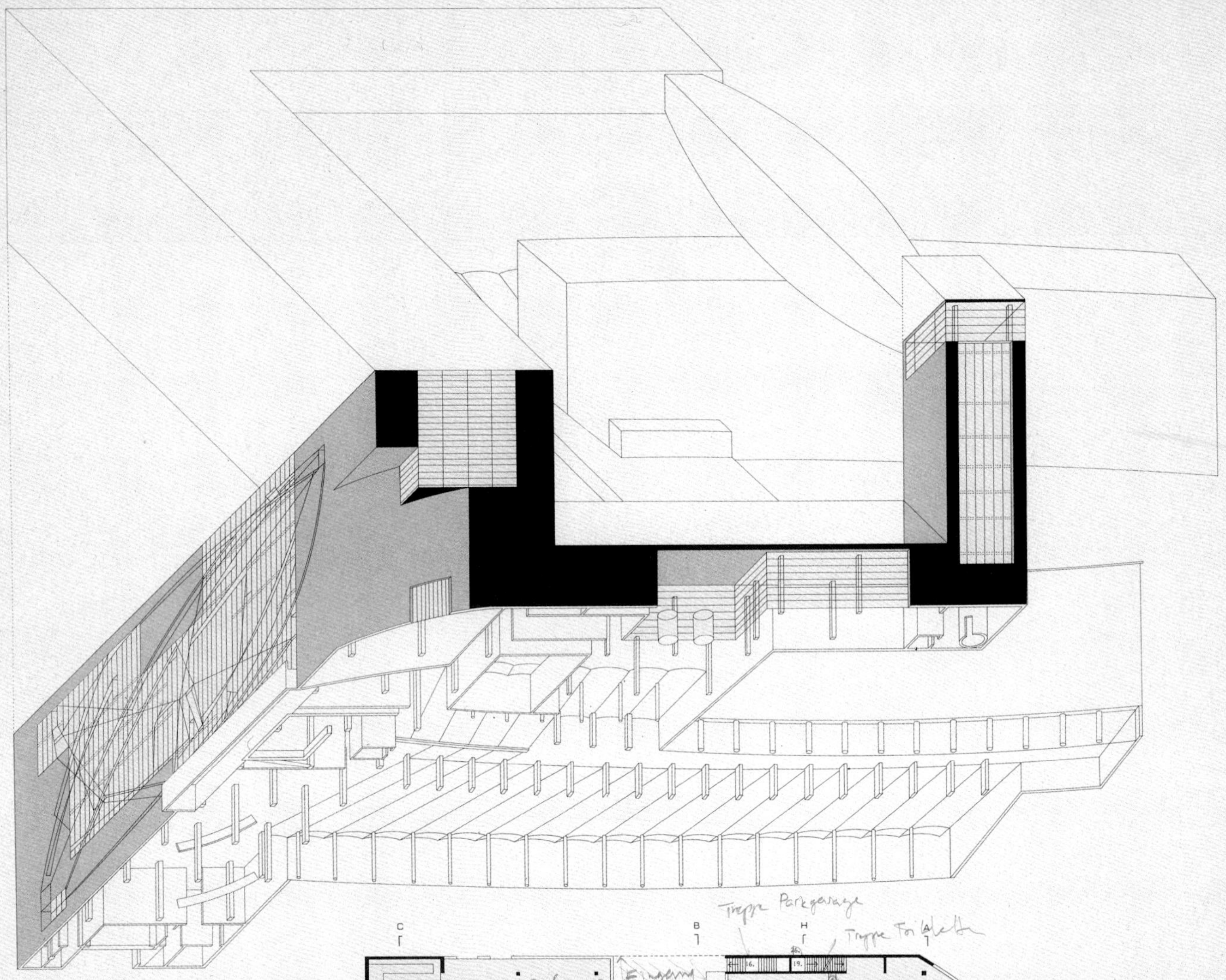

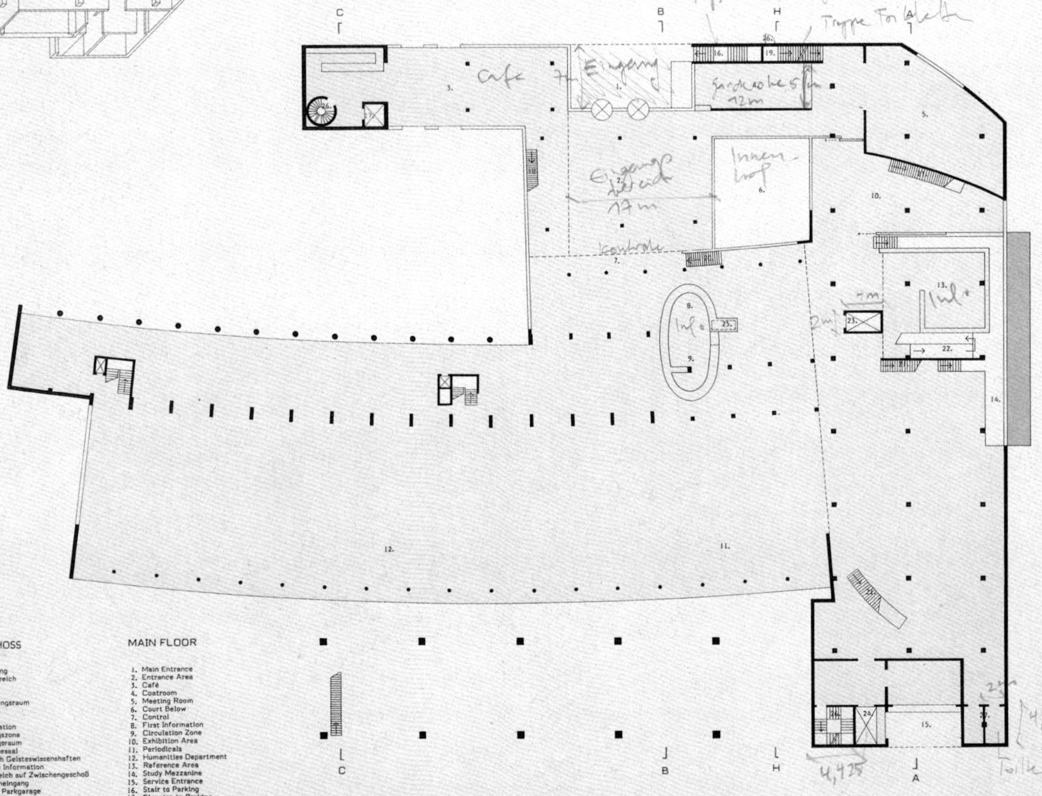

ERDGESCHOSS

1. Haupteingang
2. Eingangsbereich
3. Café
4. Gaderobe
5. Veranstaltungsraum
6. Innenhof
7. Kontrolle
8. Erstinformation
9. Verbuchungszone
10. Ausstellungsraum
11. Zeitungslesesaal
12. Fachbereich Geisteswissenshaften
13. Allgemeine Information
14. Arbeitsbereich auf Zwischengeschoß
15. Lieferanteneingang
16. Treppe zur Parkgarage
17. Aufzug zur Parkgarage und Kinderbibliothek
18. Treppe zur Caféterrasse
19. Treppe zu Toiletten
20. Treppe zu den Angestellten Schließfächern
21. "Rundgangtreppe"
22. Bewegliche Rampe innerhalb des "Rundgangs"
23. Öffendlicher Aufzug
24. Lieferanten Aufzug
25. Buchaufzug zum Magazin
26. Treppe zum Ausgang
27. Toiletten

MAIN FLOOR

1. Main Entrance
2. Entrance Area
3. Café
4. Coatroom
5. Meeting Room
6. Court Below
7. Control
8. First Information
9. Circulation Zone
10. Exhibition Area
11. Periodicals
12. Humanities Department
13. Reference Area
14. Study Mezzanine
15. Service Entrance
16. Stair to Parking
17. Elevator to Parking and Children's Library
18. Stair to Café Terrace
19. Stair to Toilets
20. Stair to Closed Stacks
21. "Circuit" Stair
22. "Circuit" Moving Ramp
23. Public Elevator
24. Service Elevator
25. Book Lift to Closed Stacks
26. Exit Stair
27. Toilets

I. OBERGESCHOSS

1. Browsing Zone .
2. Allgemeine Information im Erdgeschoß
3. Leseterrasse
4. Gedenkskulptur
5. Innenhof im Erdgeschoß
6. Caféterrasse
7. Angestellten Aufenthaltsraum
8. Café im Erdgeschoß
9. Angestellten Cafeteria
10. Treppe zum Ausstellungsraum
11. Treppe zum Zeitungslesesaal
12. "Rundgangtreppe"
13. Bewegliche Rampe innerhalb des "Rundgangs"
14. Öffendlicher Aufzug
15. Lieferanten Aufzug
16. Treppe zum Ausgang
17. Toiletten

II. FLOOR

1. Browsing Zone
2. Reference Below
3. Reading Terrace
4. Commemoratative Objects
5. Court Below
6. Café Terrace
7. Staff Lounge
8. Café Below
9. Staff Lunchroom
10. Stair to Exhibition Area
11. Stair to Periodicals
12. "Circuit" Stair
13. "Circuit" Moving Ramp
14. Public Elevator
15. Service Elevator
16. Exit Stair
17. Toilets

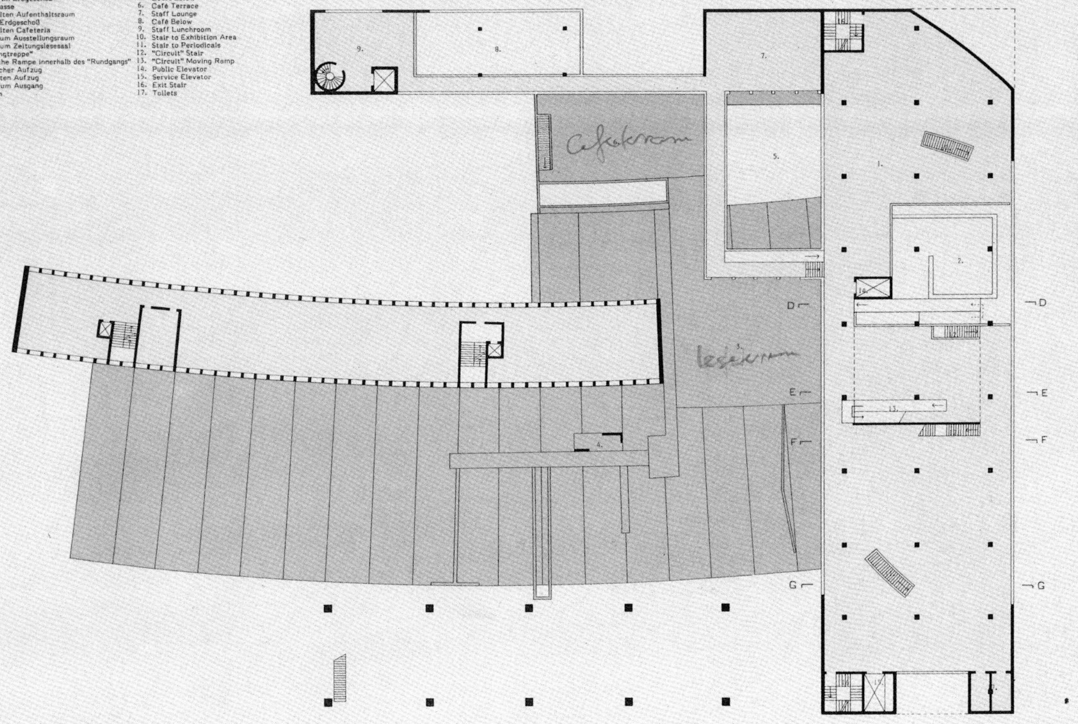

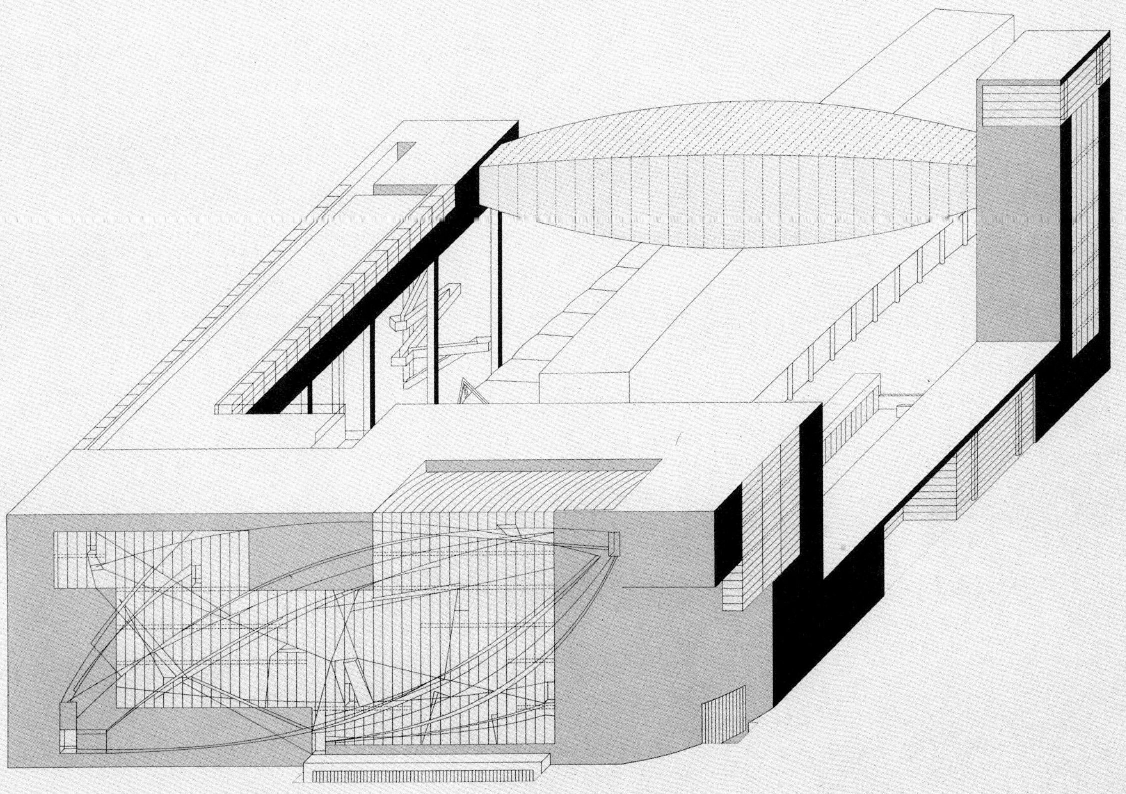

PROJIZIERTE OSTANSICHT PROJECTED EAST ELEVATION

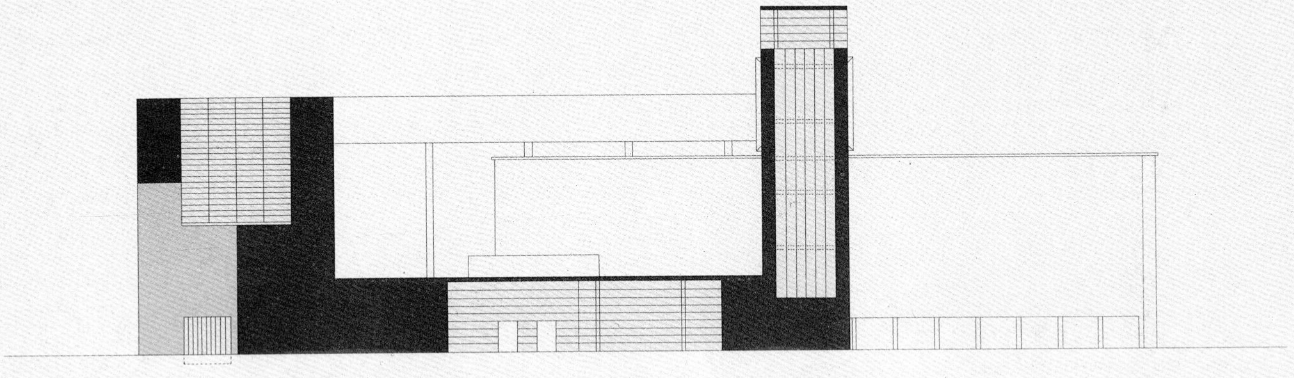

NORDANSICHT NORTH ELEVATION

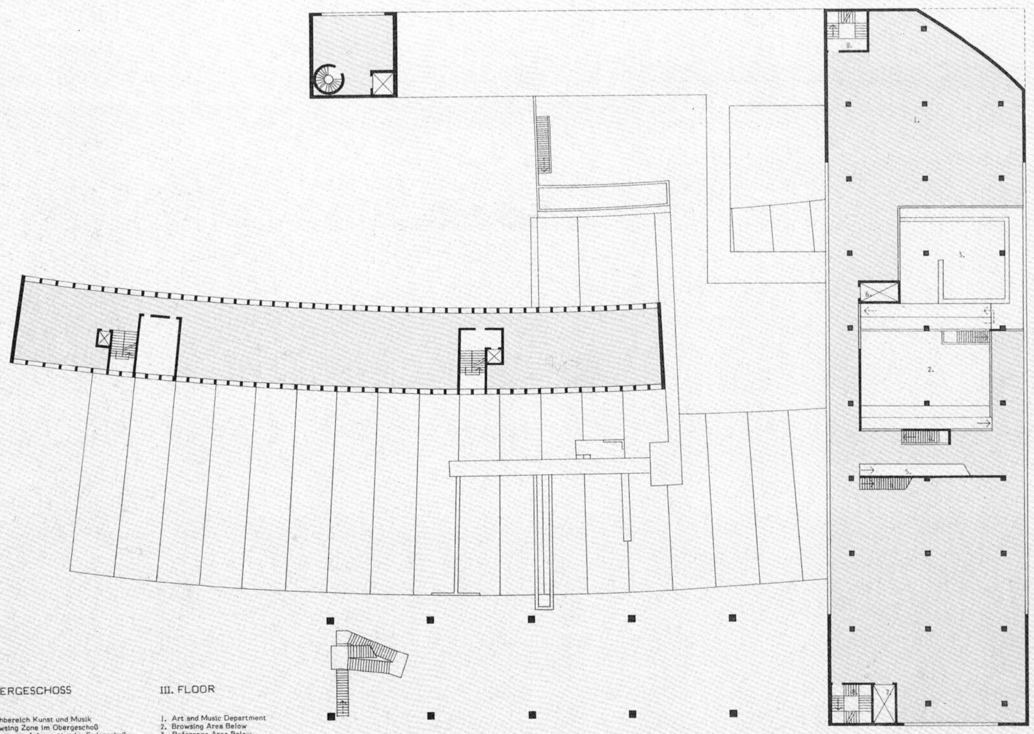

II. OBERGESCHOSS

1. Fachbereich Kunst und Musik
2. Browsing Zone im Obergeschoß
3. Allgemeine Information im Erdgeschoß
4. "Rundgangtreppe"
5. Bewegliche Rampe innerhalb des "Rundgangs"
6. Öffendlicher Aufzug
7. Lieferanten Aufzug
8. Treppe zum Ausgang

III. FLOOR

1. Art and Music Department
2. Browsing Area Below
3. Reference Area Below
4. "Circuit" Stair
5. "Circuit" Moving Ramp
6. Public Elevator
7. Service Elevator
8. Exit Stair

V. OBERGESCHOSS

1. Fachbereich Naturwissenschaften
2. Terrasse
3. Berlinsammlung
4. Kinder-und Jugendbibliothek
5. Zwischengeschoß
6. Aussichtsraum im VI. OBERGESCHOß
7. Umgehungsweg
8. Treppe zum Dachgarten
9. "Rundgangtreppe"
10. Bewegliche Rampe innerhalb des "Rundgangs"
11. Öffendlicher Aufzug
12. Lieferanten Aufzug
13. Treppe zum Ausgang
14. Toiletten

VI. FLOOR

1. Natural Sciences Department
2. Terrace
3. Berlin Collection
4. Children's Library
5. Mezzanine
6. Observation Room Above
7. Bypass
8. Stair to Roof Garden
9. "Circuit" Stair
10. "Circuit" Moving Ramp
11. Public Elevator
12. Service Elevator
13. Exit Stair
14. Toilets

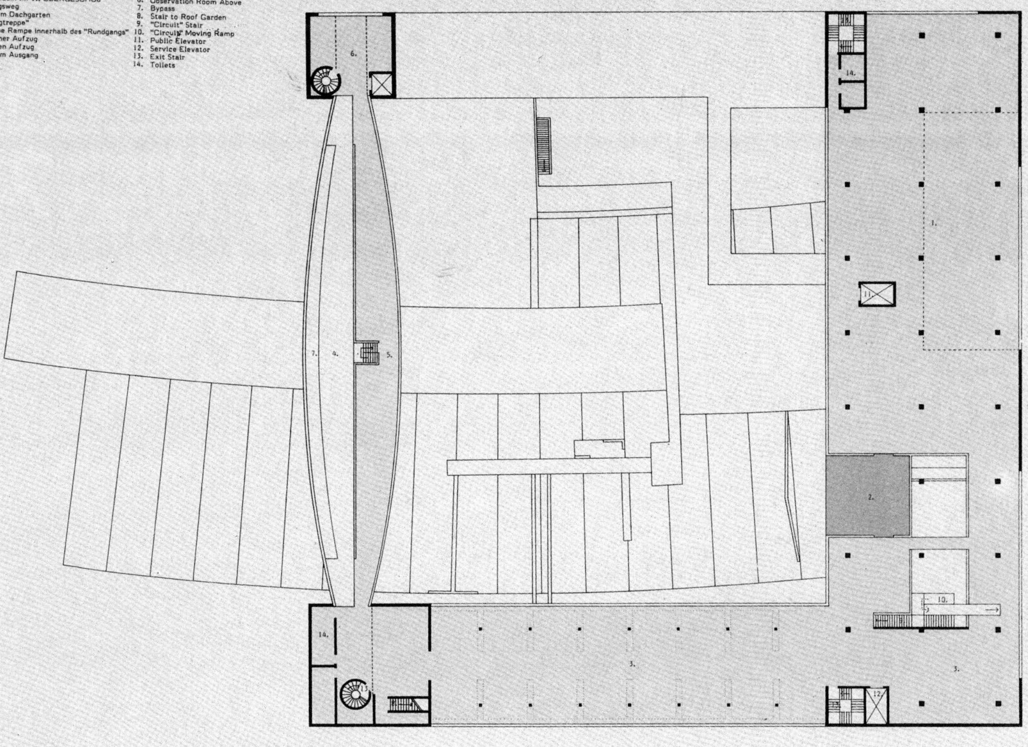

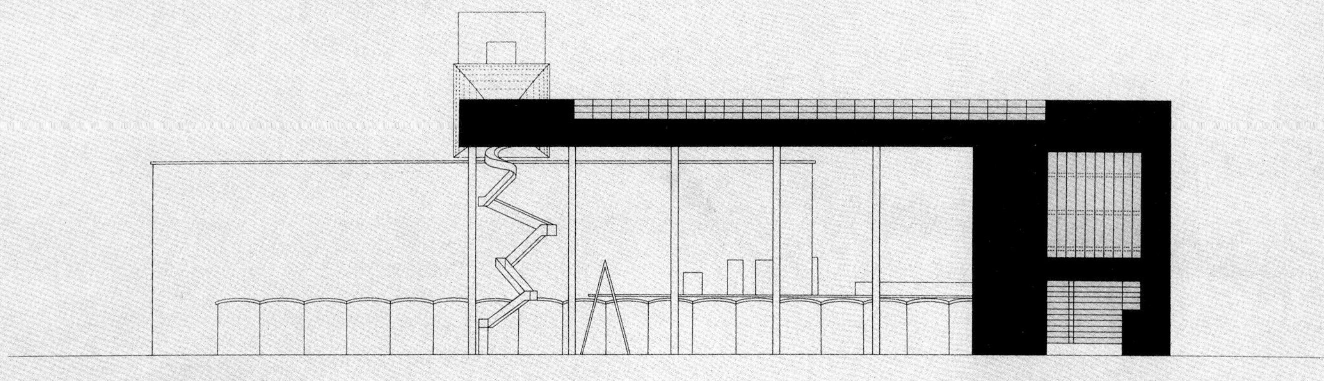

SÜDANSICHT SOUTH ELEVATION

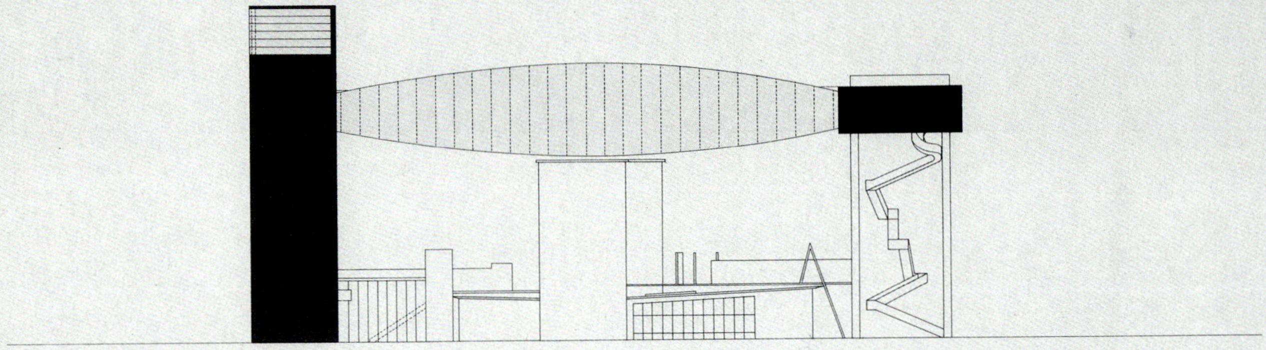

WESTANSICHT WEST ELEVATION

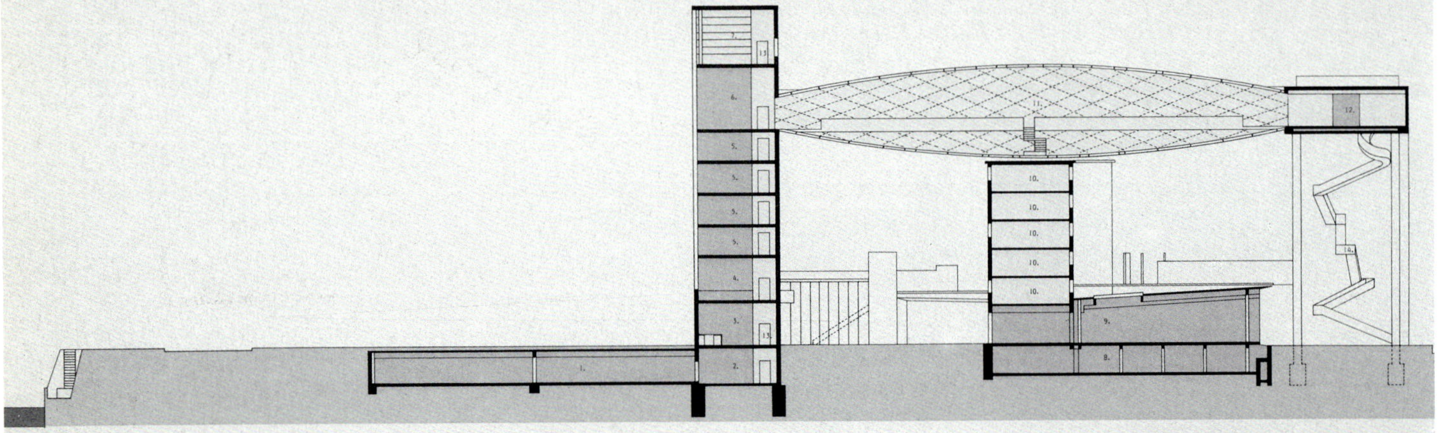

SCHNITT C-C SECTION C-C

1. Parkgarage
2. Eingang von der Parkgarage
3. Café
4. Angestellten Cafeteria
5. Schulbibliothekarische Arbeitsstelle
6. Arbeitsraum füer Kinder
7. Aussichtsraum
8. Magazin
9. Fachbereich Geisteswissenschaften
10. Arbeitsräeume
11. Kinderbibliothek
12. Berlinsammlung
13. Öeffendlicher Aufzug
14. Treppe zum Ausgang

1. Parking
2. Entrance From Parking
3. Café
4. Staff Lunchroom
5. Work Space for School Librarians
6. Children's Workroom
7. Observation Room
8. Closed Stacks
9. Humanities Department
10. Offices
11. Children's Library
12. Berlin Collection
13. Public Elevator
14. Exit stair

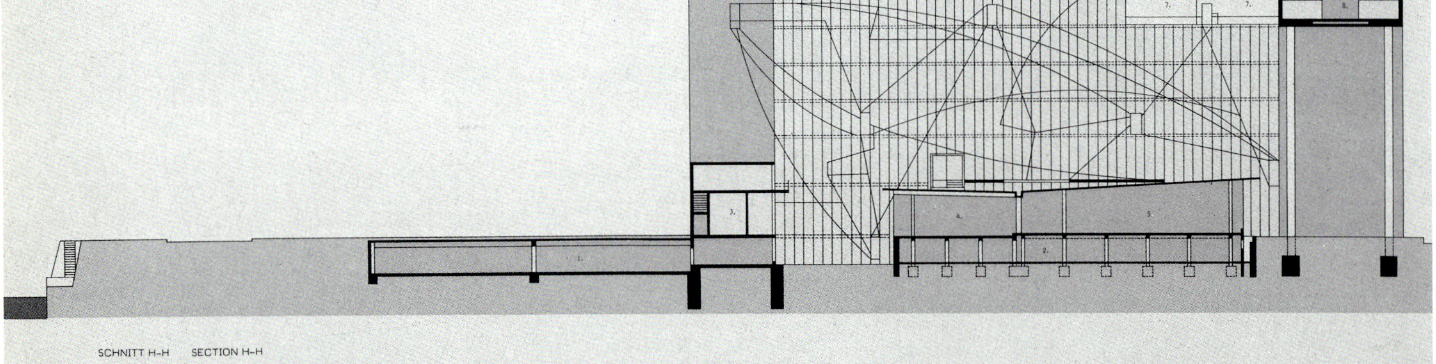

SCHNITT H-H SECTION H-H

1. Parkgarage
2. Magazin
3. Gaderobe
4. Kontrolle
5. Zeitungslesesaal
6. Angestellten Aufenthalsraum
7. Dachterrasse
8. Berlinsammlung

1. Parking
2. Closed Stacks
3. Coatroom
4. Control
5. Periodicals
6. Staff Lounge
7. Roof Terrace
8. Berlin Collection

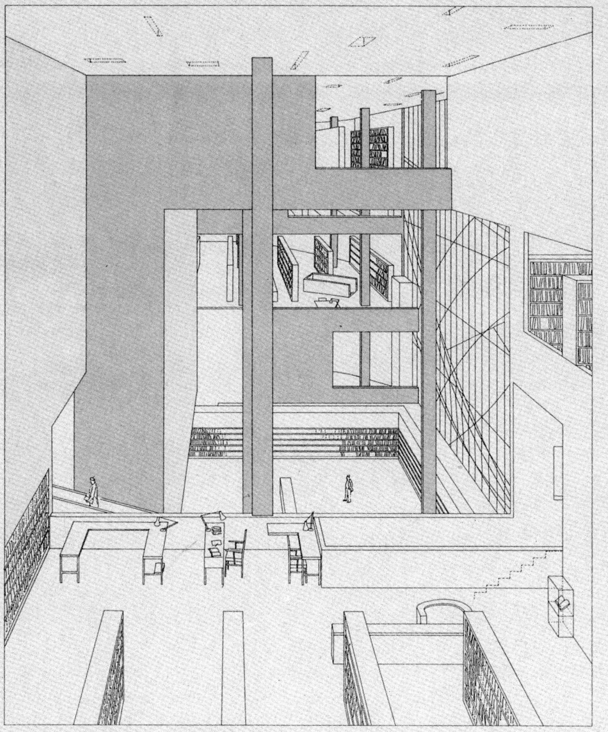

3. BLICK VON EINER OBEREN GALERIE
VIEW FROM UPPER VOLUME

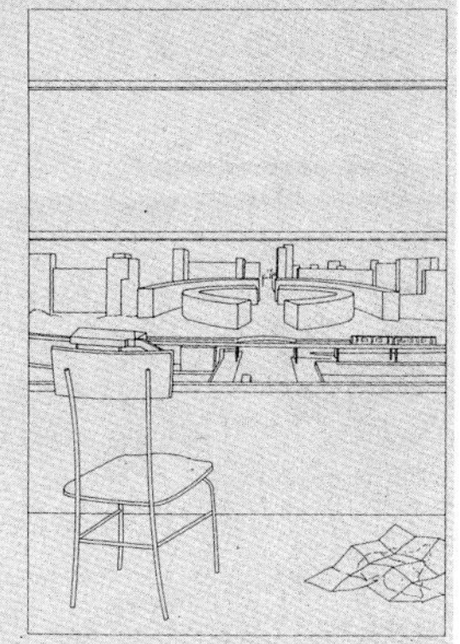

7. AUSSICHT AUF DIE FRIEDRICHSTRASSE
VIEW OVERLOOKING FRIEDRICHSTRASSE

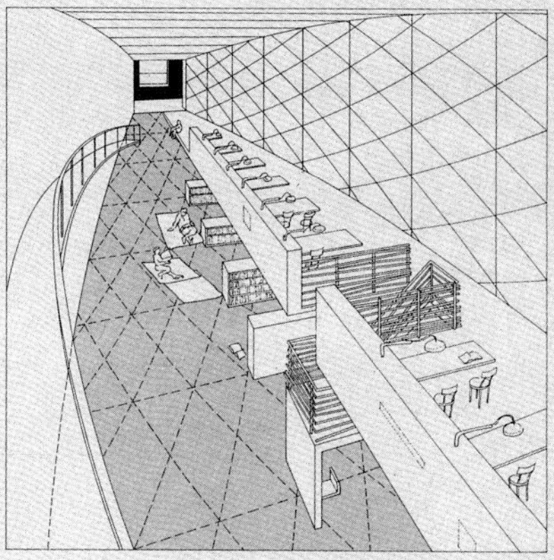

6. BLICK IN DIE KINDER- UND JUGENDBIBLIOTHEK
VIEW OF CHILDREN'S LIBRARY

2. BLICK VON DER ALLGEMEINEN INFORMATION
VIEW FROM REFERENCE AREA

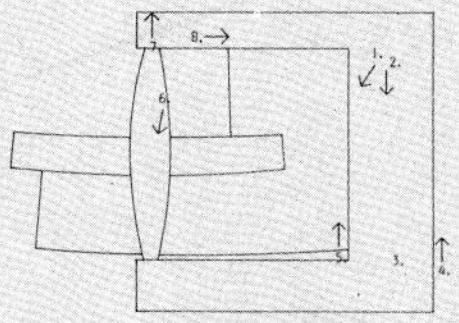

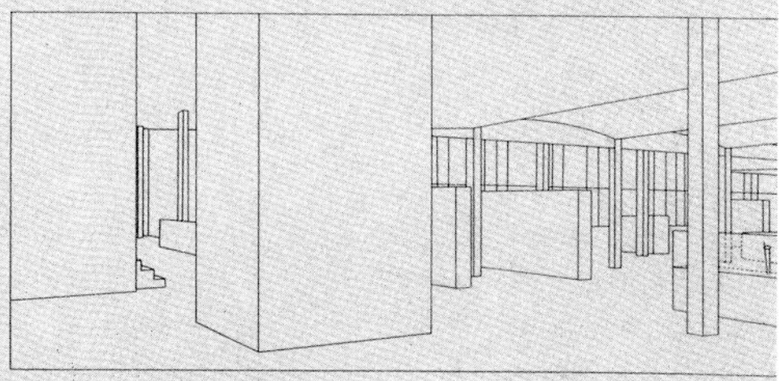

1. BLICK AUF DIE VERBUCHUNGSZONE
VIEW TOWARDS MAIN CIRCULATION DESK

Beurteilung durch das Preisgericht

Städtebaulich ruft der Entwurf die Erinnerung an das Hallesche Tor wach und führt eine Auseinandersetzung mit den Großformen der Stadtlandschaft im Mehringplatzbereich (der Kirche, der Hochbahnstation und der Mehringplatz-Hochhausbebauung selbst). Die vorgeschlagene Unterbrechung der Zossener Straße ist geeignet, diese Wirkung eher zu schwächen, und erscheint unrealistisch. Der Intention des Bornemann- Entwurfs, die im Laufe der enormen Bautätigkeit in diesem Bereich in den Hintergrund trat, wird damit wieder zur Wirkung verholfen.
Das Gebäude hat einerseits die Kraft, einen Ort zu schaffen und ein weiträumiges Umfeld zu organisieren, andererseits setzt es sich auf behutsame, geradezu tastende Art mit dem denkmalwürdigen Gebäude auseinander.
Einem Quadrat einbeschrieben entwickelt sich ein morphologisch hochkomplexer Baukörper aus der jeweiligen Reaktion auf äußere (städtebauliche) und innere (funktionale) Bedingungen. Wenn auch der Turm in der Friedrichstraßenachse und der über dem Gebäude der fünfziger Jahre schwebende »Zeppelin« die hervorstechenden Elemente des Entwurfs sind und für Signalwirkung sorgen, ist doch in der Annäherung aus der Fußgängerperspektive das Zusammenwirken der Rasterfassade des alten Gebäudes mit der orthogonal dazu stehenden farbigen Glasfassade des Entwurfs prägend ...

Beurteilung aus bibliothekarischer Sicht

Das äußere Erscheinungsbild der Bibliothek dürfte Neugier erwecken, bei einem Teil des Publikums möglicherweise auch Ablehnung (»große Geste«).
Die Lage des Cafés neben dem Haupteingang wird positiv bewertet. Die Halle des Altbaus ermöglicht eine sehr flexible Nutzung. Die Anbindung des neuen Gebäudeteils sollte optisch signifikanter sein. Eine größere Zahl von Aufzügen ist notwendig. Die Erschließung der Fachabteilungen über Treppen und Rampen schafft anregende Raumerlebnisse, z. T. aber auch Orientierungsprobleme. Die jedem Fachbereich zuzuordnende »Informationswerkstatt« (Zone I) ist bei jeder gewählten Erschließungsart problematisch. Dadurch werden die Fachbereiche geteilt, es entstehen schmale Verbindungswege.
In einigen Fachbereichen ist die Deckenhöhe zu gering.
Die Berlin-Abteilung – auf Stelzen über der Stadt – scheint trotz des langen Weges sinnvoll plaziert ...

Empfehlung des Preisgerichts

Dem zu erwartenden Besucherstrom entsprechend (1,5 Mio. Besucher/Jahr) muß die Kapazität des Vertikaltransportsystems (Aufzüge oder Rolltreppen) sowie der Eingangsbereich angemessen dimensioniert werden. Die Rampensysteme müßten in ihrer räumlichen Sinnfälligkeit näher erläutert werden. Aus Flexibilitätsgründen müssen die Verbindungswege zwischen den Teilen eines Fachbereichs verbessert werden. Die Geschoßhöhen müssen in Hinblick auch auf die technische Ausstattung (Betriebs- und Haustechnik sowie Informationstechnologien) überprüft werden. Die direkte Anbindung der Kinderbibliothek an die zentrale Verbuchung muß für eine gemeinsame Verbuchungsmöglichkeit überarbeitet werden. Der neue Magazinbereich ist in jeder Hinsicht als Freihandbereich auszugestalten und an die vorhandene Erschließung der Freihandbereiche anzubinden.

Opinion of the jury

In terms of urban design the scheme awakens the memory of the Hallesches Tor and deals with the large forms of the cityscape in the Mehringplatz area (the church, the station of the elevated train and the high-rise buildings themselves of Mehringplatz). The proposed interruption of Zossener Straße is more appropriate for weakening this effect and appears unrealistic. The intention of the Bornemann design, which has receded in the background in the course of the great amount of construction in this area, is again lent effect.
The building has, on the one hand, the power to create a place and to organize the spacious surroundings. On the other hand, it deals with the existing building, which is worthy of historic preservation, in a careful, downright (and literally) touching manner.
In a square form, an amorphous, highly complex structure is developed from the respective reaction to external (urban design) and internal (functional) conditions. The tower on the axis of the Friedrichstraße and the »zeppelin« hovering over the building from the 50's are the prominent elements of the design, and they provide a certain signalizing effect. However, when the library is approached from the perspective of the pedestrian, the combined effect of the grid-like façade of the existing building and, arranged orthogonally to it, the colored glass façade of the new building is dominant ...

Opinion of the jury from the standpoint of the librarians

The exterior appearance of the library is likely to arouse the curiosity of some of the public but also to possibly cause the rejection by others (»large gesture«).
The location of the café next to the main entrance is positively evaluated. The hall (large reading room) of the existing building permits very flexible use. The connection of the new building section should be more optically significant. A large number of elevators is necessary. The accessing of the departments via stairways and ramps creates stimulating experiences of space but also in part problems of orientation. The »information workshop« (zone 1) which is to be designated to every department is problematic for every type of accessing selected. In this way, the departments are divided and narrow connection routes result.
In some of the departments the ceiling height is too low.
The Berlin Collection – on stilts above the city – appears to be located wisely despite the lengthy routing to it.

Recommendation of the jury

Corresponding to the expected number of library visitors (1.5 mill. visitors/year), the capacity of the vertical transport system (elevators or escalators) as well as the entrance area have to be more appropriately dimensioned. The systems of ramps must be explained in a more detailed manner regarding their spatial obviousness. Due to concerns of flexibility, the connective routings among the sections within a department have to be improved. The ceiling height must be examined considering the technical equipment (operational equipment and infrastructure as well as facilities for information processing). The direct connection of the children's library to the central circulation desk must be revised to allow a common opportunity for conducting transactions. The new closed stacks are in every respect to be designed as an open-access area and to be connected to the existing system of access of the departments.

Karen van Lengen (New York)
Mitarbeiter: Michael Gorski, Dillon Kyle, Emily Sidorsky, Oona Sperr, Tracey Turner, Peter Wowkowych, James Tice
Berliner Kontaktarchitekten: Sigismund Sliwinski, Sedina Buddensieg

Erläuterungsbericht

Die Teilung Berlins nach dem Zweiten Weltkrieg brachte den Verlust eines bedeutenden Stadtzentrums mit sich. Der Blücherplatz, früher wichtig auf Grund seiner Lage am Kanal und nahe der Friedrichstraße, ist gegenwärtig fragmentiert und unübersichtlich. Die Entwicklung kleinerer Zentren innerhalb des West-Teils könnte zu einer neuen Hierarchie führen. Der Landwehrkanal, die Haupt-Ost-West-Ader, könnte dann als Rückgrat für eine Anzahl verschiedener urbaner Ereignisse dienen und würde so eine neue Gliederung ermöglichen. Unser Entwurf für die Erweiterung der Amerika-Gedenkbibliothek gibt Berlin (West) einen neuen und notwendigen urbanen und architektonischen Fokus. Dieser Entwurf organisiert die bestehende Bibliothek und ihren Anbau zu einem zusammenhängenden urbanen Raum und einem Zentrum für kulturelle und »soziale« Aktivitäten.

Urbaner Kontext
Unsere Lösung schafft einen gepflasterten Platz oder »Teppich« direkt vor der existierenden AGB. In der Tradition der europäischen »Piazza« versammelt und gliedert der Platz die verschiedenen kommerziellen und institutionellen Einrichtungen der Umgebung. Wir schlagen vor, die Verbindung des Platzes mit seiner urbanen Umgebung auf drei Arten zu stärken.
1. Die Wiederherstellung der geschichtlich bedeutenden Nord-Süd-Achse (Friedrichstraße), indem die Wohnbrücke des Mehringplatzes beseitigt wird und die Bushaltestellen vom Halleschen Tor zur Gitschiner Straße und zum Waterloo Ufer verlegt werden.
2. Die Verbindung zur umgebenden Nachbarschaft wiederherzustellen, indem wir die Zossener Straße und die Blücherstraße verengen.
3. Den Kraftwagenverkehr zum kommerziellen Teil des Blücherplatzes einzuschränken, um damit den Fußgängerverkehr zu erleichtern.

Grundstück
Das Hauptvolumen des neuen Gebäudes bezieht sich auf die modernistische Scheibe des Originalgebäudes und interpretiert sie neu; es ist eine skulpturale Form, die auf den vorhandenen Kontext reagiert. Der Bau liegt rechtwinklig zur existierenden Scheibe und schwebt über dem niedrigen, gewölbten alten Bauteil. Diese Konfiguration definiert eine Ecke der Piazza, markiert einen wirsamen, neuen Eingang zur Bibliothek und stärkt so das bestehende Wahrzeichen. Unser Entwurf erreicht dies, ohne den wertvollen Garten zu schmälern und ohne den bestehenden Bau zu beeinträchtigen. Die Jugendbibliothek sitzt als spielerischer Pavillon im Garten.

Interne Organisation
Ein zentrales Atrium ist das organisierte Element der Bibliothek. Die Form des Atriums entwickelt sich aus dem Grundriß der letzten beiden Buchten des alten Lesesaals und ist vergrößert zur Höhe der existierenden Scheibe. Vertikale und horizontale Erschließungsflächen aus Metall sind dann in die Stahlbetonrahmenkonstruktion des Atriums eingesetzt. Hinter dem Rahmen sind die eigentlichen Programmflächen der Abteilungen so gelegt, daß sie von der Orientierung des Gebäudes profitieren.

Karen van Lengen (New York)
Collaborators: Michael Gorski, Dillon Kyle, Emily Sidorsky, Oona Sperr, Tracey Turner, Peter Wowkowych, James Tice
Berlin contact architects: Sigismund Sliwinski, Sedina Buddensieg

Explanatory report

The division of Berlin in the post World War II era resulted in the loss of a significant urban center. The Blücherplatz, formerly an important plaza because of its location at the intersection of the canal and the Friedrichstraße, is at present fragmented and incoherent. The development of smaller centers within the western sector has the potential of establishing a new hierarchy for the city. The Landwehrkanal, the major east-west artery, would serve as the spine for a series of city centers and support a new urban order. Our design for the addition to the Amerika-Gedenkbibliothek provides Berlin (West) with a new and necessary urbanistic and architectural focus. The design organizes the existing library and its addition to form a cohesive urban space and center for cultural and social activities.

Urban context
Our solution creates a large paved plaza or »carpet« located directly in front of the existing AGB. In the tradition of the European »piazza«, the plaza gathers and organizes the various commercial and institutional facilities of the neighborhood. We propose to strengthen the link between the plaza and its urban environment in three ways:
1. Restore the historically important North-South axis (Friedrichstraße) by removing the »residential bridge« of the Mehringplatz and relocating the bus stop from the Hallesche-Tor-Brücke to the Gitschiner Ufer and the Waterloo Ufer.
2. Reinstate the connection of the site to the surrounding neighborhood by narrowing the Zossener Straße and the Blücherstraße.
3. Reinstate the vehicular traffic to the commercial boundary of the site, thereby encouraging pedestrian use of the plaza.

Building site
The main volume of the building refers to and reinterprets the modernist slab of the original building; it is a sculptural form which deflects in response to the context. It lies at right angles to the existing slab and rides over the lower vaulted structure. The configuration defines an edge for the urban plaza, marks a powerful new entry for the library, and compositionally invigorates the existing landmark building. Our design accomplishes this without encroaching on valuable garden space or violating the original structure. The Children's Library is a powerful pavillion in the garden.

Internal organization
A central atrium is the organizing element of the Library. The shape of the atrium is derived from the plan of the last two bays of the old reading room and is extended to the height of the existing slab. Metal vertical and horizontal circulation systems are inserted into the concrete frame of the atrium. Behind the frame are the Library's programmatic spaces (see diagrams) which are appropriately located to benefit from the building's orientation. The ground floor houses the building's public functions – exhibitions area, auditorium and a lobby which provides access to the existing reading room and the Children's Library. The first floor, housing the »Berlin Collection«, is a transitional level between the ground floor and the four upper levels of open-

Im Erdgeschoß sind die öffentlichen Funktionen des Gebäudes untergebracht: Ausstellungsraum, Auditorium und das Foyer, von dem aus man den gegenwärtigen Leseraum und die Jugendbibliothek erreicht. Der erste Stock, der die Berlin-Abteilung beherbergt, wird zur Übergangsebene zwischen dem Erdgeschoß und den vier oberen Stockwerken, die »open-access departments« aufnehmen. Die oberen Stockwerke sind in einer einzigen Stahlrahmenkonstruktion zusammengefaßt, die von der Betonkiste getragen wird. Die Fassade, ein reichhaltiges Muster aus Metall und Glas, erlaubt Einblicke ins Bibliothekstreiben.
Im Gegensatz zur Hauptbibliothek unterscheidet sich die Jugendbibliothek in Form und Material. Die beschützende und umschließende Eigenschaft der zylindrischen Form ist auf Kinder zugeschnitten. Die Spiralrampe belebt den Raum und ermutigt zur Erforschung. Die Rampe gipfelt in einem Spiralturm aus Glas und Metall, der den Beton der Außenfassade durchbricht und auf den Aussichtsturm reagiert. Das Doppelturmmotiv bezieht sich auf ein sich wiederholendes Image Kreuzbergs.

Schlußfolgerung

Die vorgeschlagene Erweiterung ist nicht nur eine respektvolle Antwort auf das vorhandene Gebäude. Die dynamische Geste des neuen Volumens hebt auch die existierende Form hervor und schafft so ein neues Image für die AGB.

access departments. These upper levels are conceived of as a single structural steel frame supported by the concrete box. The façade is composed of a rich pattern of metal and glass through which the Library's activities are revealed.
In contrast to the main Library, the Children's Library differs in form and materials. The protective and encompassing qualities of the cylindrical form make it an appropriate shape for children. The spiral ramp enlivens the space and encourages exploration. The ramp culminates in a spiral glass and metal tower, puncturing the concrete of the exterior façade and making reference to the main Library. This double towered motif echoes a recurring architectural image of Kreuzberg.

Conclusion

The proposed addition is not only a respectful response to the existing Library – the dynamic thrust of the new volume celebrates the existing form, creating a powerful new image for the AGB.

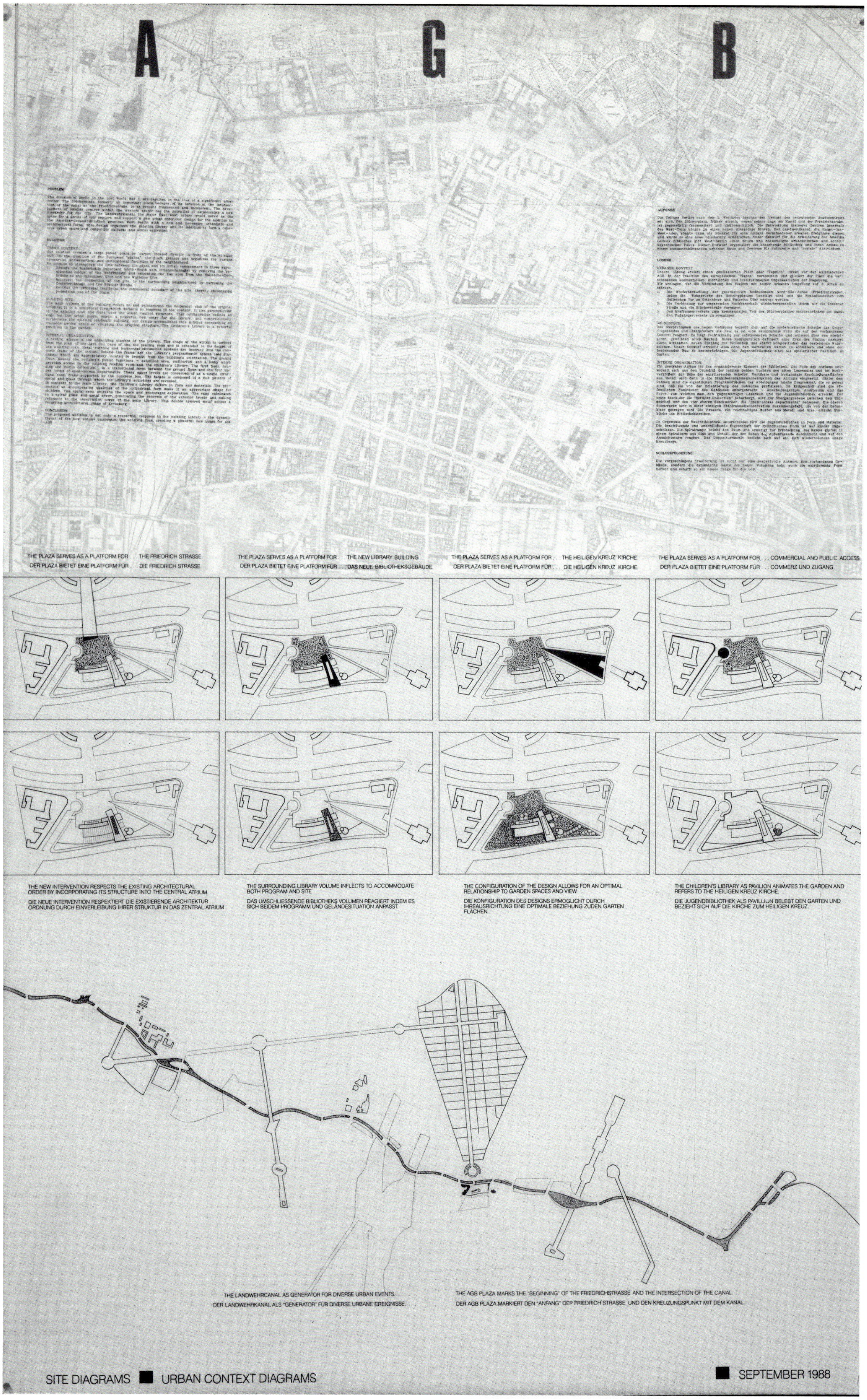

A
G
B
THE PLAZA SERVES AS A PLATFORM FOR . . . THE FRIEDRICH STRASSE
DER PLAZA BIETET EINE PLATFORM FÜR . . . DIE FRIEDRICH STRASSE
THE PLAZA SERVES AS A PLATFORM FOR . . . THE NEW LIBRARY BUILDING
DER PLAZA BIETET EINE PLATFORM FÜR . . . DAS NEUE BIBLIOTHEKSGEBÄUDE
THE PLAZA SERVES AS A PLATFORM FOR . . . THE HEILIGEN KREUZ KIRCHE
DER PLAZA BIETET EINE PLATFORM FÜR . . . DIE HEILIGEN KREUZ KIRCHE
THE PLAZA SERVES AS A PLATFORM FOR . . . COMMERCIAL AND PUBLIC ACCESS
DER PLAZA BIETET EINE PLATFORM FÜR . . . COMMERZ UND ZUGANG.
THE NEW INTERVENTION RESPECTS THE EXISTING ARCHITECTURAL ORDER BY INCORPORATING ITS STRUCTURE INTO THE CENTRAL ATRIUM.
DIE NEUE INTERVENTION RESPEKTIERT DIE EXISTIERENDE ARCHITEKTUR ORDNUNG DURCH EINVERLEIBUNG IHRER STRUKTUR IN DAS ZENTRAL ATRIUM
THE SURROUNDING LIBRARY VOLUME INFLECTS TO ACCOMMODATE BOTH PROGRAM AND SITE
DAS UMSCHLIESSENDE BIBLIOTHEKS VOLUMEN REAGIERT INDEM ES SICH BEIDEM PROGRAMM UND GELÄNDESITUATION ANPASST.
THE CONFIGURATION OF THE DESIGN ALLOWS FOR AN OPTIMAL RELATIONSHIP TO GARDEN SPACES AND VIEW.
DIE KONFIGURATION DES DESIGNS ERMOGLICHT DURCH IHREAUSRICHTUNG EINE OPTIMALE BEZIEHUNG ZUDEN GARTEN FLÄCHEN.
THE CHILDREN'S LIBRARY AS PAVILION ANIMATES THE GARDEN AND REFERS TO THE HEILIGEN KREUZ KIRCHE.
DIE JUGENDBIBLIOTHEK ALS PAVILLION BELEBT DEN GARTEN UND BEZIEHT SICH AUF DIE KIRCHE ZUM HEILIGEN KREUZ.
THE LANDWEHRCANAL AS GENERATOR FOR DIVERSE URBAN EVENTS.
DER LANDWEHRKANAL ALS "GENERATOR" FÜR DIVERSE URBANE EREIGNISSE
THE AGB PLAZA MARKS THE "BEGINNING" OF THE FRIEDRICHSTRASSE AND THE INTERSECTION OF THE CANAL.
DER AGB PLAZA MARKIERT DEN "ANFANG" DEP FRIEDRICH STRASSE UND DEN KREUZUNGSPUNKT MIT DEM KANAL.
SITE DIAGRAMS
URBAN CONTEXT DIAGRAMS
SEPTEMBER 1988

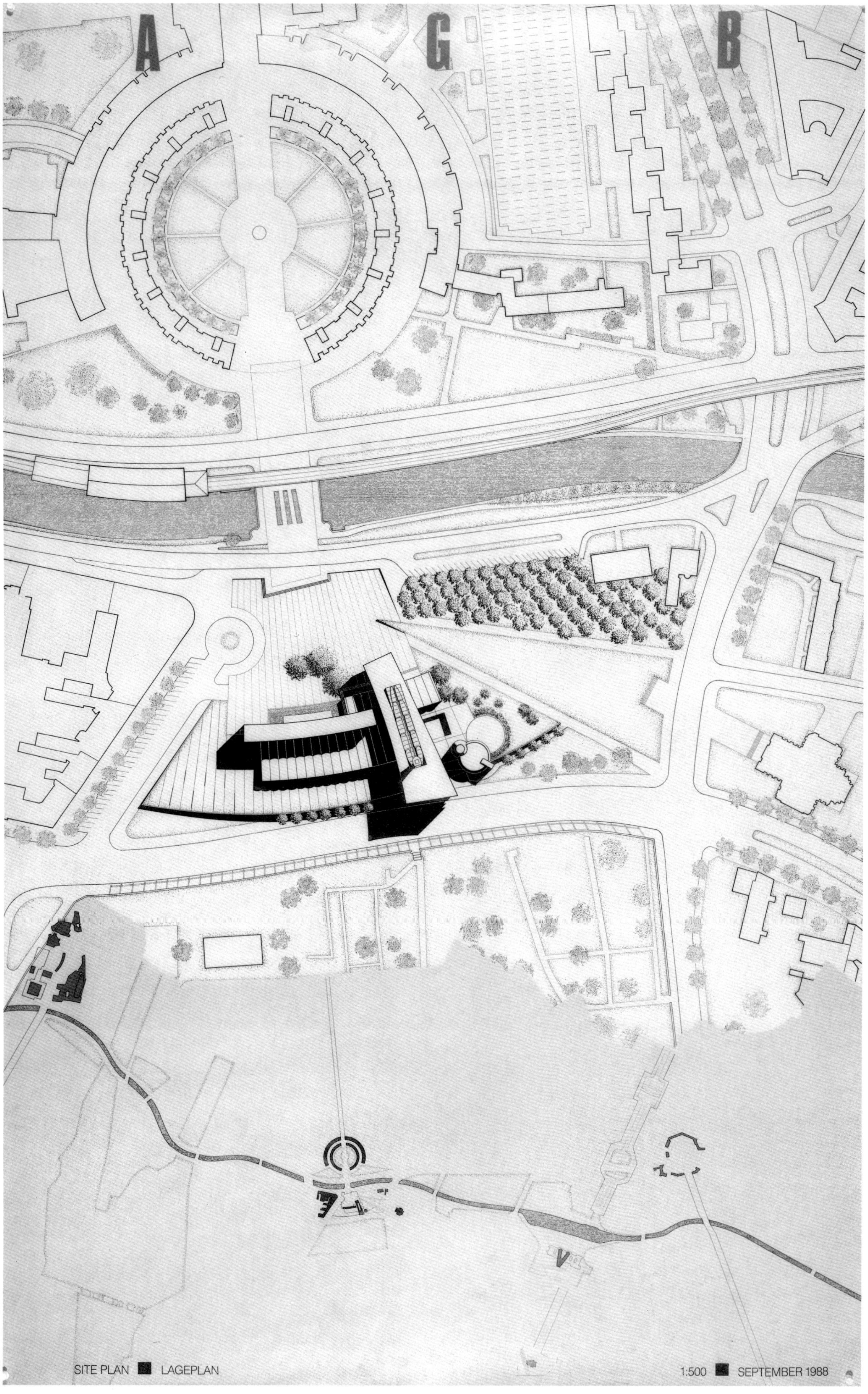
A
G
B
SITE PLAN LAGEPLAN
1:500 SEPTEMBER 1988

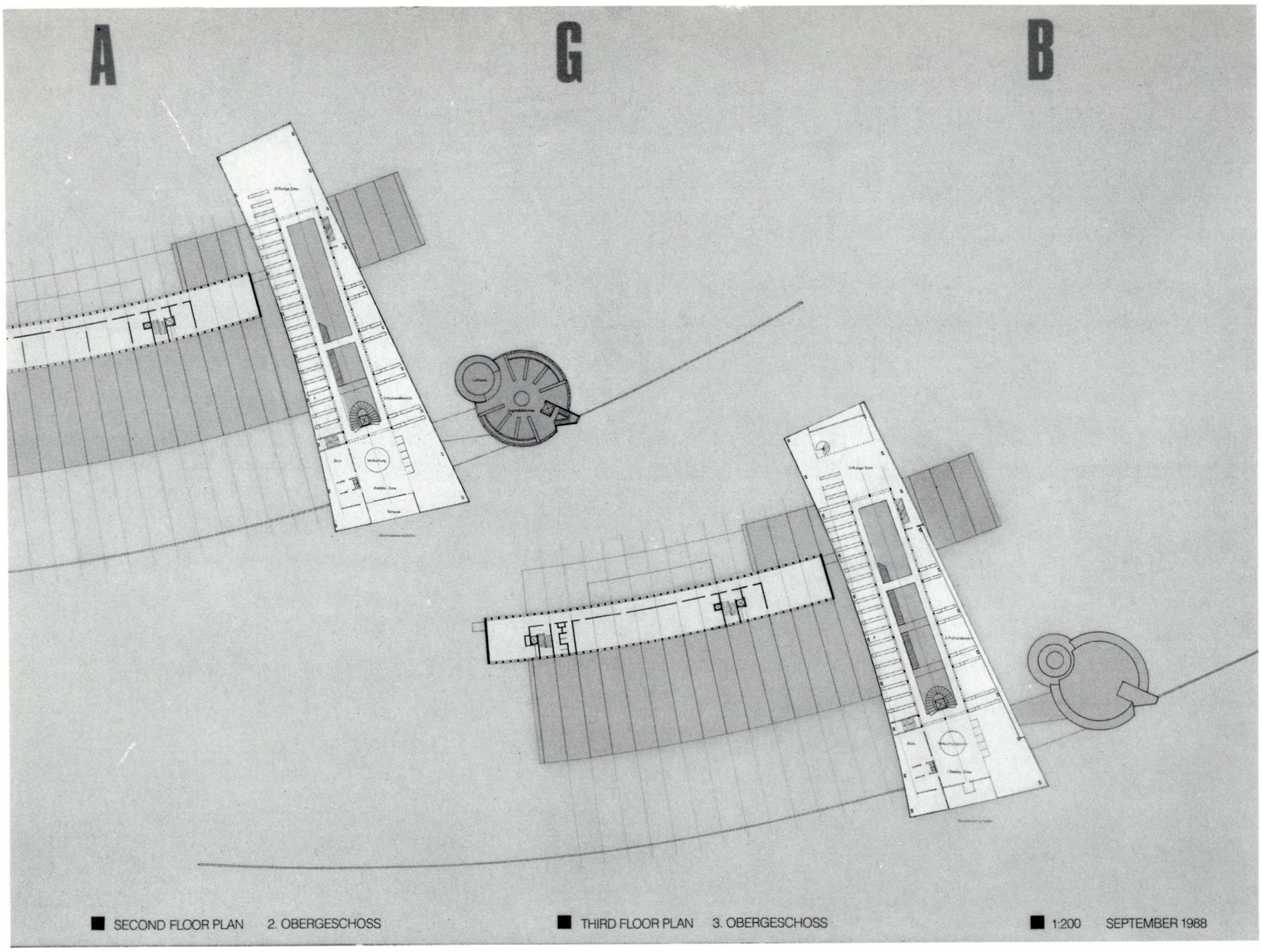
A
G
B
SECOND FLOOR PLAN 2. OBERGESCHOSS
THIRD FLOOR PLAN 3. OBERGESCHOSS
1:200 SEPTEMBER 1988

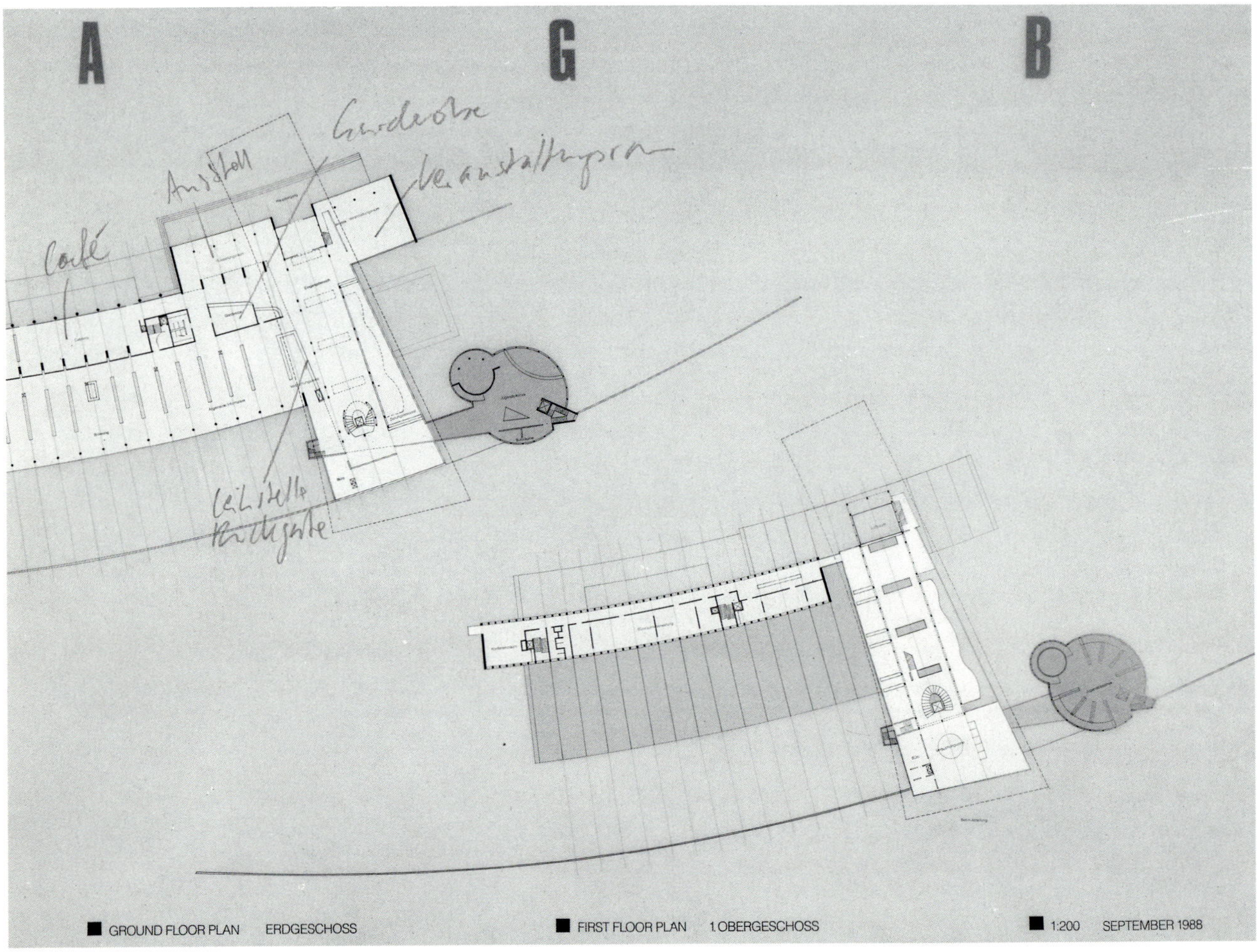
A
G
B
GROUND FLOOR PLAN ERDGESCHOSS
FIRST FLOOR PLAN 1.OBERGESCHOSS
1:200 SEPTEMBER 1988

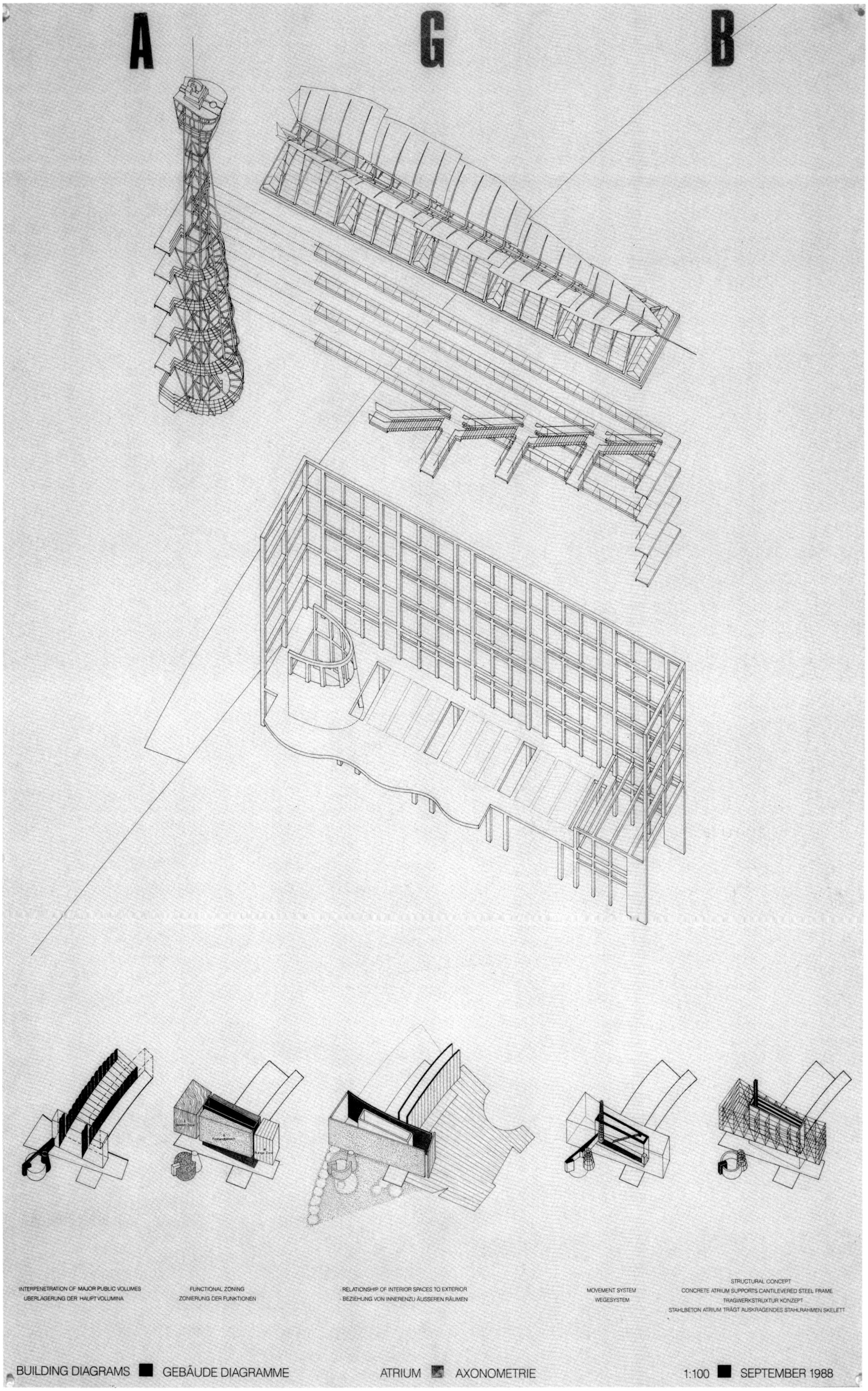
A
G
B
INTERPENETRATION OF MAJOR PUBLIC VOLUMES
ÜBERLAGERUNG DER HAUPT VOLUMINA
FUNCTIONAL ZONING
ZONIERUNG DER FUNKTIONEN
RELATIONSHIP OF INTERIOR SPACES TO EXTERIOR
BEZIEHUNG VON INNERENZU ÄUSSEREN RÄUMEN
MOVEMENT SYSTEM
WEGESYSTEM
STRUCTURAL CONCEPT
CONCRETE ATRIUM SUPPORTS CANTILEVERED STEEL FRAME
TRAGWERKSTRUXTUR KONZEPT
STAHLBETON ATRIUM TRÄGT AUSKRAGENDES STAHLRAHMEN SKELETT
BUILDING DIAGRAMS
GEBÄUDE DIAGRAMME
ATRIUM
AXONOMETRIE
1:100
SEPTEMBER 1988

NORTH ELEVATION ■ NORD ANSICHT 1:200

EAST ELEVATION ■ OSTANSICHT 1:20

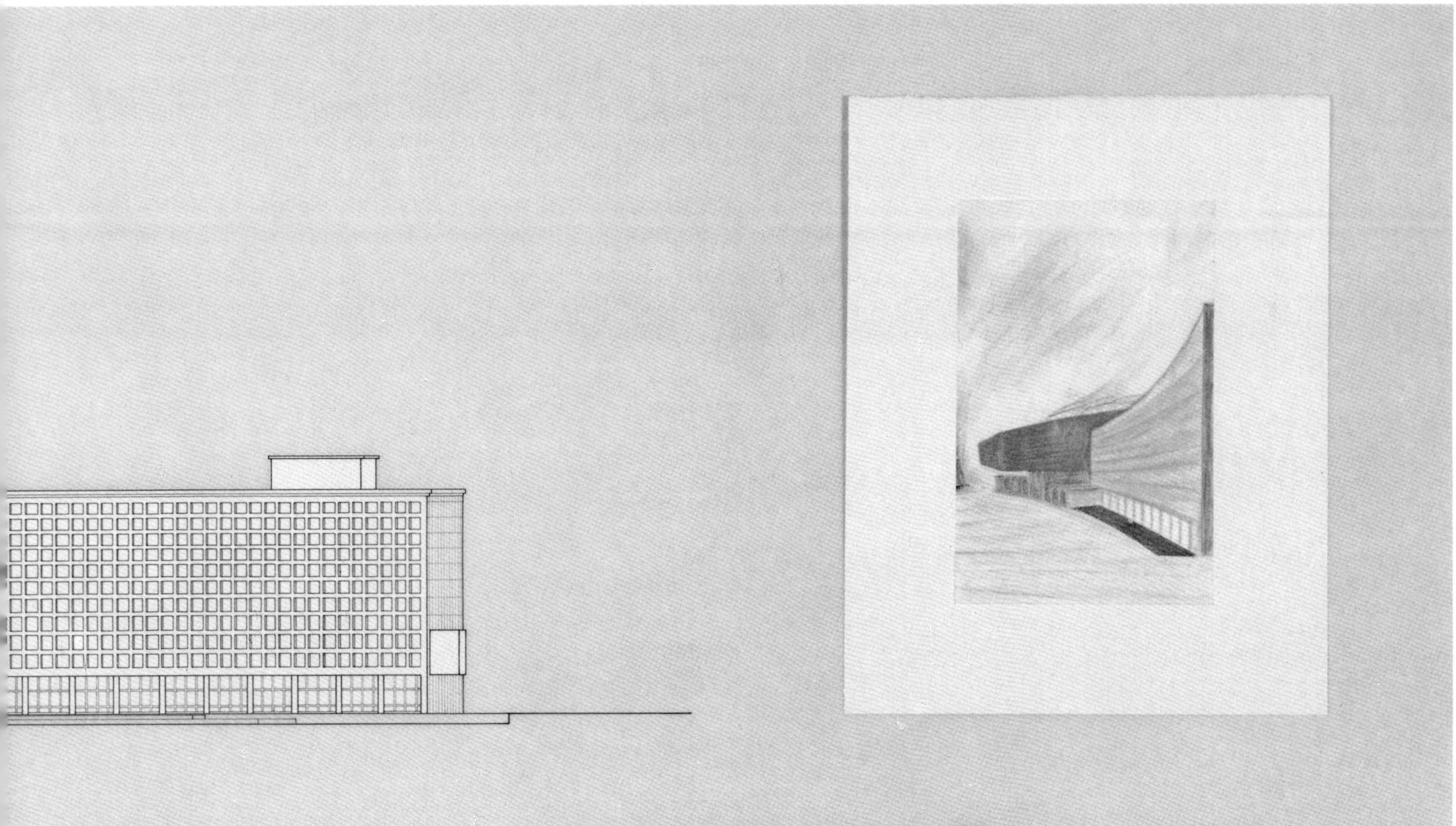

ᴇPTEMBER 1988

PLAZA AND LIBRARY ENTRANCE ■ PLAZA UND BIBLIOTHEKSEINGANG

ꜱEPTEMBER 1988

NEIGHBORHOOD VIEW ■ KREUZBERG

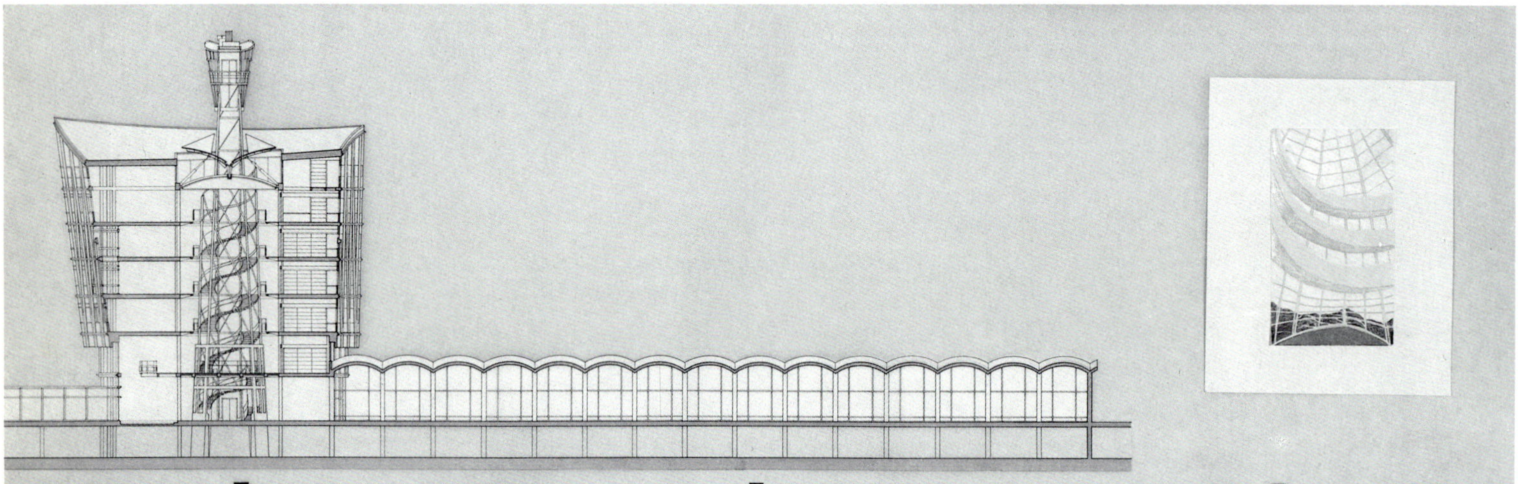

E-W SECTION LOOKING SOUTH ■ OST-WEST SCHNITT BLICK NACH SÜDEN 1:100 ■ SEPTEMBER 1988 CHILDREN'S LIBRARY INTERIOR ■ JUGEND BIBLIOTHEK INNERES

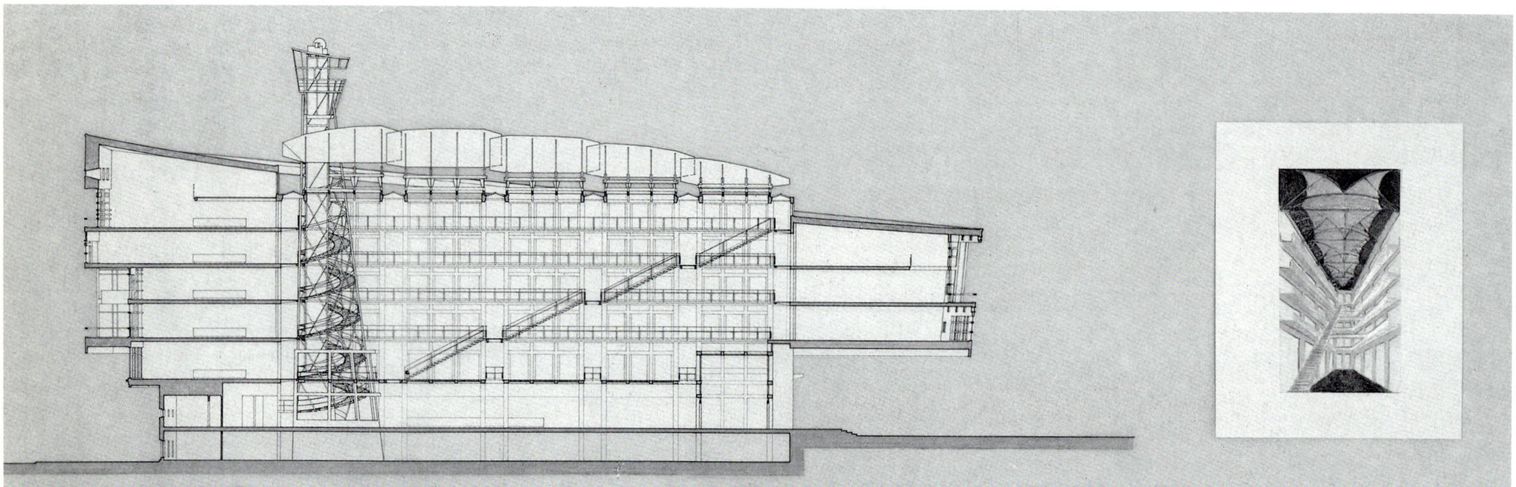

N-S SECTION LOOKING WEST ■ NORD-SUD SCNITT BLICKNACH WESTEN 1:100 ■ SEPTEMBER 1988 ATRIUM INTERIOR ■ ATRIUM INNERES

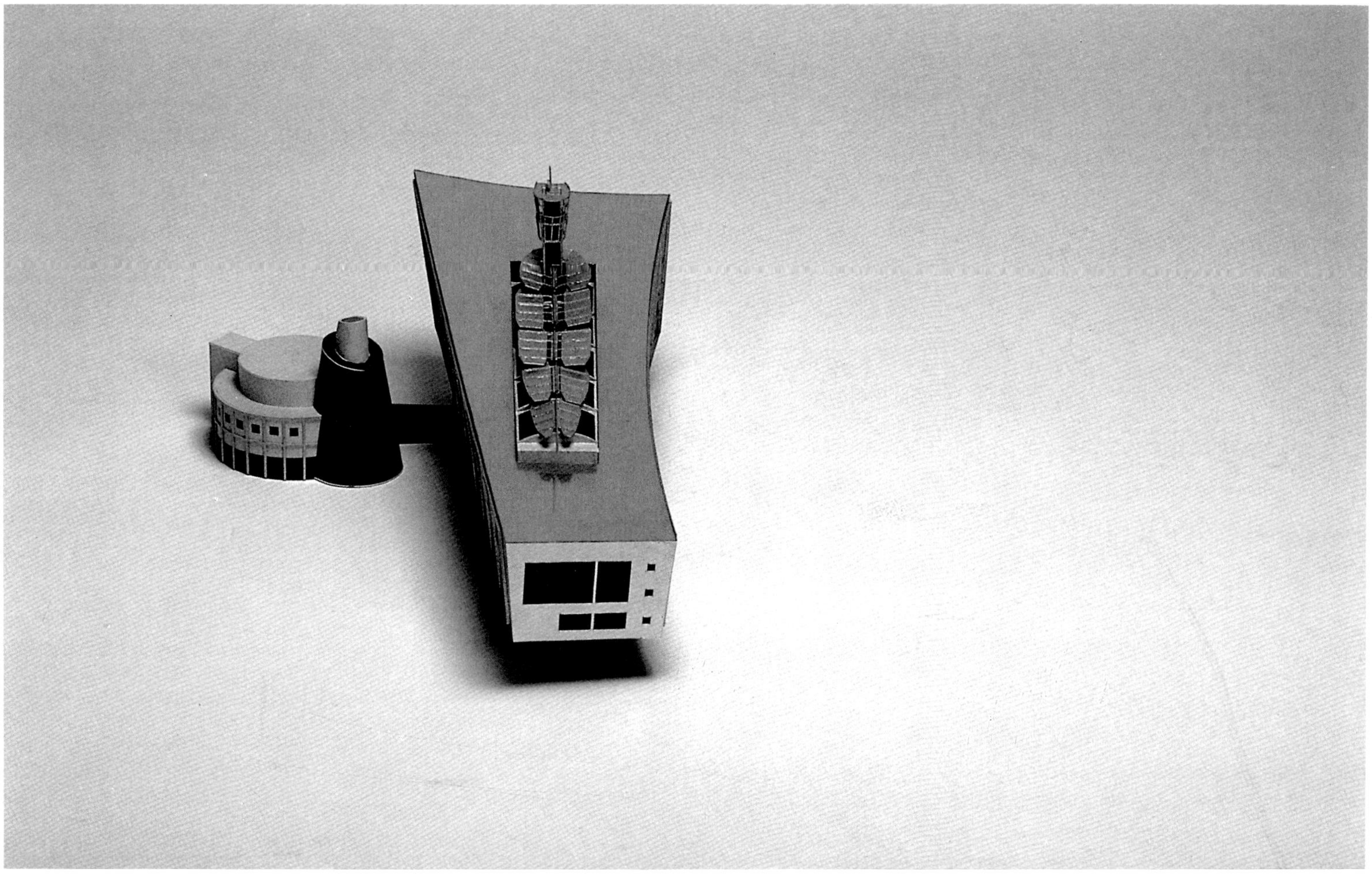

Beurteilung durch das Preisgericht

Die Arbeit wird weiträumig aus städtebaulichen und architektonischen Bezügen auf der Grundlage intensiver Analysen hergeleitet und gezielt im näheren Umfeld artikuliert. Sie kann ideengeschichtlich als weiterer Beitrag zu den dynamischen, plastischen Lösungen einer stadtlandschaftlichen Auffassung gesehen werden. Sie setzt sich konstruktiv mit den früheren städtebaulichen Konzepten Hans Scharouns auseinander.
Die Überzeugungskraft dieser Herleitung wird vom Preisgericht sehr unterschiedlich, teilweise sehr kritisch bewertet.
Der Bibliothekskorpus »schießt« an dem bestehenden Altbau östlich vorbei und steht hierzu etwa im rechten Winkel: Hierdurch wird ein komplexes Ensemble gebildet, das durch ausgeprägte Eigenständigkeit der Körperbildung des Neubaus in einem spannungsreichen Verhältnis zum Altbau bestimmt ist, ihn jedoch nach Auffassung des Preisgerichts nicht beeinträchtigt.
Die Kinderbibliothek wird als separat gelegenes plastisches Element mit hohen Identifikationsmöglichkeiten ausgebildet, jedoch wird auch die starke formale Instrumentierung teilweise kritisch bewertet. Die erdgeschossige Anordnung im Grünbereich wird nachdrücklich befürwortet.
Durch die kompakte Ausbildung wird der Neubau mit etwa der gleichen Fläche des Altbaus als »neue Generation« ablesbar.
Die Ausbildung der Fassade wird gleichermaßen im Kontrast zum Altbau entwickelt und korrespondiert mit ihren dynamischen Formen der Baukörperausbildung.
Durch die kompakte Anordung verbleibt eine größere Freifläche und kann als Grünfläche erhalten bzw. weiterentwickelt werden.
Das Vorfeld der Bibliothek und die öffentlichen Flächen des Blücherplatzes werden als großer repräsentativer Platzraum mit sinnfälligen Führungen zu Alt- und Neubau neu gestaltet.
Der Innenraum wird durch eine große Treppenanlage mit hoher plastischer Prägnanz bis in das Dach hinein entwickelt. Die Orientierung ist hierdurch optimal gegeben. Um diese Treppenanlage legt sich die Bibliotheksfläche als »freier Grundriß«, der jedoch auf Grund seiner begrenzten Dimension wenig Strukturierungsmöglichkeiten bietet. An den Köpfen des langgezogenen Grundrisses liegen die offenen Bibliotheksbereiche mit kanzelhafter Orientierung einerseits zum Blücherplatz, andererseits zu den Friedhöfen, während die Ost-Längsseite mit den Lese- und Arbeitsplätzen zum Grünbereich und zur Hauptfassade der Heilig-Kreuz-Kirche ausgerichtet ist.
Die starke Außenwirkung und die prägnante Artikulation der Treppenhalle als Erlebniselemente wiederholen sich in den eigentlichen Bibliotheksflächen selbst nicht.
Die äußere Plastizität des Baukörpers korrespondiert kaum mit dem Innenraum. Hier bestimmen im wesentlichen horizontale Flächen die Wirkung. Die äußere Plastizität wird weder nachvollziehbar aus inneren Bezügen noch aus der Konstruktion, sondern viel mehr aus dem interpretierten städtebaulichen Zusammenhang vorgetragen und als Signet entwickelt. Auch die Fassadenentwicklung hat einen vorherrschend dekorativen Duktus.
Das Peisgericht hat diese Haltung einer im wesentlichen äußeren Wirkungssuche kontrovers und kritisch diskutiert.
Die Realisierbarkeit wird durch die geringe Verzahnung mit dem Altbau und durch das konsequente »Danebenlegen« als günstig eingestuft.
Der Flächenaufwand für die hallenartige Treppenanlage ist im Hinblick auf Wirtschaftlichkeitsaspekte beträchtlich.
Die Arbeit besticht in der Darstellung.

Beurteilung aus bibliothekarischer Sicht

Das Herausragen des neuen Baukörpers über den Haupteingang

Opinion of the jury

The scheme is broadly derived from relations of urban design and architecture based on intensive analysis and articulated in a well-aimed manner in the closer surroundings. It can be seen as a further contribution to the dynamic, graphic solutions of a cityscape concept in terms of the historical development of ideas. The scheme deals with the earlier urban design concepts of Hans Scharoun with regard to construction.
The persuasive power of this derivation is evaluated by the jury members differently, in part very critically.
The body of the library »shoots« past the existing building in the east and is roughly at a right angle to this building. In this way a complex ensemble is formed which, through the marked individuality of the structural formation, is placed in a relation to the existing building containing considerable tension. The existing building is, however, not adversely affected by the new ensemble.
The Children's Library is created as a separate, graphic element with high identifiability, although the strongly formal instrumentation of this building section is evaluated in part critically. The arrangement on the ground floor and in the green area is emphatically supported.
By its compact formation, the new building, with approximately the same floor space as the existing building, may be identified as the »new generation«.
The development of the façades is similarly carried out in contrast to the existing building, and with its dynamic forms, it corresponds to the development of the building as a whole.
Due to the compact arrangement, a large open space remains which can be retained as green space or further developed.
The area in front of the library and the public space of Blücherplatz are designed as a large, representative plaza with striking routings to the old and new building.
The interior space is developed up into the roof by a large stairway system with highly graphic prominence. The orientation is hereby optimally provided. Around this stairway lies the space of the library as a »free floor plan« which, however, offers few possibilities for structuring dure to its limited dimension. At the ends of the oblong floor plan lie the open areas of the library. There is a cockpit-type of orientation on the one hand to Blücherplatz and on the other hand to the cemeteries. The eastern side of the longitudinal building section, with the reading space and workspaces, is arranged toward the green area and the main façade of the Church Zum Heiligen Kreuz.
The strong exterior effect and the concise articulation of the stairway as an eventful element are not themselves repeated in the actual floor plan of the library.
The exterior graphic quality of the building hardly corresponds to the interior space. Here the horizontal spaces determine the effect. This graphic quality of the exterior is understandable on the basis of neither interior relations nor the construction. Instead, it is derived from the relationships of urban design interpreted here and developed as a signet. The development of the façade also has a predominantly decorative ductus. The jury controversely and critically discussed this stance of an essentially exterior search for effect.
The feasibility is evaluated as favourable due to the minimal interlinking with the existing building and due to the new building's consequent »laying to the side«.
The spatial expenditure for the hall-type stairway system is considerable with regard to aspects of economical feasibility.
The design is fascinating in its representation.

hinaus wirkt auf die Besucher in diesem Bereich erdrückend. Der Eingangsbereich ist bibliothekarisch gut gegliedert. Die Verbindung zwischen dem Eingangsbereich und der Browsingzone ist gut gelungen. Die Nachbarschaft von Cafeteria und non-subject-Bereich ist vorteilhaft. Die vertikale Haupterschließung über den Turm ist unterdimensioniert (schmale Treppen und nur ein Aufzug). Die Verbindung zwischen dem Auskunftsbereich (belebte Zone) und dem Freihandbereich ist mit 1,5 m zu schmal. Deswegen soll die Zugangsmöglichkeit des Freihandbereichs verbessert werden. Die Stellflächen für Bücherregale erscheinen zu gering. Die Raumaufteilung der Freihandbereiche ist unflexibel, denn sie sind durch die mittig angeordnete Treppenhalle geteilt. Die Verbindung zwischen den einzelnen Geschossen durch die diagonal angelegte Treppenanlage ist übersichtlich und anregend. Die Auslagerung der Jugendbibliothek ist problematisch, da Kinder mit Erwachsenen gemeinsam die lange Eingangshalle überqueren müssen. Das neue Magazin ist günstig vor dem alten Magazin angeordnet. Es besteht keine direkte Verbindung zwischen dem Alt- und Neubau.

Empfehlung des Preisgerichts

Die Vertikalerschließung muß der zu erwartenden Besucherzahl (1,5 Mio./Jahr) entsprechend ausreichend dimensioniert werden. Im Fachbereich soll die funktionale Verbindung der im Programm geforderten Zonen verbessert werden. Die Verbindung zwischen den Zonen ist zu schmal. Buchstellflächen müssen vergrößert werden und hinsichtlich der Zugänglichkeit wesentlich verbessert werden. Die Eingangssituation wird konstruktiv und gestalterisch als äußerst problematisch empfunden. Lage und Zugang zur Kinderbibliothek müssen überarbeitet werden. Das neue Magazin soll einen Zugang zum alten Magazin gewährleisten. Eine Verbindung vom alten Lesesaal zum neuen Magazin soll ermöglicht werden.

Opinion of the jury from the standpoint of the librarians

The extension of the new building over the main entrance has an oppressive effect on the library visitor. The main extrance area is, however, well organized. The connection between the entrance area and the browsing zone is successful. The proximity of the cafeteria to the non-subject section is advantageous. The vertical central accessing via the tower is negatively disproportionate (narrow stairs and only one elevator). The connection between the information area (active zone) and the open-access area is too narrow with its 1.5 m. The accessibility of the open-access area should therefore be improved. The spaces allotted for shelving appear too small. The spatial division of the open-access areas is inflexible since these areas are divided by the stairway located in the middle. The connection among the individual storeys by the diagonal stairway is distinct and stimulating. The relocation of the children's library is problematic since children must be accompanied by adults when passing through the long entrance hall. The new closed stacks are well-located in front of the old closed stacks. There is no direct connection between the existing building and the new building.

Recommendation of the jury

The vertical accessing must be sufficiently dimensioned corresponding to the anticipated number of library visitors (1.5 mill./year).
In the departments, the functional connection between the zones as required by the program is to be improved. The connection between the zones is currently too narrow. Shelving space must be enlarged and, in regard to its access, improved. The entrance situation is considered most problematic in terms of construction and design. The location of and access to the Children's Library have to be revised. The new closed stacks should guarantee an access to the old closed stacks. A connection from the existing reading room to the new closed stacks should be made possible.

Lars Lerup (Berkeley)
Mitarbeiter: Michael Bell, Antonio Lao, Bill Green, Tim Rempel, Teva Hesse, Jesse Taylor, Michael Palmore, Victor Agran, Mina Chow, Chris Decareau
Berliner Kontaktarchitekten: Achatzi + Backmann

Erläuterungsbericht

Die neue Amerika-Gedenkbibliothek: Stadt, Bezirk, Block, Buchlandschaft
Das moderne Berlin mit seinem Gefüge aus traditioneller Randbebauung, modernistischen »Türmen im Park«, kreuz und quer verlaufenden Stadtautobahnen, öffentlichen Verkehrsverbundnetzen und einem Geflecht von Fußgängerzonen bietet oft das Bild einer fragmentierten Stadt. Der den Mehring- und Blücherplatz umgebende Bezirk ist ein treffendes Beispiel dafür.
Die ursprüngliche Beziehung zwischen Belle-Alliance-Platz und Blücherplatz war gekennzeichnet durch distinkte Verschiedenheit. Während der Belle-Alliance-Platz formell erscheint und sich innerhalb der alten Zollmauer befindet, macht der auf der anderen Seite des Landwehrkanals in der Vorstadt liegende Blücherplatz einen spontanen Eindruck. Der Versuch, die beiden öffentlichen Plätze formal zur Kohäsion zu bringen, muß daher, so scheint es, ihrer Geschichte zuwiderlaufen. Die Fragmentierung, die der beunruhigenden Mischung aus sowohl der modernen als auch der traditionellen Stadt entnommenen Elementen entstammt, bleibt jedoch ein ernstes Problem.
Der Wettbewerb zur Erweiterung der AGB und ihrer unmittelbaren Umgebung bietet die Gelegenheit, diese »Fragmentierung« in einer spezifischen Situation zur Diskussion zu stellen. Wir haben uns entschieden, weder zur vielbewunderten Randbebauung zurückzukehren, noch uns der Ideologie der gegenwärtigen AGB mit ihrem freistehenden Pavillon im Park zu verschreiben, sondern stattdessen beide in einer synthetischen Anordnung zusammenzubringen. Wir wollen dieses neue Stadtgewebe eine Buchlandschaft nennen. Die gegenwärtige AGB (mit ihrem bescheidenen Umfang, sanft geschwungenen Gebäuden, ihrem modernistischen Streben nach Licht und Luft und der offenen Fläche mit herrlichen Bäumen) hat uns zu einer Strategie der Ergänzung und nicht zu sehr der Dominanz veranlaßt. Die Komplementierung besteht in der Hinzufügung von neuen Bau- und Gartenelementen zur bestehenden Struktur von Block, »Wellenfläche« und umgebender Grünanlage. Die neuen Elemente entstammen den Rand- und Pavillonstädten, dem Programm und dem Wunsch, das bestehende Gebäude zu bewahren (höhere Gebäude auf geringerer Grundfläche), die Bäume zu erhalten (nur zwei sind entfernt worden) und die Gebäude zu respektieren (durch das Hinzufügen von Bauelementen an Stelle einer Umgestaltung des Bestehenden).
Viele Elemente vereinigen sich in der Bildung der neuen Buchlandschaft:
- Ein neuer B(l)ücherplatz oder vielmehr zwei parallele öffentliche Räume: der »Bücherpark« (Grünbereich) und der »Büchertreffpunkt« (gepflasterter Platz) erstrecken sich ungehindert vom Gelände bis zum Waterloo Ufer. Zwei Versionen sind zu sehen. Die umfangreichere (die von uns bevorzugte Lösung) kommt durch eine geringfügige Neuordnung der Straßen zustande: eine Verkürzung des Blücherplatzes nach Westen und die Wiedereröffnung der alten Johanniterstraße nach Osten, und somit die Erhaltung aller bisherigen Parkmöglichkeiten am Straßenrand.
- Der neue Bibliotheksparkplatz befindet sich zwischen AGB und dem Hertie-Parkplatz.
- Eine Reihe spezifischer Landschaftselemente wie das »Bücherdreieck«, der »Leserand«, der »Waldbau« und der »Lesehof«

Lars Lerup (Berkeley)
Collaborators: Michael Bell, Antonio Lao, Bill Green, Tim Rempel, Teva Hesse, Jesse Taylor, Michael Palmore, Victor Agran, Mina Chow, Chris Decareau
Berlin contact architects: Achatzi + Backmann

Explanatory report

The new Amerika-Gedenkbibliothek: district, block, booklandscape
Modern Berlin's mixture of traditional perimeter blocks, modernist »towers in the park«, criss-crossing city-freeways, public transportation system, and segments of pedestrian nets is often a physically fragmented city. The district around Mehringplatz/Blücherplatz is a case in point.
The original relation between the Belle-Alliance-Platz and Blücherplatz was one of distinct separateness, the former being ceremonial and inside the older custom wall, and the latter spontaneous and on the other side of Landwehrgraben in the faubourg. Attempts to bring formal cohesion between the two public places seem therefore to run contrary to their history. However, the fragmentation stemming from the incomfortable mixture of elements from the modernist and traditional city remains a serious issue.
The competition for the extension of the AGB and its immediate surroundings is an opportunity to address this »fragmentation« in a specific situation. We have chosen not to return to the much admired perimeter city, nor to fully embrace the ideology of the present AGB with its freestanding pavillion in a park, but instead to bring both together in a synthetic assembly . We call this new urban tissue a »Buchlandschaft« (Booklandscape).
The present AGB (with its modest scale, gently curved buildings, modernist aspiration to light and air, and its open space with beautiful trees) has led us to a strategy of complementation rather than domination. The complementation consists in adding to the given slab, reading-room, and green surrounding, both new building and garden elements. The new elements stem from the perimeter and pavillion cities, the program, and the desire to preserve the existing grounds (taller buildings with smaller footprints), to preserve the trees (only two have been removed) and to respect the buildings (by adding building elements rather than transforming the existing).
Many elements are brought together to form the new Buchlandschaft:
- An new B(l)ücherplatz (or rather two parallel public spaces: the »soft« Bücherpark and the »hard« Büchertreffpunkt) that run unencumbered from the building to Waterloo Ufer. Two versions are shown. The more expansive (our preferred solution) is achieved by a slight rearrangement of streets: a shortening of Blücherplatz to the west and the reintroduction of the old Johanniterstraße to the east, thus retaining all previous street parking.
- The new library parking is placed between AGB and the Hertie parking place.
- A series of specific landscape elements such as the »Bücherdreieck«, the »Leserand« (reading edge), the »Waldbau« (forestblock) and the »Lesehof« (reading court) offers opportunity of outside recreation for the library user.
- A ramp and bridge reestablish the old relationship between the Platz and the cemeteries, while simultaneously allowing a curious visitor to pass by while looking into the new »cube of books«.
- The landscape of buildings is complemented by four new buildings: Keilbau (wedge) as Eingangshalle (entryhall), Kubus (cube) as the new Freihandbereich (open-access area) with a Randbau

bieten dem Bibliotheksbenutzer die Möglichkeit zur Erholung im Freien.

- Eine Rampe und eine Brücke stellen die alten Beziehungen zwischen dem Platz und den Friedhöfen wieder her und erlauben gleichzeitig dem interessierten Besucher, im Vorbeigehen in den neuen Bücherkubus zu schauen.
- Die Gebäudelandschaft wird durch vier neue Gebäude komplementiert: den Keilbau (Eingangshalle), den Kubus (der neue Freihandbereich) mit einem Randbau, der zweigeteilt ist, Gebäude 3 (auch ein Teil des neuen Freihandbereichs) und Gebäude 4 (in dem sich die technischen Dienste befinden). Dies soll die Erhaltung einer Baumgruppe gestatten und Licht im alten Lesesaal ermöglichen.

Parallel zur äußeren Buchlandschaft verläuft die innere Bibliolandschaft. Hier werden Bücherregale, Auskunftspulte, Katalogschränke und Computerterminals zu Landschaftselementen, die zusammen mit dem Inneren der Gebäudeformen den Bibliotheksangestellten wie auch den Benutzern eine vielseitige und zugleich kohärente und hoffentlich überschaubare Informationswelt bieten:

In der Eingangshalle gibt es für den Besucher Toiletten, Garderobe, Erstinformation und einen Veranstaltungsraum (eine Etage tiefer), bevor er zur Bücherkontrolle gelangt. Hier findet er sowohl aktuelle Ausstellungen und die Cafeteria wie auch den Verbuchungsbereich, dahinter befinden sich die allgemeine Auskunft und die Lesebereiche, die jetzt den gesamten alten Lesesaal beanspruchen. Der neue Freihandbereich und seine erste Abteilung Geisteswissenschaften befinden sich gleich links neben dem Bereich für allgemeine Auskunft (im Erdgeschoß des Kubus und des ersten Randbaus). Die anderen Abteilungen: Naturwissenschaften, Kunst-Musik, Berlin-Sammlung und Sozialwissenschaften 1 und 2 nehmen jeweils die ersten Stockwerke ein. Die Jugendbibliothek schließlich befindet sich in den beiden oberen Etagen des Kubus, von wo aus die neue Generation von Bibliotheksenthusiasten ihre Stadt von ihrem ganz eigenen Ausblick betrachten kann.

Für den Leser gibt es viele Gelegenheiten, einen Platz zum Lesen zu finden, und zwar sowohl draußen im Lesehof am Ende und am Rand des Randbaus wie auch zwischen den Bücherregalen im Kubus.

Das Bibliothekspersonal hat direkten Zugang zum Buchtransportsytem, zu den Büros, zu Computern und Katalogen. Die technischen Dienste befinden sich im vierten Gebäude mit direktem Zugang zum alten Personaleingang. Hier ist auch ein neuer Liefereingang, direkt vom neuen Parkplatz zum Lager (das das gesamte Kellergeschoß einnimmt).

Die neuen Gebäudeergänzungen (inspiriert vom Modernismus der alten AGB) sind aus Beton (mit gelegentlichem Stahlgerüst), teilweise mit einem Furnier von gelben Ziegeln und blauem Beton überzogen. Fenster sind aus Holz und Fensterwände aus Stahl.

Die »Landschaftselemente« im Innern aus getöntem und zurechtgebogenem Sperrholz mit Resopalaufsätzen umfassen Bücherregalfertigteile, Tische und Stühle.

(edge building) that is divided in two, building 3 (also part of the new open-access area) and building 4 (that houses the technical services), to allow the preservation of a stand of trees and light in the old Lesesaal (reading room).

Parallel with the exterior Buchlandschaft runs the interior Bibliolandschaft. Here bookcases, information desk, catalogs, and computer terminals become landscape elements that combined with the inside of the building shapes offer both library workers and users a varied, yet coherent and hopefully navigable world of information:

The user is in the entry hall provided with toilets, warderobe, information and a meeting room (on the floor below), before he enters through the book control. Here he will find the current exhibitions and the cafeteria as well as the desk area, beyond it lies the general information and browsing area, now occupying the entire old reading room. The new open access area and its first department, Humanities, lies immediately to the left of the general information area (on the bottom floor of the cube and the first edge building). The other departments: Natural Science (Naturwissenschaften), Art and Music (Kunst-Musik), The Berlin Collection (Berlin-Sammlung), and the Social Sciences I & II (Sozialwissenschaften 1 und 2), respectively occupy the floors above. The Children's Library (Jugendbibliothek) finally crowns the two last floors of the cube, the last of which is partially open to the sky. Here the new generation of library enthusiasts can view their city from their very own lookout point.

Readers have many opportunities to find places to read, both outside in the Lesehof, at the end of the Randbau, at its edge, or amongst the rows of book cases in the Kubus.

The library personnel, have direct access to the book transport system, to their offices, to computers and catalogs. The technical services are located in the fourth building, with direct access to the old personnel entrance. Here is also a new delivery entrance directly from the new parking to the book storage, that occupies the whole basement.

The new building additions (inspired by the modernism of the old AGB) are made of concrete (with occasional steel structure), partially covered with veneers of yellow brick and blue concrete. Windows are made of wood and window walls of steel.

The interior »landscape elements« are made of tinted and bent plywood, formica tops, standard modular bookcases, tables and chairs.

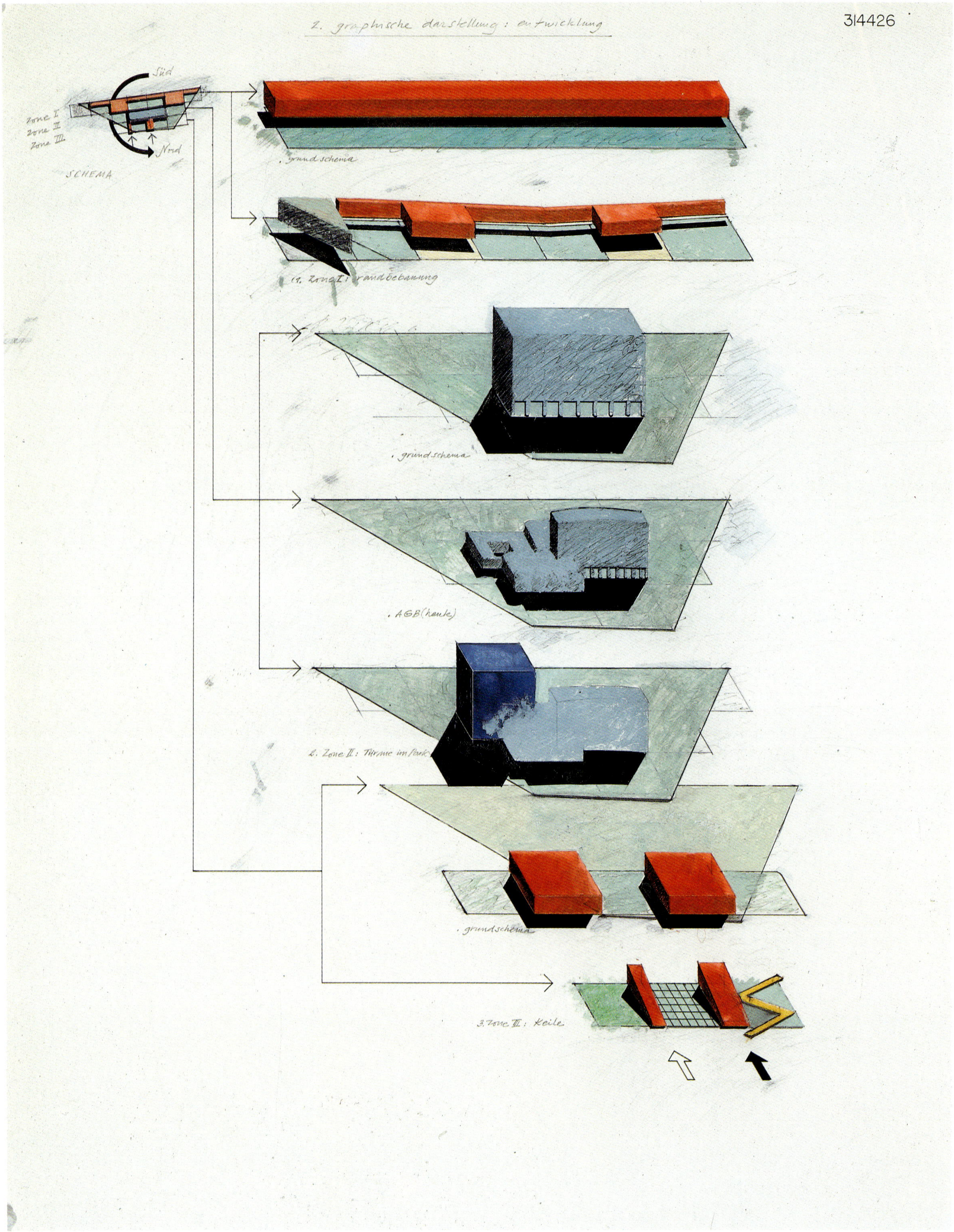
2. graphische darstellung : entwicklung
314426
Süd
Zone I
Zone II
Zone III
Nord
SCHEMA
. grundschema
1. Zone I: randbebauung
. grundschema
. AGB (heute)
2. Zone II: Türme im Park
. grundschema
3. Zone III: Keile

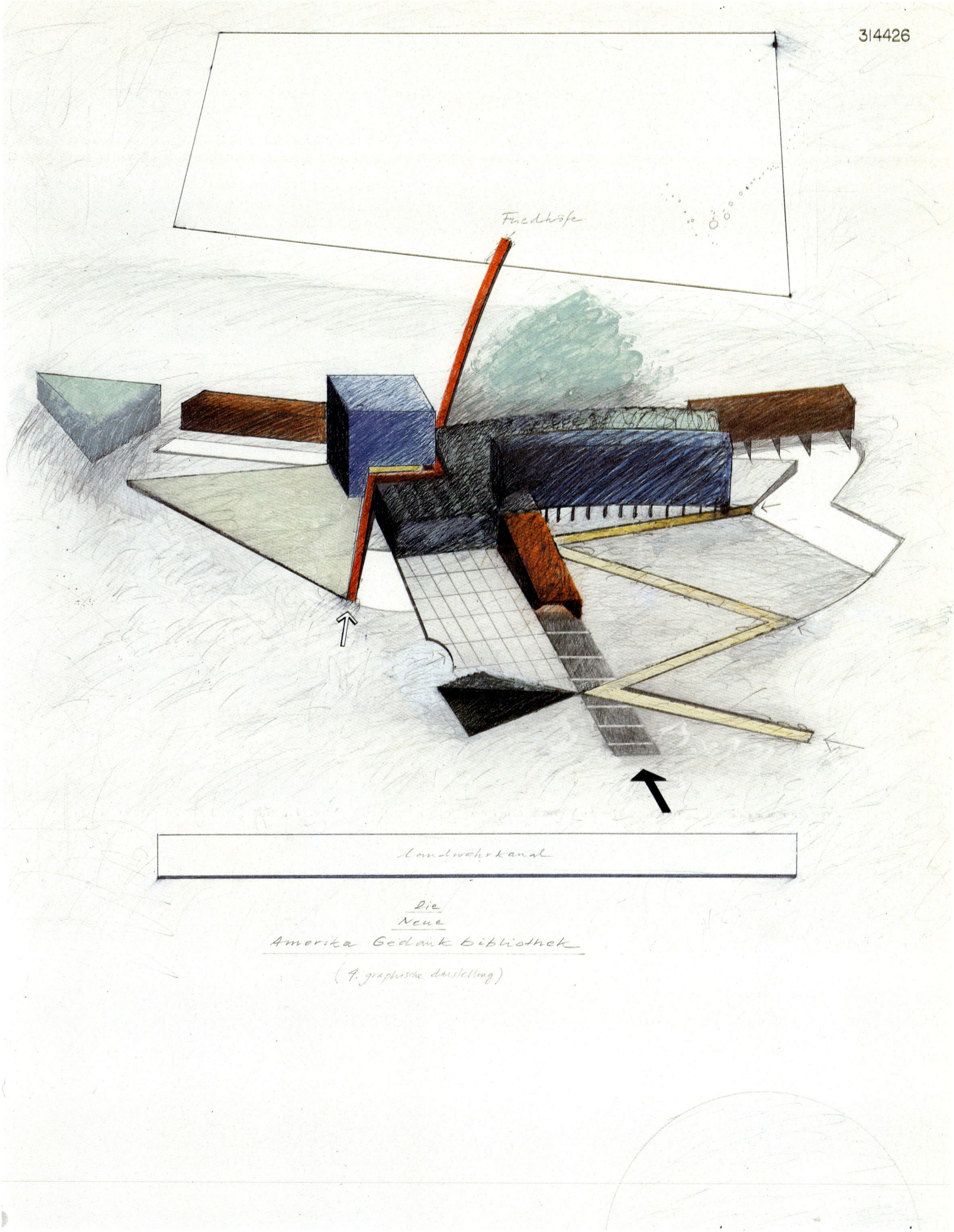
314426
Friedhöfe
landwehrkanal
Die
Neue
Amerika Gedank bibliothek
(1. graphische darstellung)

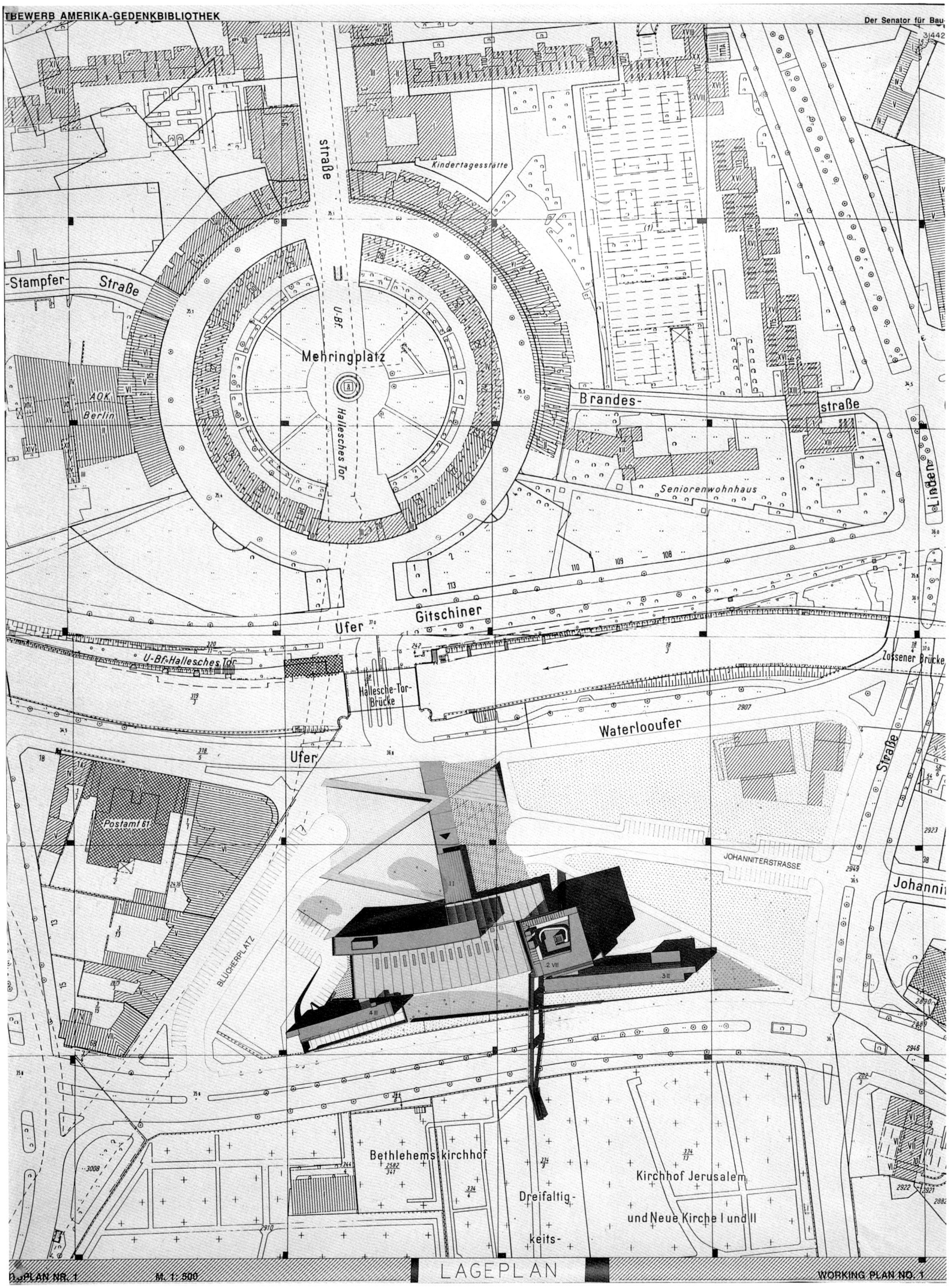
TBEWERB AMERIKA-GEDENKBIBLIOTHEK
Der Senator für Bau
straße
Kindertagesstätte
-Stampfer- Straße
U
U-Bf.
Mehringplatz
Hallesches Tor
AOK Berlin
Brandes- straße
Seniorenwohnhaus
Linden
Ufer Gitschiner
U-Bf. Hallesches Tor
Hallesche-Tor-Brücke
Zossener Brücke
Waterlooufer
Ufer
Postamt 61
BLÜCHERPLATZ
JOHANNITERSTRASSE
Straße
Johanni
Bethlehemskirchhof
Dreifaltig-
keits-
Kirchhof Jerusalem
und Neue Kirche I und II
PLAN NR. 1
M. 1: 500
LAGEPLAN
WORKING PLAN NO. 1

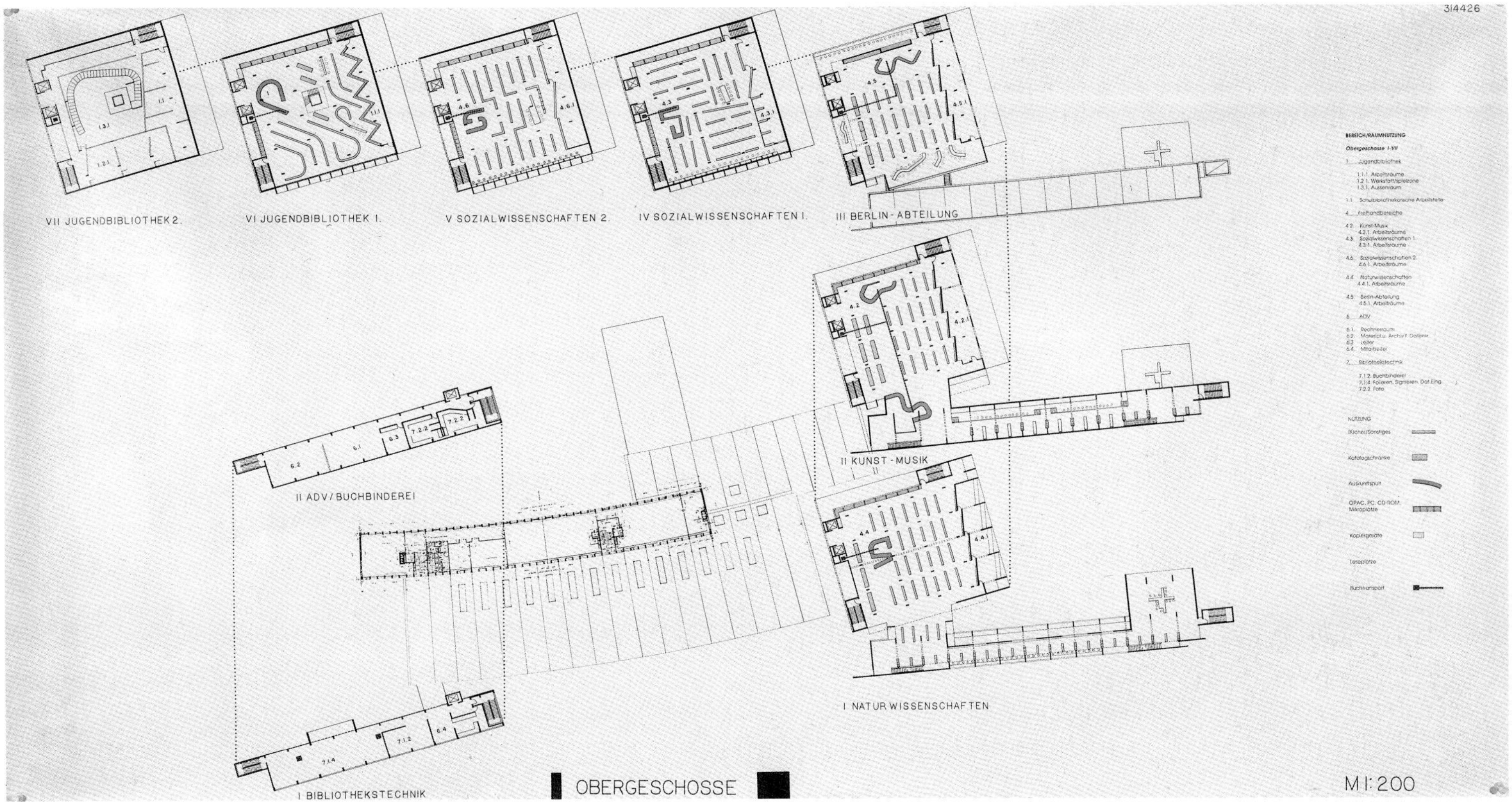
314426
VII JUGENDBIBLIOTHEK 2.
VI JUGENDBIBLIOTHEK 1.
V SOZIALWISSENSCHAFTEN 2.
IV SOZIALWISSENSCHAFTEN I.
III BERLIN - ABTEILUNG
II KUNST - MUSIK
II ADV/BUCHBINDEREI
I NATURWISSENSCHAFTEN
I BIBLIOTHEKSTECHNIK
OBERGESCHOSSE
M 1:200

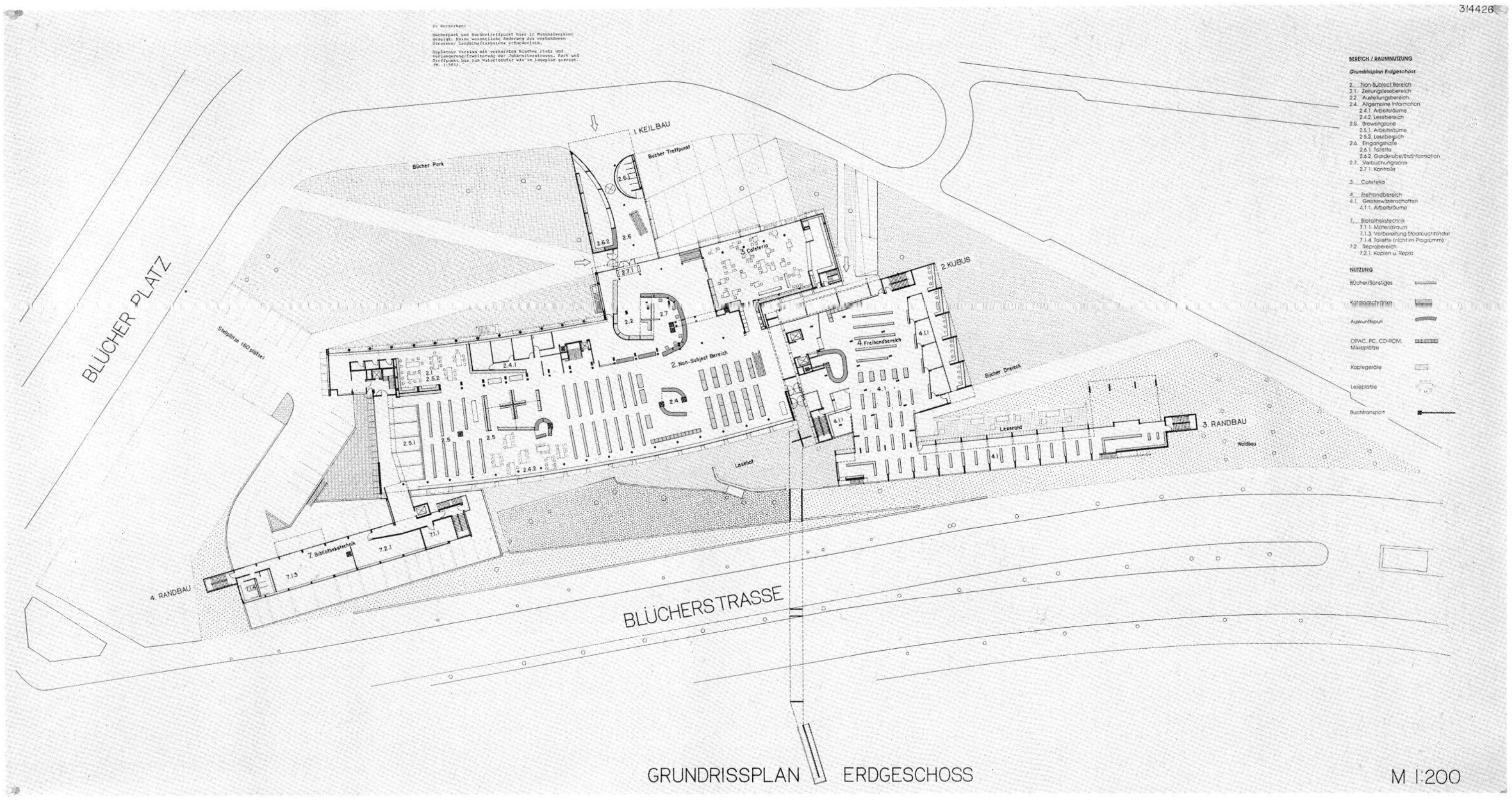
314428
1. KEILBAU
2. KUBUS
3. RANDBAU
4. RANDBAU
BLÜCHER PLATZ
BLÜCHERSTRASSE
GRUNDRISSPLAN ERDGESCHOSS
M 1:200

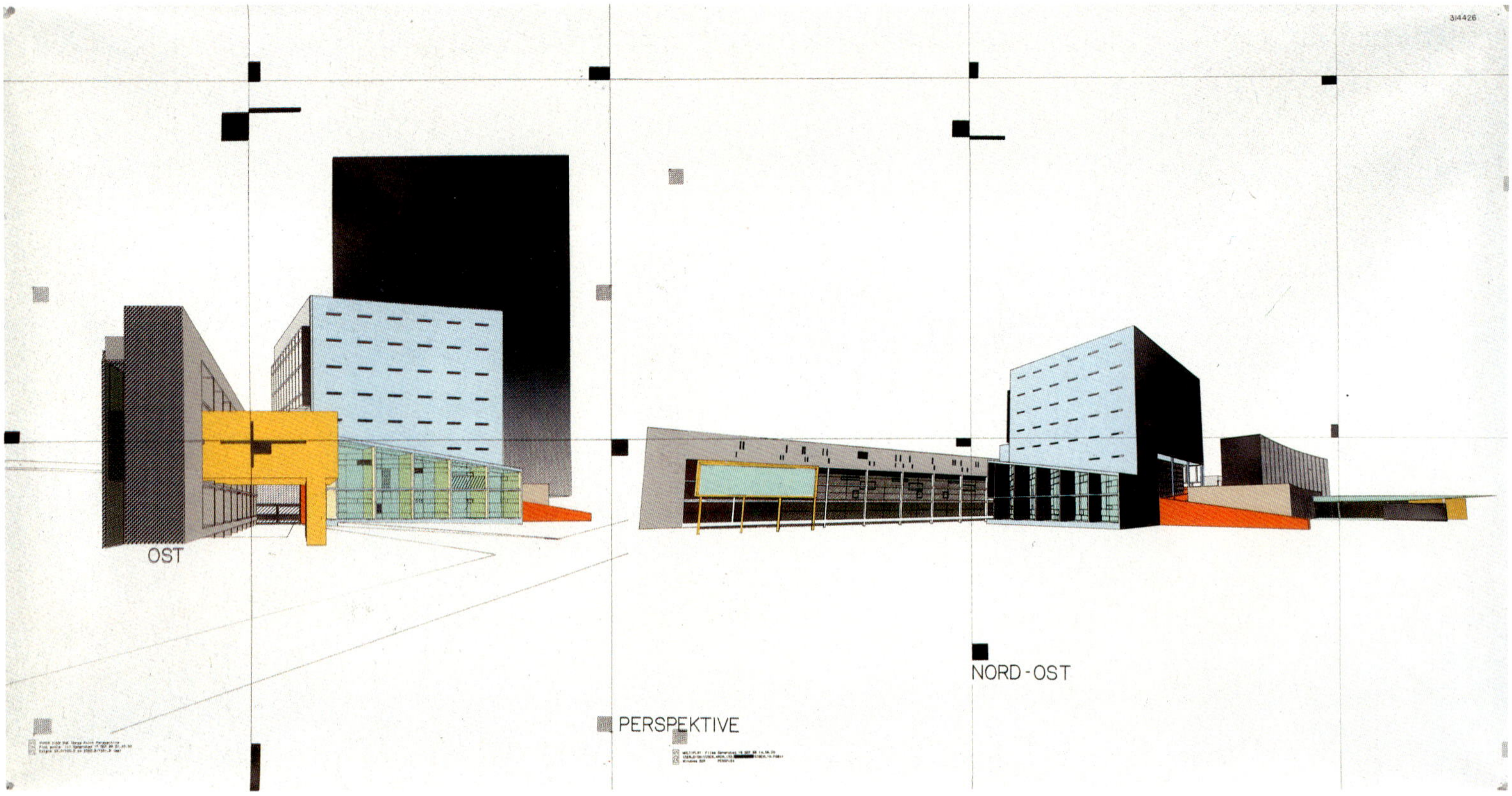
314426
OST
NORD-OST
PERSPEKTIVE

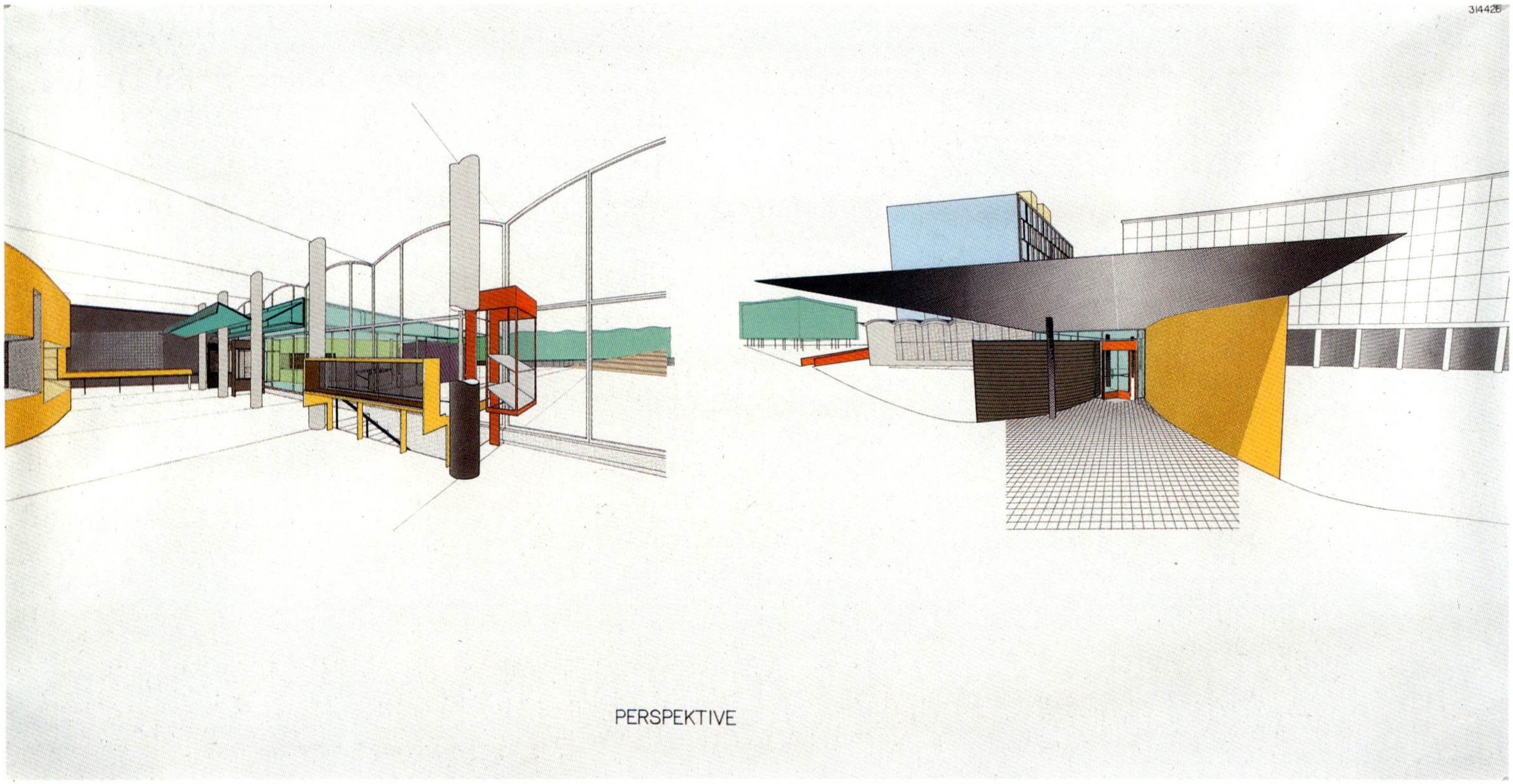
314426
PERSPEKTIVE

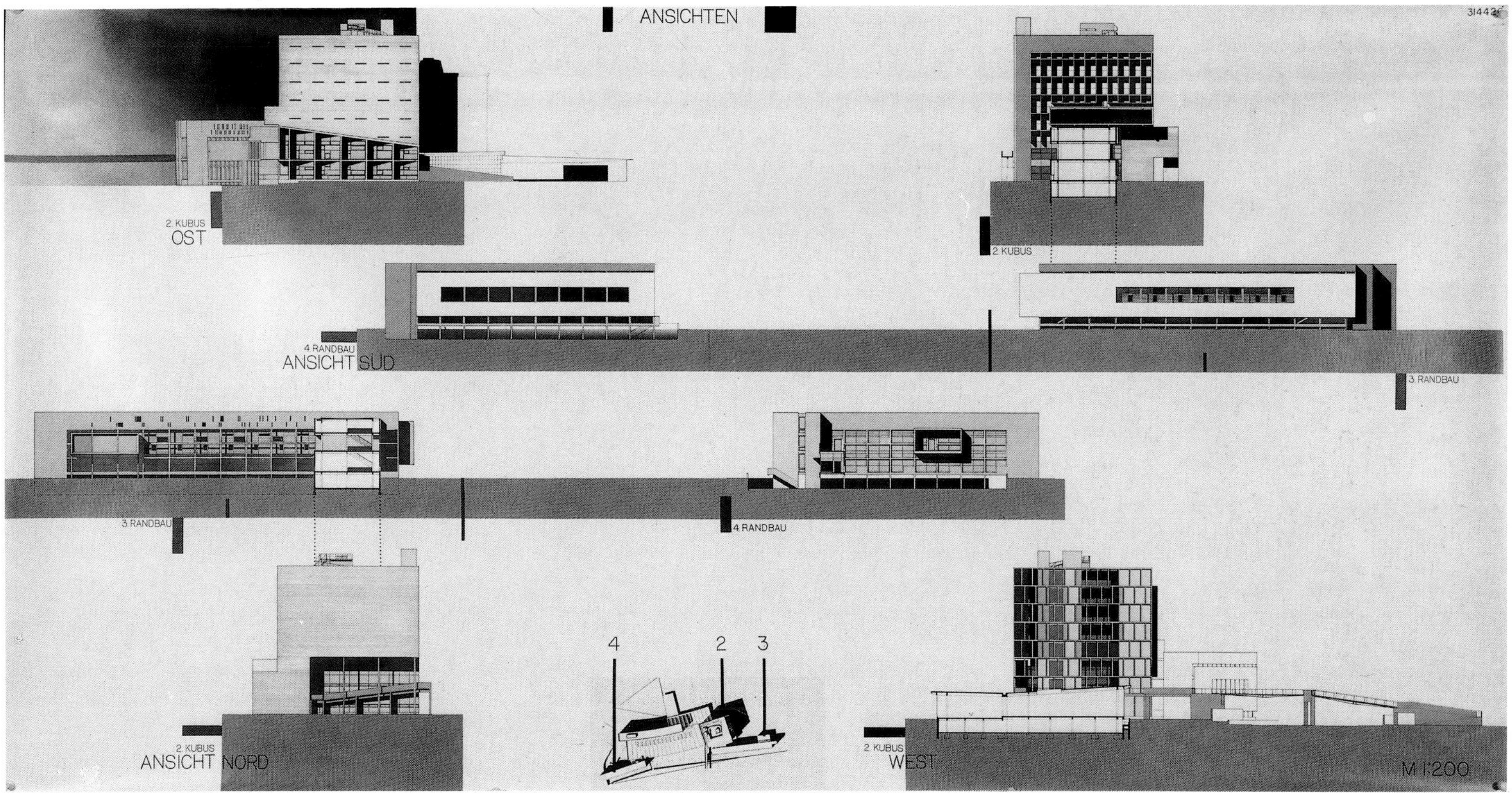
ANSICHTEN
314436
2. KUBUS
OST
2. KUBUS
4 RANDBAU
ANSICHT SÜD
3. RANDBAU
3. RANDBAU
4 RANDBAU
4
2
3
2. KUBUS
ANSICHT NORD
2. KUBUS
WEST
M 1:200

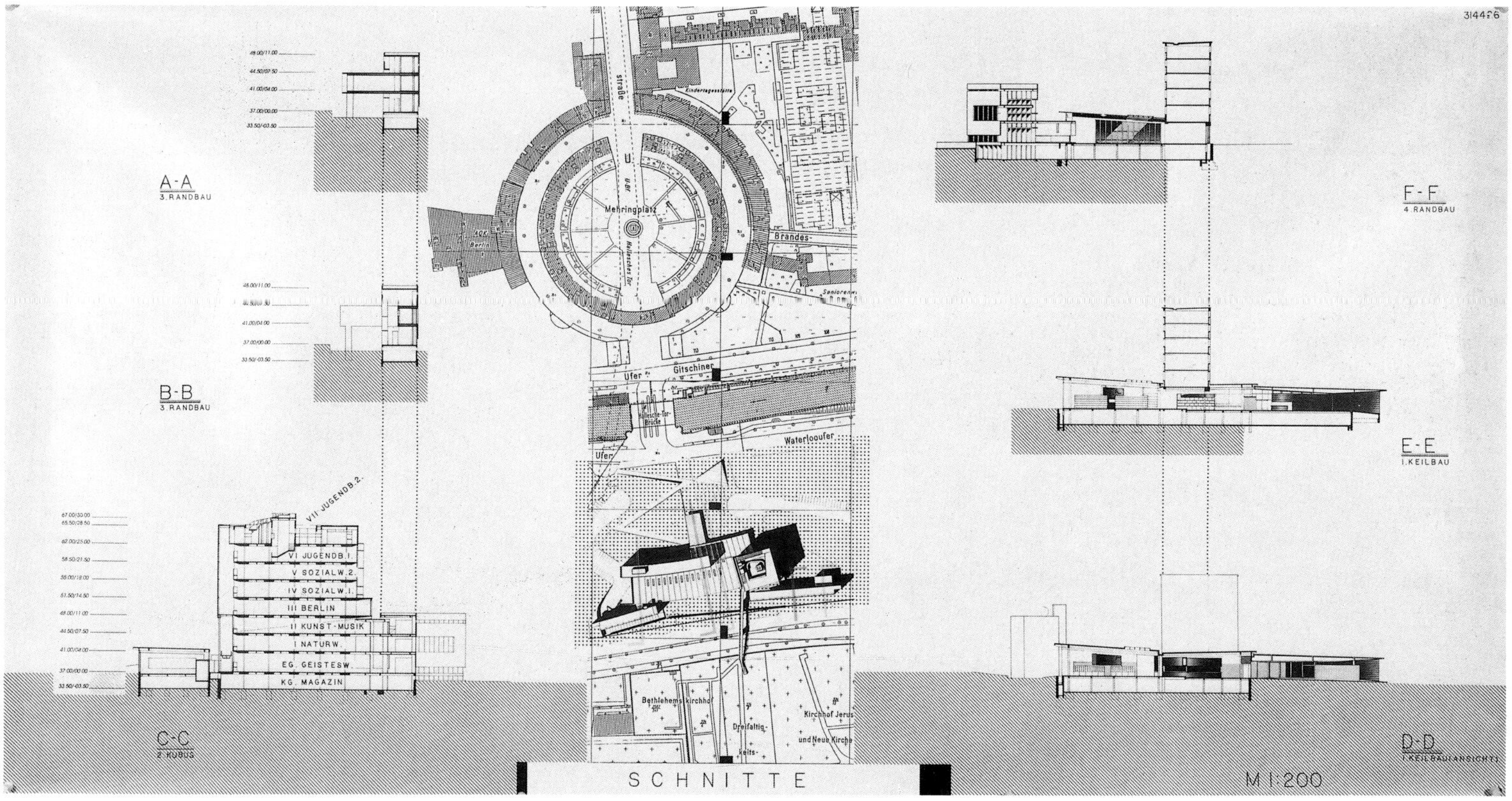
314476
A-A
3. RANDBAU
B-B
3. RANDBAU
C-C
2. KUBUS
VII JUGENDB. 2.
VI JUGENDB. I
V SOZIALW. 2.
IV SOZIALW. I.
III BERLIN
II KUNST-MUSIK
I NATURW.
EG. GEISTESW.
KG. MAGAZIN
Mehringplatz
Gitschiner
Ufer
Waterlooufer
F-F
4 RANDBAU
E-E
I. KEILBAU
D-D
I. KEILBAU(ANSICHT)
SCHNITTE
M 1:200

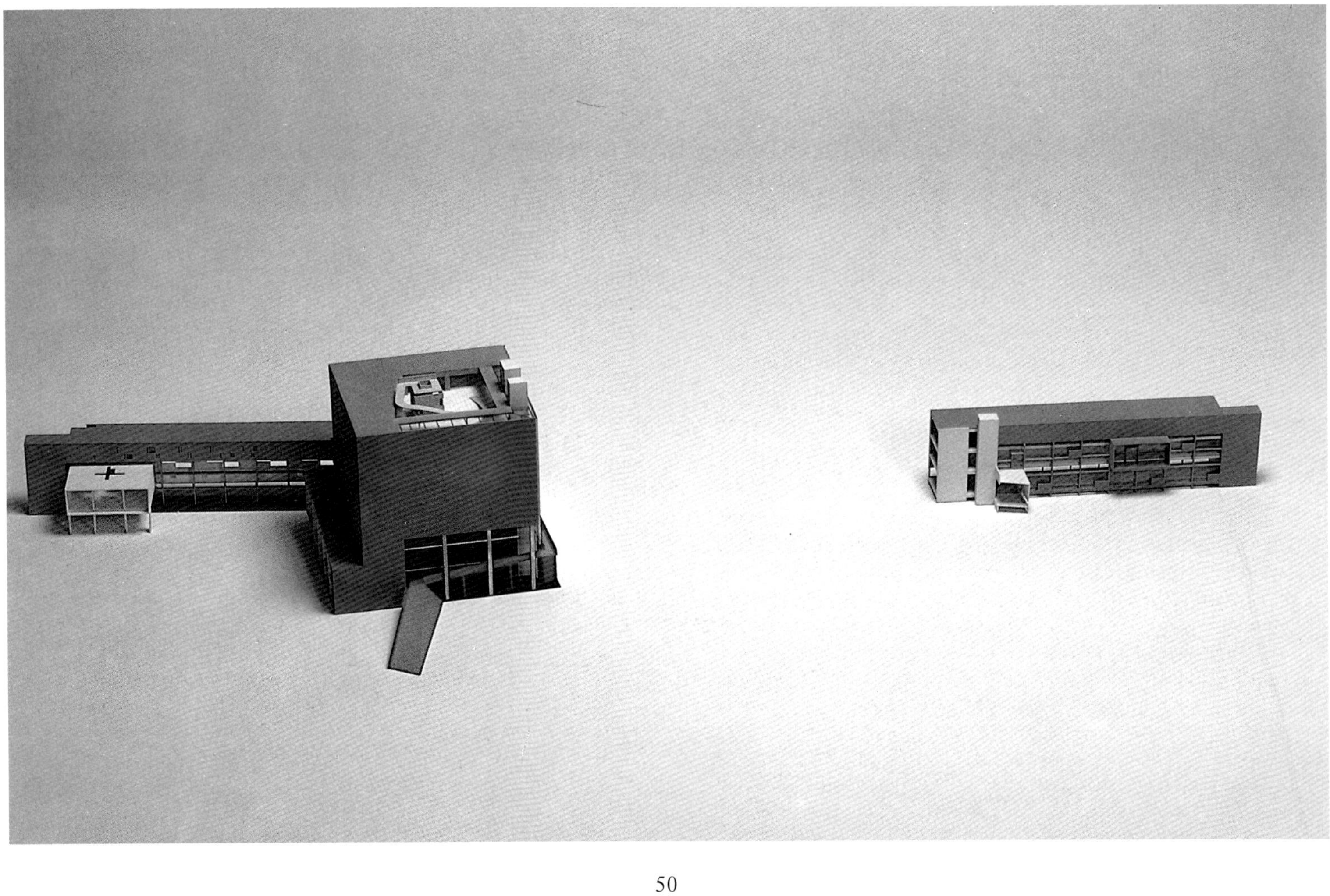

Beurteilung durch das Preisgericht

Das Erscheinungsbild des Altbaus bleibt unverändert und die Signifikanz des Ortes im Stadtbild erhalten (deutlicher Wiedererkennungseffekt der AGB). Das neue Bauvolumen ist in klar gegliederten Bauformen
a) Turm
b) straßenbegleitende Randbebauung an der Blücherstraße untergebracht.
Mit formalen, zum Teil weit hergeholten Untersuchungen tastet sich der Verfasser an diese unterschiedlichen Bauformen heran (Hofbebauung, Turmbebauung, Mischform). Der bestehende Bereich wird zum Teil für Stellplätze genutzt.
Der Hauptzugang ist vor den Altbau gelegt und in seiner Sog- und Leitwirkung positiv zu bewerten, aber in seinen Ausmaßen entschieden unterdimensioniert.
Das Erdgeschoß löst die funktionalen Vorgaben der Ausschreibung in überzeugender Art und Weise (insbesondere non-subject- Bereich/Browsing). Es erfolgt eine geschickte Anbindung der bibliothekstechnischen Bereiche mit Lieferanteneingang. Der an der Ostseite angefügte würfelförmige Komplex enthält im Kellergeschoß das Magazin und in sieben Geschossen die Fachbereiche in konventioneller Stapelung mit einengender Formvorgabe. Übergänge von einzelnen Abteilungen in andere sind nicht möglich – statt dessen ist die Erschließung unterdimensioniert und starr vertikal ausgelegt. Eine optische Verbindung über die Geschosse entfällt ganz. Die Wegeführung ist insgesamt klar und sinnfällig (gute Auffindbarkeit).
Die Anordnung des Kinderbereiches auf den letzten Etagen des Turmes weicht von den Auslobungsbedingungen ab, ist jedoch mit angebundenem Spielplatz eine durchaus in Betracht zu ziehende Lösung.
Die Arbeit geht davon aus, im Rahmen der Realisierbarkeit den Bibliotheksbetrieb nur minimal zu beeinträchtigen. Sie läßt sich daher gut realisieren.
Die Konstruktion mit ihrem engen Stützraster ist außerordentlich wirtschaftlich und führt zu einem minimalen Kubus, der rein technisch ohne große Probleme zu lösen ist. Allerdings ist die gewählte Geschoßhöhe von ca. 3,50 m zu gering angesetzt. Die Mindestanforderung liegt bei ca. 4 m - 4,20 m, was auch auf andere Entwürfe anzuwenden ist.
Die Ergänzungsbauten fügen sich in ihrer klaren Gliederung und ablesbaren Funktionalität in »harmloser Gefälligkeit« in das vorhandene Erscheinungsbild ein. D. h., es handelt sich um einen typischen Erweiterungsbau, der nicht unbedingt die Sprache einer ganz neuen Generation spricht, sondern zuverlässig Funktionen erfüllt und in nahezu traditionellen Formen ausfüllt . . .

Empfehlungen des Preisgerichts

Der Eingangsbereich und das horizontale und vertikale Erschließungssystem sind den zu erwartenden Besuchermengen (1,5 Mio. Besucher/Jahr) anzupassen. Die Raumhöhen in den Geschossen der Fachbereiche müssen hinsichtlich der technischen Ausstattung (Betriebs- und Haustechnik sowie Informationstechnologien) überprüft werden. Die strikte Trennung der Geschosse im Freihandbereich wird beanstandet. Die Verbindung zwischen dem Hauptblock des Fachbereiches und dem Flügel an der Süd- Ost-Ecke der Anlage ist zu schmal. Es wird empfohlen, in diesen Flügel die Arbeitsräume der Fachabteilungen zu verlegen. Der neue Magazinbereich ist in jeder Hinsicht als Freihandbereich auszugestalten und an die vorhandene Erschließung der Fachbereiche anzubinden . . .

Opinion of the jury

The appearance of the existing building remains unaltered as does the significance of the location in the urban setting (distinct recognition of the AGB). The new structural volume is incorporated into clearly divided structural forms:
a) tower
b) buildings on the periphery of the block, along Blücherstraße.
With formal, in part farfetched studies, the author carefully approaches these various building forms (courtyard structure, tower structure, mixed form). The existing green area is partially used for parking spaces.
The main entrance is clearly located in front of the existing building, but it is decisively too small in its dimensions.
The ground floor convincingly solves the functional tasks of the competition (particularly in the non-subject section/browsing zone). There is a skilful linking of the library technical services to the delivery entrance. The cube-shaped complex located in the east contains the closed stacks in the basement and the departments in seven storeys which are conventionally stacked in a restrictive delineation of form. Transitions among the individual departments are not possible – instead, the accessing is disproportionately small and layed out strictly vertically. An optical connection throughout the storeys is completely lacking. The routing is generally clear and logical (good ability to locate).
The layout of the Children's Library on the top levels of the tower deviates from the competition guidelines. It is, however, with its adjacent play area a solution which is very much to be taken into consideration.
In the scope of feasibility, the design proceeds from the assumption that library operations are to be only minimally restricted during construction. It therefore permits an easy realization.
The construction, with its narrow grid of supports, is exceptionally economical and leads to a minimal structural volume which, purely technically, may be constructed without significant problems. The selected ceiling height of approx. 3.50 m. is, however, too low. The required minimal height is approx. 4 - 4.2 m., and this is to be applied in other designs.
The supplementary buildings incorporate themselves into the existing appearance of the library through their distinct arrangement and perceptible functionality in »harmless complaisance«. That is to say, a typical addition is concerned here which does not necessarily speak the language of a completely new generation; it fulfills functions in a responsible manner and carries them out in almost traditional forms . . .

Recommendation of the jury

The entrance area and the horizontal and vertical system of access are to be adapted to the anticipated number of library visitors (1.5 mill. visitors/year). The ceiling heights in the storeys housing the departments have to be examined in consideration of the technical equipment (operational equipment and infrastructure as well as facilities for information processing). The strict division of the storey of the open-access area is criticized. The connection between the main block of departments and the wing in the southeast corner of the complex is too narrow. It is recommended that the offices of the subject sections be relocated in this wing. The new closed stacks are to be designed as an open-access area in every respect. They are to be connected to the existing systems of access of the departments . . .

Ron Krueck, Keith Olsen (Chicago)
Mitarbeiter: Mark Sexton, Keith Lasko, Norberto Rosenstein, William Callahan, Rob Falconer, Alex Sims, James Ziegler, Ed Donley, Miles Lindblad

Erläuterungsbericht

Unsere Analyse der Umgebung der AGB und unsere Gedanken zu diesem bedeutenden Gebiet Berlins resultieren im folgenden Vorschlag mit Berücksichtigung städtebaulicher Überlegungen. Vorrangig ist die Wiederherstellung des Blücherplatzes als ein städtisches Element, die Hervorhebung als traditionelles Zentrum Berlins und die Schaffung eines Brennpunkts in der Achse Friedrichstraße/Mehringplatz/Blücherplatz. Ausstrahlend vom neuen Blücherplatz gilt es, früher bestehende Wege und Sichtbezüge zur Kirche Zum Heiligen Kreuz und einen Zugang durch das Bibliotheksgelände zu schaffen. Eine bessere Integration der umliegenden Gebiete wird durch die folgenden Veränderungen erreicht.
Die Zossener Straße zwischen Blücherstraße und Waterloo Ufer ist durch eine Reduzierung des Straßenquerschnitts fußgängerfreundlich gestaltet...
Der historische Pfad zum Friedhof ist wiederhergestellt und bietet einen besseren öffentlichen Zugang zu einer ruhigen Grünfläche...
Die Stichstraße Blücherplatz wird aufgehoben, wodurch der Platz größer wird. Alle Parkplätze werden durch den Bau eines neuen Parkhauses ersetzt...
Die Hallesche-Tor-Brücke wird als fußgängerfreundlicher Zugang vom Mehringdamm zum Blücherplatz wiederhergestellt...
Der neue Blücherplatz ist ein großzügiger, gepflasterter Stadtplatz für vielfältige Aktivitäten wie Wochenmarkt, Straßentheater und Straßenfeste...
Die Fassade des ursprünglichen Gebäudeturms wird erhalten als der hervorstehende Endpunkt der Achse Friedrichstraße, Mehringplatz, Blücherplatz.
Der neue Eingang bietet direkten Zugang zu öffentlichen Räumen im Erdgeschoß: das Café, die Veranstaltungs- und Ausstellungsräume, die Browsing-Zone und die Verbuchungszone. Allgemeine Informations- und Zeitungslesezonen dehnen sich bis in den Erweiterungsbau aus. Die Kinder- und Jugendbibliothek wird in den renovierten Raum des ehemaligen Freihandbereichs verlagert... Die Berlin-Abteilung ist im ersten Obergeschoß des Neubaus untergebracht. Darüber sind die Freihandbereiche in vier Etagen eingerichtet. Jedes Geschoß ist durch eine verglaste Rampe mit dem ursprünglichen Gebäudeturm verbunden...
Während die Identität der alten Gebäudestruktur bewahrt bleibt, wird die Verbindung mit dem neuen Gebäude durch Anordnung der plastischen Formen des neuen Auditoriums und der durchbrochenen Wandflächen des Cafés entlang der Front des Gebäudekomplexes erreicht. Im Innenbereich schafft die Durchbrechung der gewölbten Dachstruktur eine Achse zum Kern des Gebäudes. Die spiralartige Treppe dient als Verkehrszone, sie ist ein durchsichtiger Schacht, welcher die Geschoßdecken durchdringt und in Richtung der Kirche durch eine verglaste Rampe, die jedes Geschoß verbindet, vorspringt.
Am anderen Ende besteht ein Kern aus Auskunftspult, Arbeitsräumen, Buchtransportsystem, Toiletten, Aufzügen um den Zugang zum ursprünglichen Gebäudeturm herum. Brücken mit Glasböden überqueren die Verkehrszone und ein Glasdach artikuliert den Schacht in Dachhöhe. Die Erweiterung der Verbindung im obersten Geschoß, eine Fortsetzung der Verkehrszone, ... öffnet sich zu einem verglasten Wintergarten für die Bibliotheksbenutzer...

Ron Krueck, Keith Olsen (Chicago)
Collaborators: Mark Sexton, Keith Lasko, Norberto Rosenstein, William Callahan, Rob Falconer, Alex Sims, James Ziegler, Ed Donley, Miles Lindblad

Explanatory report

Our analysis of the area surrounding the library and our concern for the environmental integrity of this historically and currently significant area of Berlin has resulted in the following proposals regarding off-site planning.
Of primary importance is the restoration of the Blücherplatz as an urban place, celebrating the traditional center of Berlin and as a focus for the Friedrichstraße, Mehringplatz, Blücherplatz axis. Radiating from the new Blücherplatz are re-established walks and views of the church Zum Heiligen Kreuz, and access through the library site, to a new entrance to the cemetery. Better integration of and access to the surrounding amenities is accomplished by the following modifications:
The width of Zossener Straße between Blücherstraße and Waterloo Ufer is reduced to improve the pedestrian crossing...
The historical path to the cemetery is restored providing better public accessibility to a »quiet green area«...
The Blücherplatz cul-de-sac is eliminated regaining space for the new plaza. All existing parking is replaced by the construction of a new parking structure...
The Hallesche Tor bridge is restored as a pedestrian access from Mehringplatz to Blücherplatz by relocating the bus station.
The new Blücherplatz is a large paved plaza providing space for various activities such as a market, street theater and festivals...
The façade of the original building tower is retained as the prominent terminus of the Friedrichstraße, Mehringplatz, Blücherplatz axis.
The new entrance provides a direct connection to the ground floor public spaces of cafeteria, auditorium, exhibition and browsing areas and the main library circulation desk. The reference section and periodicals extend into the new addition. The Children's Library is relocated to the remodeled space of the old reading room... The Berlin Collection is on the first floor of the new addition above which the subject areas have been arranged on four typical floors. Each floor is connected via a glass enclosed link to the original library tower,...
While preserving the identity of the original structure, the integration with the new building is achieved by placement of the sculpted forms of the new auditorium and punctured planes of the cafeteria walls across the front of the complex. Internally, cutting the vaulted roof structure provides a transitional entry axis to the core. The spiral stair serves as the vertical focus of the circulation zone which is on an axis with the church to the east and the restored path to the cemetery. The circulation zone is a transparent shaft which severs the floor plates, and projects toward the church with a glass enclosed ramp connecting each level.
At the other end, a typical core consists of the information desk, departmental offices, book transport station, toilets, elevators and the restricted access link to the tower. Glass floor bridges cross the circulation zone and a clerestory skylight articulates the shaft at the roof. The extension of the link at the top floor, a continuation of the circulation zone, overlaps the tower and opens into a glass enclosed wintergarden for public use. The concrete structural grid is shifted in response to the axial forces of the site...

LAGEPLAN
M 1:500

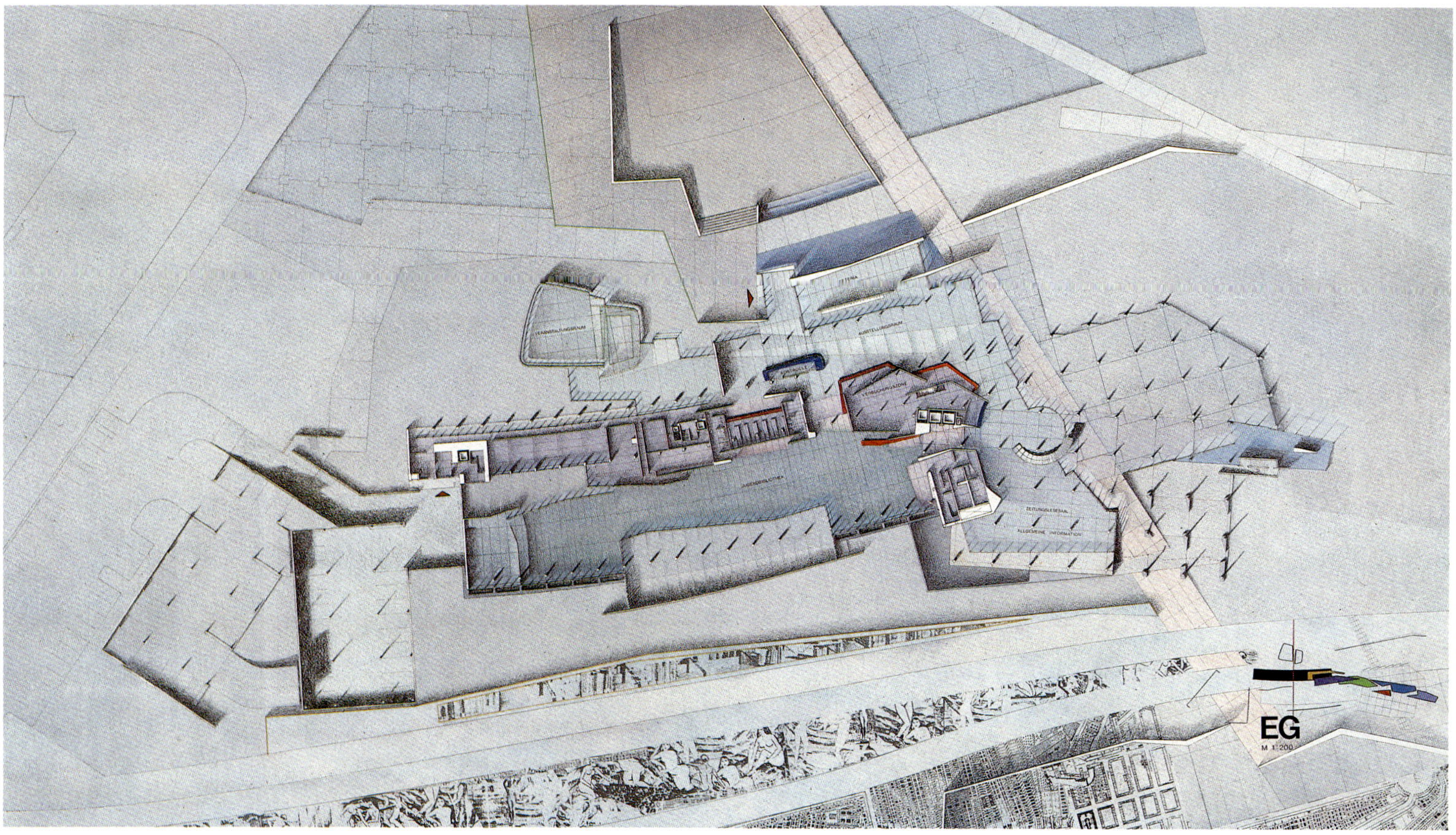
EG
M 1:200

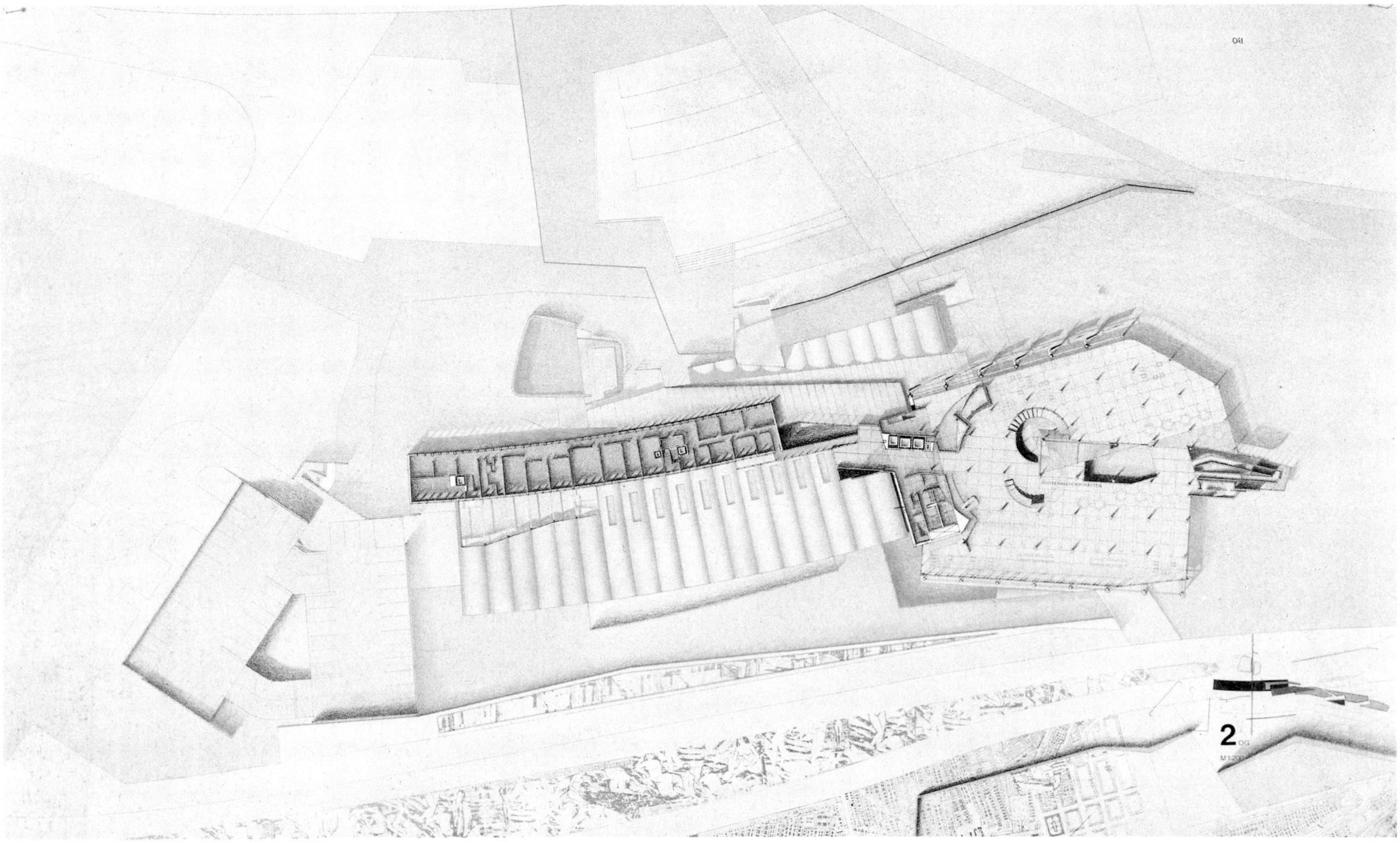
2 OG

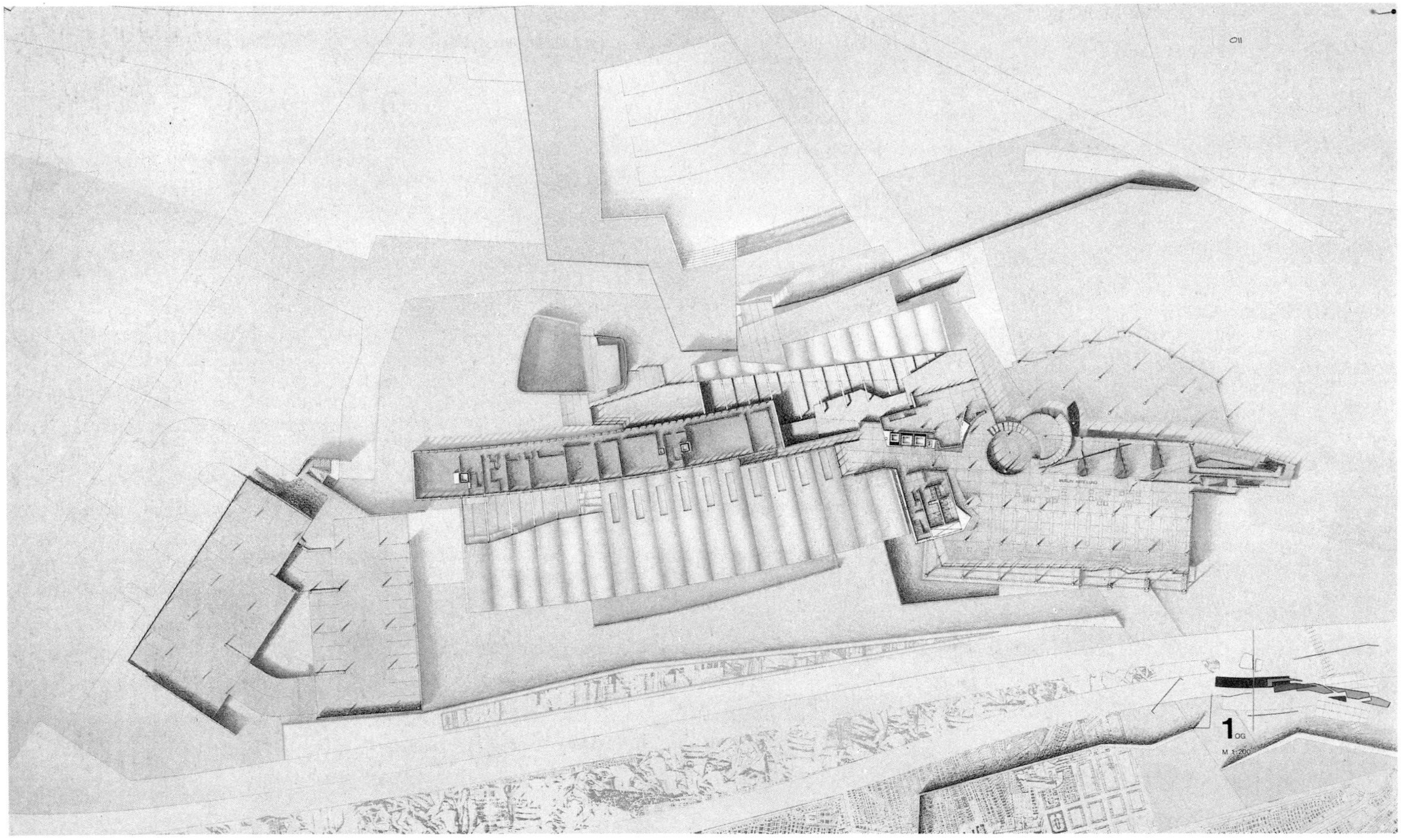
1 OG
M 1:200

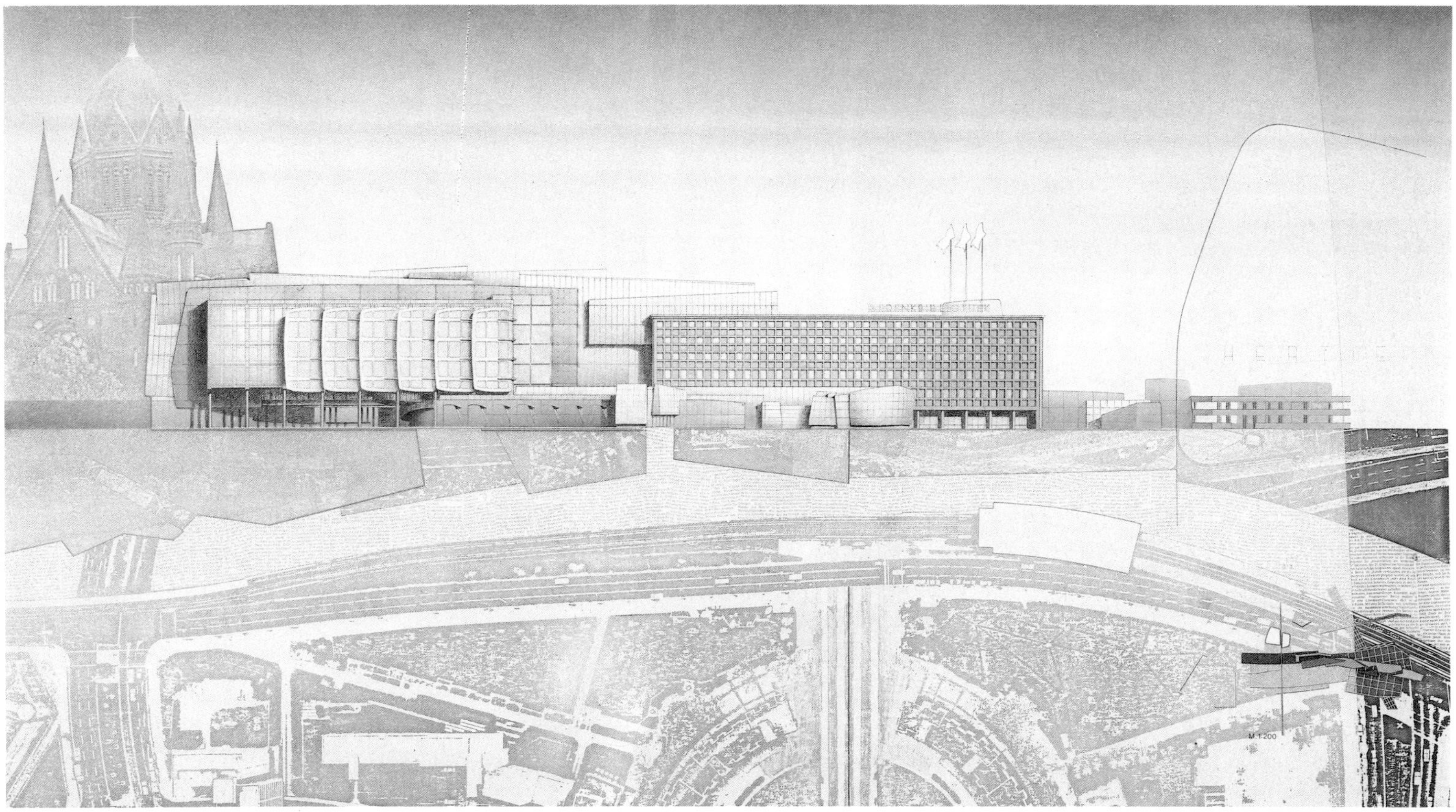
M 1:200

HERTIE
M 1:200

GEDENKBIBLIOTHEK

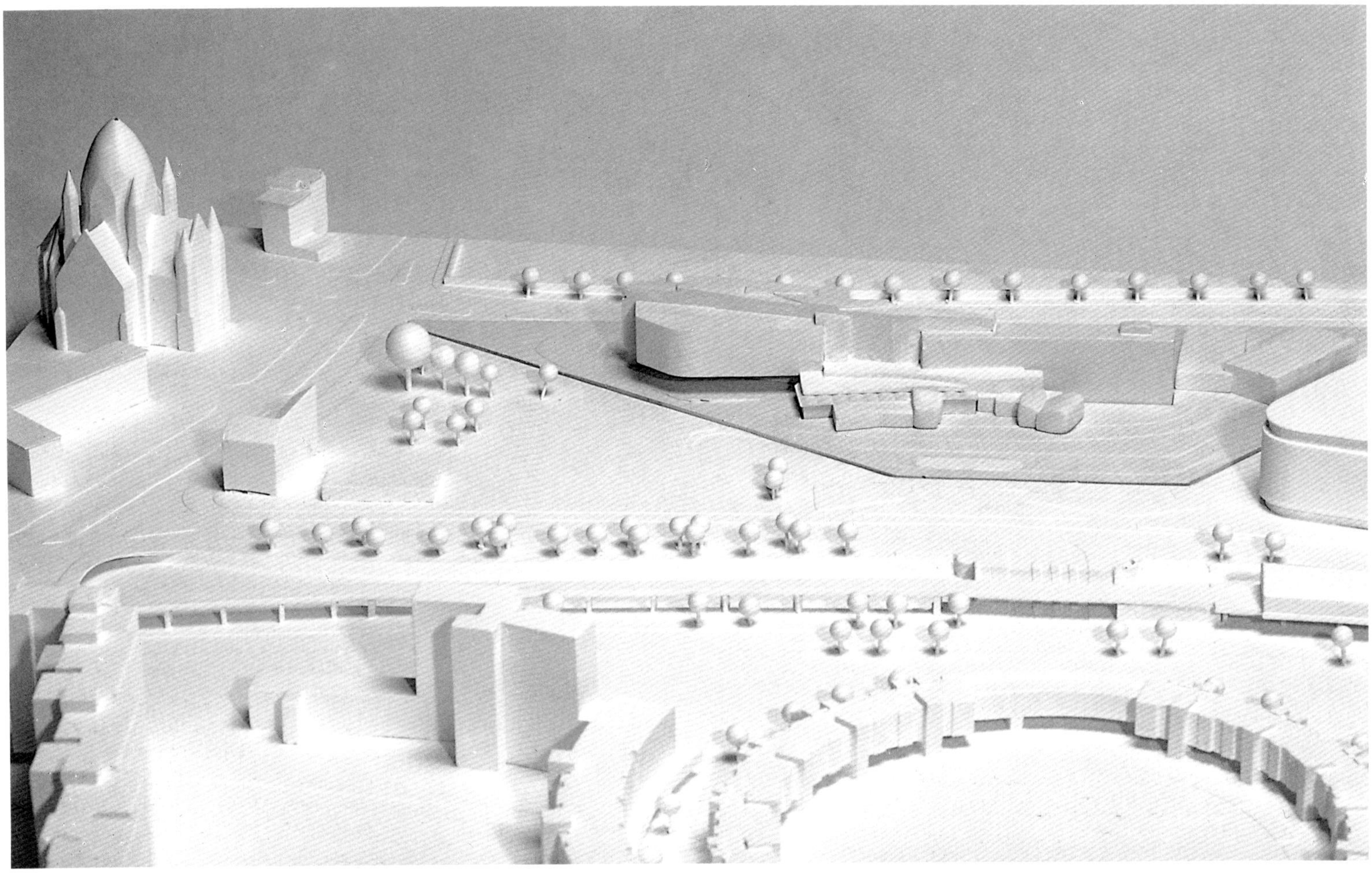

Beurteilung durch das Preisgericht

Trotz der unbestreitbaren Vorzüge in der funktionalen Gliederung des Entwurfs wirkt das Erscheinungsbild eher ungeordnet. Damit gerät die Architektur in Widerspruch zu sich selbst.
Die Formensprache gewinnt in ihrem gekünstelten Raffinement und subtilster Darstellung weder Beziehung zum schlichten Gestus des Altbaus der Gedenkbibliothek noch zum Umfeld. Wie ein Menetekel wirkt die unmittelbar an die selbstbewußt präsentierten Fassadenbilder herangerückte Heilig-Kreuz-Kirche in ihrem eklektizistischen und doch ausgewogenen Formenstil.
Der Denkmalwert des Bibliotheksgebäudes der fünfziger Jahre wird weitgehend ignoriert. Die starken Eingriffe in die vorhandene Substanz sind außerdem unter wirtschaftlichen Gesichtspunkten bedenklich...
Die Baumassengliederung läßt städtebaulich wirksame Raumgliederung nicht erkennen. Das gesamte Grundstück wird praktisch vollgebaut; es verbleiben lediglich Restflächen, die für sich betrachtet kaum noch sinnvolle Gestaltungs- oder gar Nutzungsmöglichkeiten zulassen...

Beurteilung aus bibliothekarischer Sicht

1. Die besondere funktionale Stärke des Entwurfs liegt in seiner Gestaltung der neuen Fachbereiche in den Obergeschossen. Der Entwurf stellt die perfekte Umsetzung des geforderten Programms dar. Der Gefahr monotoner Wirkung bei großen, flexiblen Bibliotheksflächen wird mit der Gliederung des Großraums durch ein zentrales, hin- und herwanderndes Oberlichtband begegnet. Zusammen mit den Außenbereichen an den Fenstern bietet sich so eine Fülle attraktiver Leseplätze mit interessanten Aus- und Durchblicken.
2. Die vertikale Erschließung wird durch eine attraktive Treppenanlage gebildet, die sich wie eine Exzenterscheibe immer wieder in verschiedene Richtungen in die einzelne Fachbereiche schiebt.
3. Sie führt jeweils auf die belebte Zone I hin, an die sich programmgemäß die Zonen II und III anschließen. Der Entwurf bietet die geforderte Tiefe des Raums für die ruhigen Lesebereiche. Er verhindert dabei aber eine Sackgassensituation, indem er verglaste Rampen in die darüber und darunter liegenden Bereiche vorsieht, die auch den Außenraum erlebbar machen. Er ermöglicht damit auch das sog. Bibliothekskontinuum, d. h. der inhaltliche Zusammenhang der Bestände bleibt auch über die Stockwerksgrenzen erhalten.
4. Trotz attraktiver Raumgliederung bleibt die Nutzung der Flächen flexibel für zukünftig veränderte Bibliothekszwecke.
5. Die Fachreferate liegen zusammen mit dem Erschließungskern und der Fahrstuhlanlage an der Nahtstelle zum alten Hochbau. Durch ihre direkte Anbindung an die alten Arbeitsräume ist eine flexible Organisation der internen Arbeitsabläufe möglich. Außerdem werden dadurch die Außenzonen der neuen Fachbereichsflächen von störenden Diensträumen frei gehalten.
6. Das Erdgeschoß als zentrale Zone der Bibliothek fällt gegen die hohe Qualität der Fachbereiche stark ab. Veranstaltungs- und Ausstellungsraum wirken außen angeklebt.
Ihre innere Erschließung ist stark behindert. Auch die allgemeine Informations- und die Zeitungslesezone sind durch einen Dienstraumriegel vom Eingangsbereich abgeschottet. Außerdem werden diese beiden Bereiche und die Browsingzone durch den aufgeständerten Vorbau des ersten Obergeschosses verdunkelt und damit unattraktiver...

G. Schlecht.

Opinion of the jury

Despite the inargualble merits of the design's functional organization, the appearance is rather unordered. Due to this, the architecture comes into contradiction with itself.
The form language gains in its affected refinement and most subtle representation a relation neither to the unpretentious gesture of the existing building nor to the surroundings. The church Zum Heiligen Kreuz, directly approaching the self- confident façade images of the new library building, acts as a warning in its elastic but balanced form.
The quality worthy of historic preservation in the library building from the 1950's is ignored for the most part. The strong interventions in the existing structure are additionally questionable with regard to economic aspects...
The organization of the structural volume does not allow the recognition of spatial arrangement which is effective in terms of urban design. The entire site is practically built-up; only left-over spaces remain which hardly permit sensible design or use.

Opinion of the jury from the standpoint of the librarians

1. The particular functional strength of the scheme lies in its design of the new library departments in the upper storeys. This design represents the perfect conversion of the required program. The danger of a monotone effect in large, flexible library spaces is dealt with by the organization of the large room through a central row of skylights which wander back and forth in the building. This, along with the outdoor areas in front of the windows, offers an abundance of attractive reading spaces with interesting views.
2. The vertical accessing is formed by an attractive stairway system which again and again moves like an eccentric disk into the various departments.
3. This stairway system leads in each case to the active zone I onto which zone II and III adjoin in accordance with the program. The design provides the required spatial depth for the quieter reading areas. It avoids, however, a dead-end situation in that glassed ramps are planned in the areas lying above and below which also permit the outdoor area to be experienced. The so-called »library continuum« is thereby made possible, i. e. the relationship of the holdings in terms of content is maintained beyond the limits of the individual storeys.
4. Despite the attractive spatial arrangement, the use of the spaces remains flexible for library purposes which change in the future.
5. The subject section offices, together with the accessing core and the elevator facilities, lie at the point of contact with the existing high-rise building. Through their direct connection to the old offices, a flexible organization of the internal library operations is possible. In addition, the peripheral zones of the new departments are kept free of offices which tend to be sources of disturbance.
6. The ground floor, as the central zone of the library, compares poorly with the high quality of the departments. The auditorium and exhibition space located outside of the main building seem to be pasted on.
The internal accessing of these spaces is strongly impaired. The reference section and the newspaper reading area are cut off from the entrance area by a row of offices. In addition, these two areas and the browsing zone are darkened and rendered less attractive by the extended structure of the second floor which is placed on supports...

Mark Mack (San Francisco)
Mitarbeiter: Jeffrey Cohen, Choong Wooi-Cheng, Marianne Crivelli-Looser, Chas Ehrlich, Sima Farrokhi, Paul Humphries, Franz Landl, Wanda Liebermann, Christine Macy, Stan Teng, Michael Aronson, Chris Bentley, Eric Carlson, Sally Harris, Roy Lew, Liz Martin, Negissa Oromchian
Bibliotheksberater: Jay Lucker
Landschaftsarchitekt: George Hargreaves
Künstlerischer Berater: Douglas Hollis

Erläuterungsbericht

Die neue Bibliothek versucht städtebaulich und architektonisch Neues mit Altem so zu verbinden, daß ein ausgewogenes, polivalentes Environment entsteht.
Der Anbau gibt der vertrauten Gedenkbibliothek ihr städtisches Gesicht am neu benannten »Bücherplatz« wieder. Wie eine offene Hand umfaßt unser Konzept die verschiedenen Bereiche der Nachbarschaft und bringt sie in einem Platz zusammen. Wir verstärken die Verbindung zur Friedrichstraße und deren Einmündung in den verlängerten Mehringdamm. Wir versuchen Kreuzberg in diese aktive Zone einzubeziehen und einen öffentlichen Platz zu schaffen, der ein Zentrum des Bezirks werden kann und die derzeitige Verkehrsinselsituation in eine Insel der Aktivität verwandelt.
Die spezielle urbane Lage gibt uns die Möglichkeit zu vielschichtigen Aktivitäten, einen Platz mit Fußgängerverkehr im Kontrast zu dem bewaldeten Bereich einer Grünfläche. Durch die Verlegung der Bushaltestelle wird die Hallesche-Tor-Brücke im Norden frei für einen kleinen Markt. Blücherplatz wird Bücherplatz.
Eine offene Architektur für ein öffentliches Gebäude ist der Leitfaden für die Entwicklung der Anlage. Die neuen Gebäudeteile sind ihrer Nutzung entsprechend ausgebildet. Vom Großen bis zum Kleinen, vom Baukörper bis zu den Materialien setzt sich dieses Motiv fort. Der Flügel der Kinderbibliothek erstreckt sich bis zur neuen Straße, umfaßt den Platz und die Arkade, setzt den belassenen Baumbestand fort und bildet ein großes, freundliches Portal für die neue Bibliothek. Die Kaskadentreppe bietet den Vordergrund für die Freihandabteilungen, die untereinander großzügig verbunden sind.
Die Materialien korrespondieren mit dem Maßstab des Gebäudes oder dessen Teilen; großzügige Glasflächen ermöglichen das Hineingehen und Miterleben: Kinderbibliothek und Café, Kaskadentreppe, Auditorium und Ausstellungsbereich. Das Materialvokabular für halböffentliche Bereiche wie die Freihandabteilung, die Arbeitsräume und die Leseplätze ist Sichtbeton oder Verputz, Metallverkleidung und Holzverkleidung für die intimen Leseräume, die aus der Fassade ragen.
Hinter dem Haupteingang und nach der Buchsicherung trifft man direkt auf die Erstinformationsstelle, nach dieser teilt sich der Weg: einerseits zum Browsing-Bereich, dem Café, der Zeitungsabteilung und andererseits, über das Auditorium und den Ausstellungsbereich, zur allgemeinen Information, der Berlin-Sammlung und den Abteilungen des Freihandbereichs.
Das Erdgeschoß ist den Besuchern vertraut, der alte Freihandbereich wurde als Browsing-, Zeitungs- und Informationsbereich beibehalten. Lichtkuppeln bringen Licht in die Mitte des Gebäudes. Ebenfalls lichtdurchflutet befindet sich das Café zwischen Alt- und Neubau unter einem Glasdach mit Blick auf die belebte Straße. Von hier aus können die Besucher sich zwischen den Bereichen und dem Café hin und her bewegen oder die Kinder in der Jugendbibliothek beobachten. Ein möglicherweise gesicherter Eingang vom Café mündet auf eine Außenterrasse und von dort aus in den Mehringdamm.

Mark Mack (San Francisco)
Collaborators: Jeffrey Cohen, Choong Wooi-Cheng, Marianne Crivelli-Looser, Chas Ehrlich, Sima Farrokhi, Paul Humphries, Frans Landl, Wanda Liebermann, Christine Macy, Stan Teng, Michael Aronson, Chris Bentley, Eric Carlson, Sally Harris, Roy Lew, Liz Martin, Negissa Oromchian
Library adviser: Jay Lucker
Landscape architect: George Hargreaves
Artistic adviser: Douglas Hollis

Explanatory report

The new addition gives the familiar Gedenkbibliothek an urban face again. Like an open hand, our scheme reaches out to the different areas of the neighborhood, and gathers activity together in the palm of the newly-named »Bücherplatz« or »Book Plaza«. A series of small and organized urban plazas and green areas underscore meaningful and multivalent nodes of the immediate district and encourage many uses.
The prosposed design strengthens the connection to Friedrichstraße and the older parts of the city beyond the Landwehr canal through a continuum of the Friedrichstraße and its linkage to the newly extended Mehringdamm. Kreuzberg district is connected to this active zone by a public plaza which becomes the focus of the district and modifies the present traffic island into an island of activity.
This unique urban situation offers a variety of social activities: a hard plaza for pedestrian flow is contrasted with the soft, wooded area with lawn for outdoor events. Through the relocation of the bus stop to the north, the Hallesche Tor bridge becomes a seasonal market place. Blücherplatz is transformed into »Bücherplatz«.
An open architecture for a public building is the concept for the design of the library complex. The new components are expressed according to program and emphasis. From the large to the small, from the building mass to the material, this concept is evident. The »Children's wing« stretches to the newly created street, embraces the plaza, and its arcade establishes a continuation of the existing trees and creates a friendly portal to the new library. In the background, the visible »Grand Stair« in turns forms the foreground of the open-access areas.
The materials are intended to correspond with the scale of the building and its parts. In public spaces such as the »Children's wing« and café, the »Grand Stair«, the auditorium and the exhibition area, generous glazing areas are maintained to enable participation and accessibility. The material palette for semi-private areas such as open-access areas, work areas and reading spaces consists of concrete or stucco. Metal cladding and wood siding are assigned to intimate areas which protrude from the façade.
Through the main entry and the security zone, one meets the information booth. From there the circulation path is divided into two routes of which one leads to the browsing area and the café, and the other one to the reference, the Berlin Collection and the open-access areas through the auditorium and the exhibition area.
The ground floor will be familiar to old users. The former reading room is retained as the browsing, periodical and reference areas, and the former entrance remains open as the new exhibit area. The auditorium is returned to its former location, and the skylights opening to the main floor have been reopened, bringing light to the center of the building. The café spans the gap between the old and new buildings, under a glass canopy with a view to an active street. From there one can view the Childrens's

Die direkte Verbindung zwischen dem Browsing- und Informationsbereich durch den zentralen Verbuchungsschalter und die Kaskadentreppe zu den Abteilungen schafft eine klare horizontale Beziehung zwischen dem bestehenden Gebäude und dem Neubau.
Die Abteilungen erreicht man durch die Zwischenpodeste der breiten Kaskadentreppe. Die Besucher betreten die jeweiligen Informationszonen entweder direkt vom verglasten Treppenhaus aus oder erreichen sie mittels Lifts. Diese Zonen nutzen Licht und Luft der Säulenhalle des Treppenhauses. Die Abteilungen sind sich im Grundriß sehr ähnlich: Um eine Kernzone mit Bücherregalen sind die Lese-, Arbeits, und Gruppenbereiche verteilt. Die äußere Haut kann somit architektonisch variieren, je nach Nutzung. Sie ist mit unterschiedlich großen Fenstern versehen, um dem südlichen und westlichen Lichteinfall gerecht zu werden. Die »Musikräume« durchstoßen das Dach der Bibliothek.
Der Flügel der Kinderbibliothek reicht von der Straße zum Haupteingang der Bibliothek.
Ein Freiluft-Spielbereich unter den Bäumen erhält Südlicht und liegt in Straßennähe. Die Berlin-Sammlung, teils oberirdisch, teils unterirdisch, ist in einem zweigeschossigen Raum untergebracht, wobei das untere Geschoß als Galerie ausgestattet ist. Mit einer geschickten Lichtführung durch Shedüberdachung und Glasfassade erhalten sowohl die großen Lesebereiche dieser Abteilung als auch die Zonen mit den Bücherregalen diffuses Nordlicht.

Library which contains a separate secured entry from Mehringdamm.
A direct path between the new circulation counter and the »Grand Stair« provides a clear horizontal connection between the browsing and reference areas in the existing building, and the new Berlin Collection and open-access areas. Books as well as people move along the grand stair, to the various departments of the open-access area.
The open-access areas are reched from the landings of the »Grand Stair« or the adjoining elevators; the zone takes advantage of the volume light of the colonnaded stair, with balconies that lean into the multi-storied space, and allow views north to Berlin. Stacked one over the other, the departments share similar plans, with books at their core, and offices, reading and group areas on the periphery of the building. This outer skin is architecturally varied according to the uses it accommodates, and is punctuated with windows, big and small, to control the southern and western light. The reading areas offer views to the church east and the cemeteries south of the library. The listening carrels at the top of the departments penetrate the roof of the library, allowing sky and sound to be experienced together.
The Children's Library extends from the Bücherplatz toward the main entrance of the library. The high end of the arc leads into the glass-enclosed entry hall. An outdoor play area under the trees catches southern sunlight while still near the activity of the street.
The Berlin Collection lies half in the earth and half at ground level, with views to the lawn. With simple shed roofs and clerestory windows to allow north light to suffuse the reading spaces below, the Berlin Collection, lowered in the ground, is a reminder that the identity of the city is connected with its land.

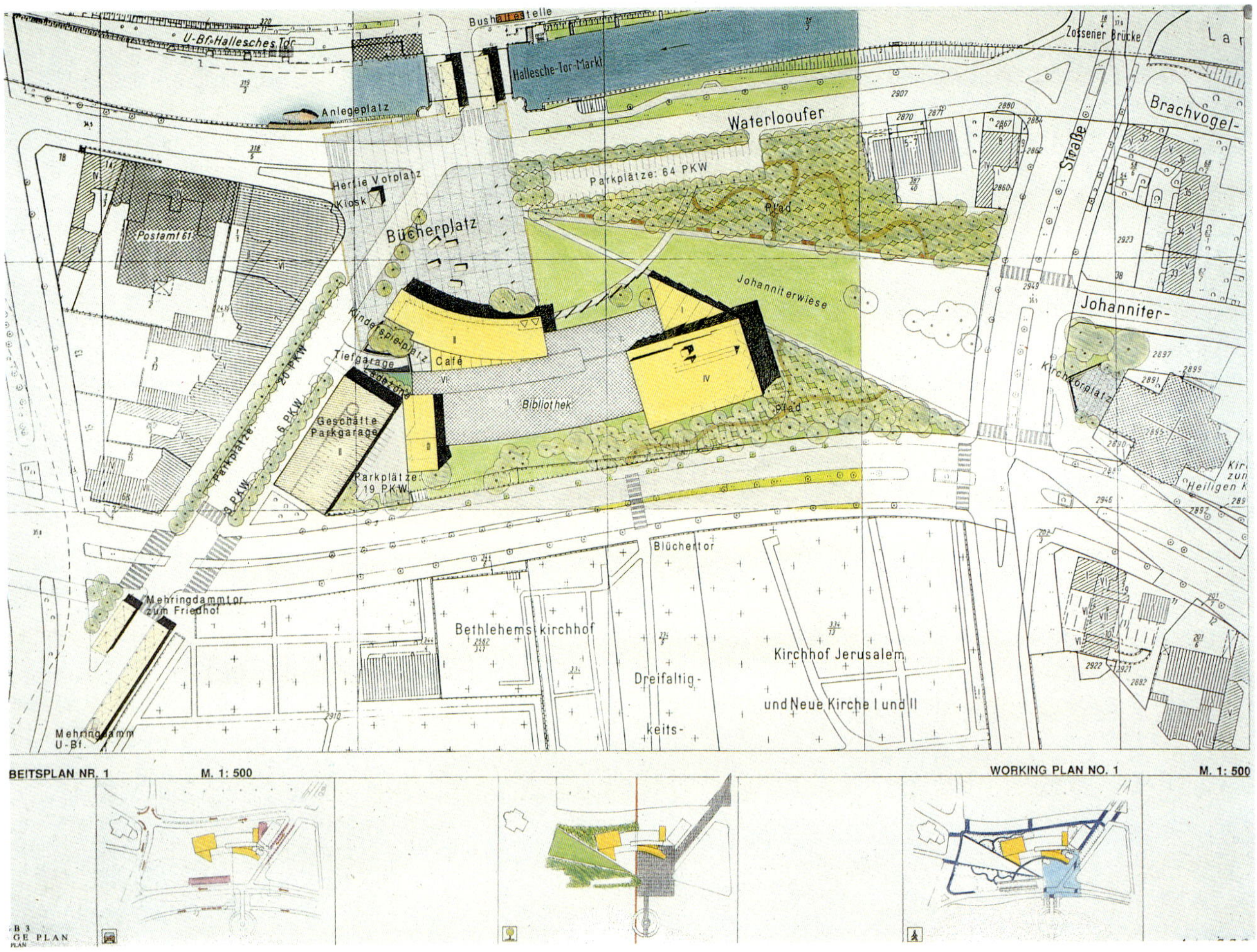

U-Bf-Hallesches Tor
Bushaltestelle
Hallesche-Tor-Markt
Zossener Brücke
Anlegeplatz
Waterlooufer
Brachvogel-
Straße
Parkplätze: 64 PKW
Hertie Vorplatz
Kiosk
Postamt 61
Bücherplatz
Pfad
Johanniterwiese
Johanniter-
Kinderspielplatz
Tiefgarage
Café
Bibliothek
Kirchvorplatz
Geschäfte
Parkgarage
Parkplätze:
19 PKW
20 PKW
6 PKW
8 PKW
Blücher tor
Heiligen
Mehringdammtor
zum Friedhof
Bethlehemskirchhof
Dreifaltig-
keits-
Kirchhof Jerusalem
und Neue Kirche I und II
Mehringdamm
U-Bf.
BEITSPLAN NR. 1
M. 1: 500
WORKING PLAN NO. 1
M. 1: 500
GE PLAN

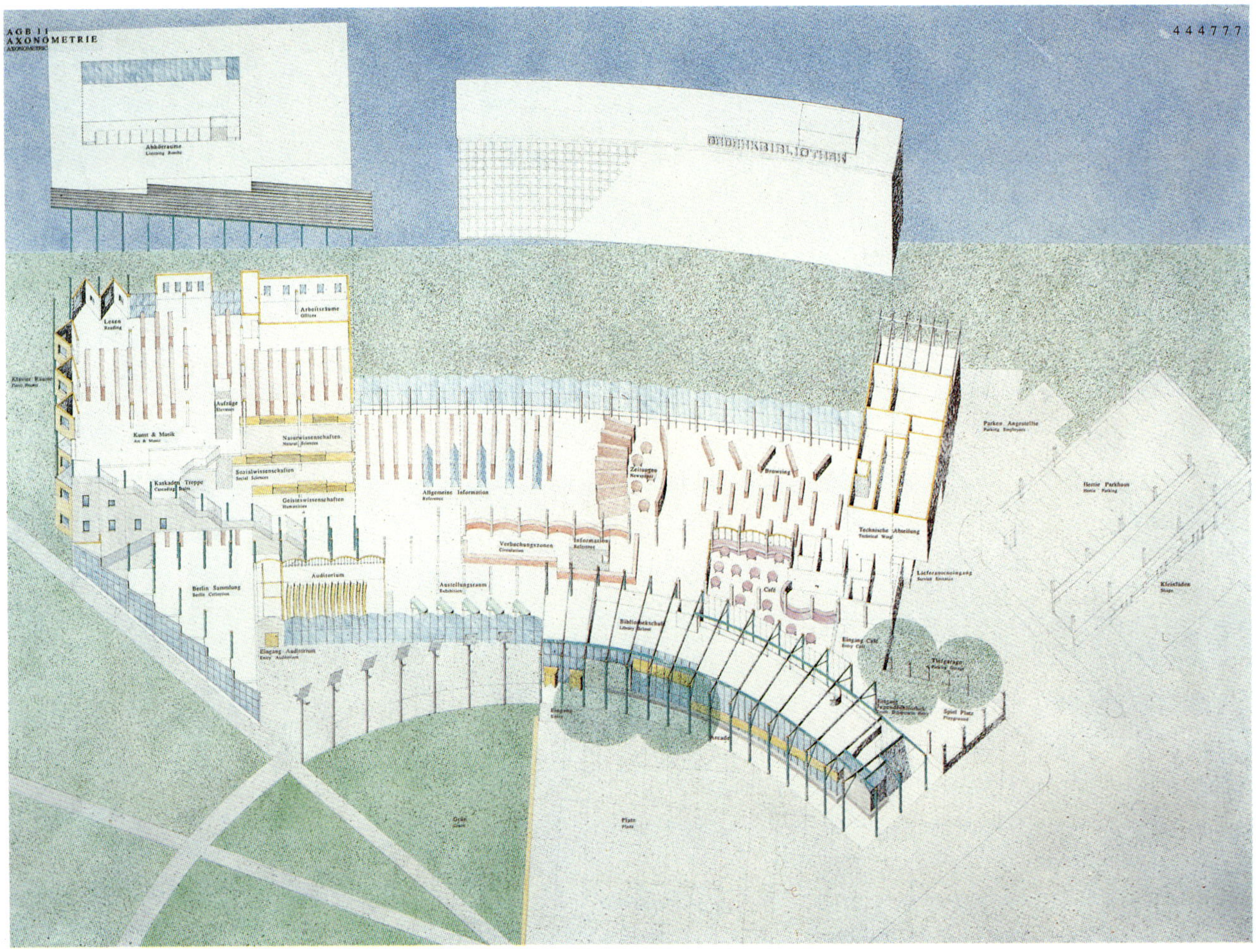

AGB 11
AXONOMETRIE
444777

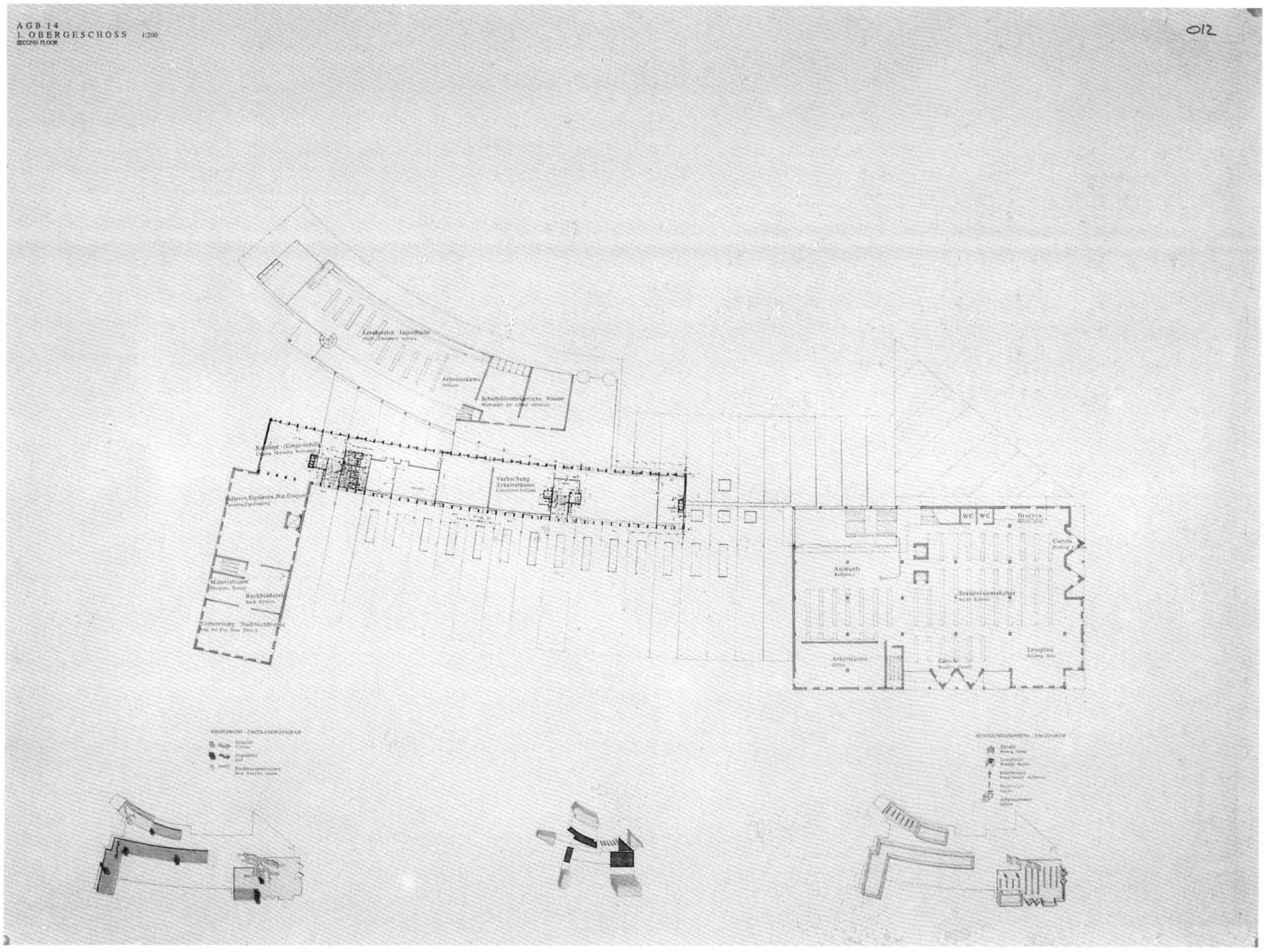
AGB 14
1. OBERGESCHOSS 1:200
SECOND FLOOR
012

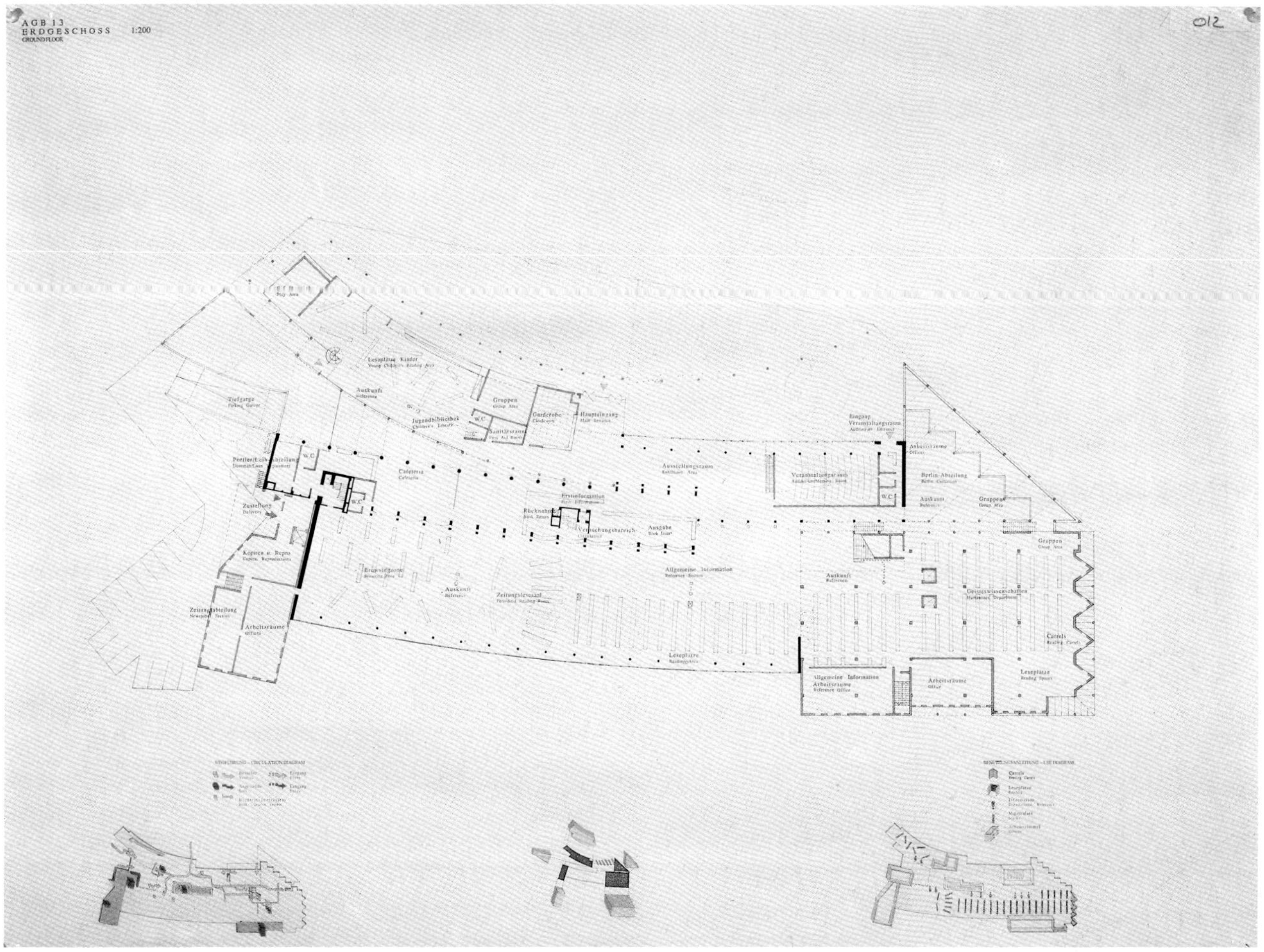
AGB 13
ERDGESCHOSS 1:200
GROUNDFLOOR
012

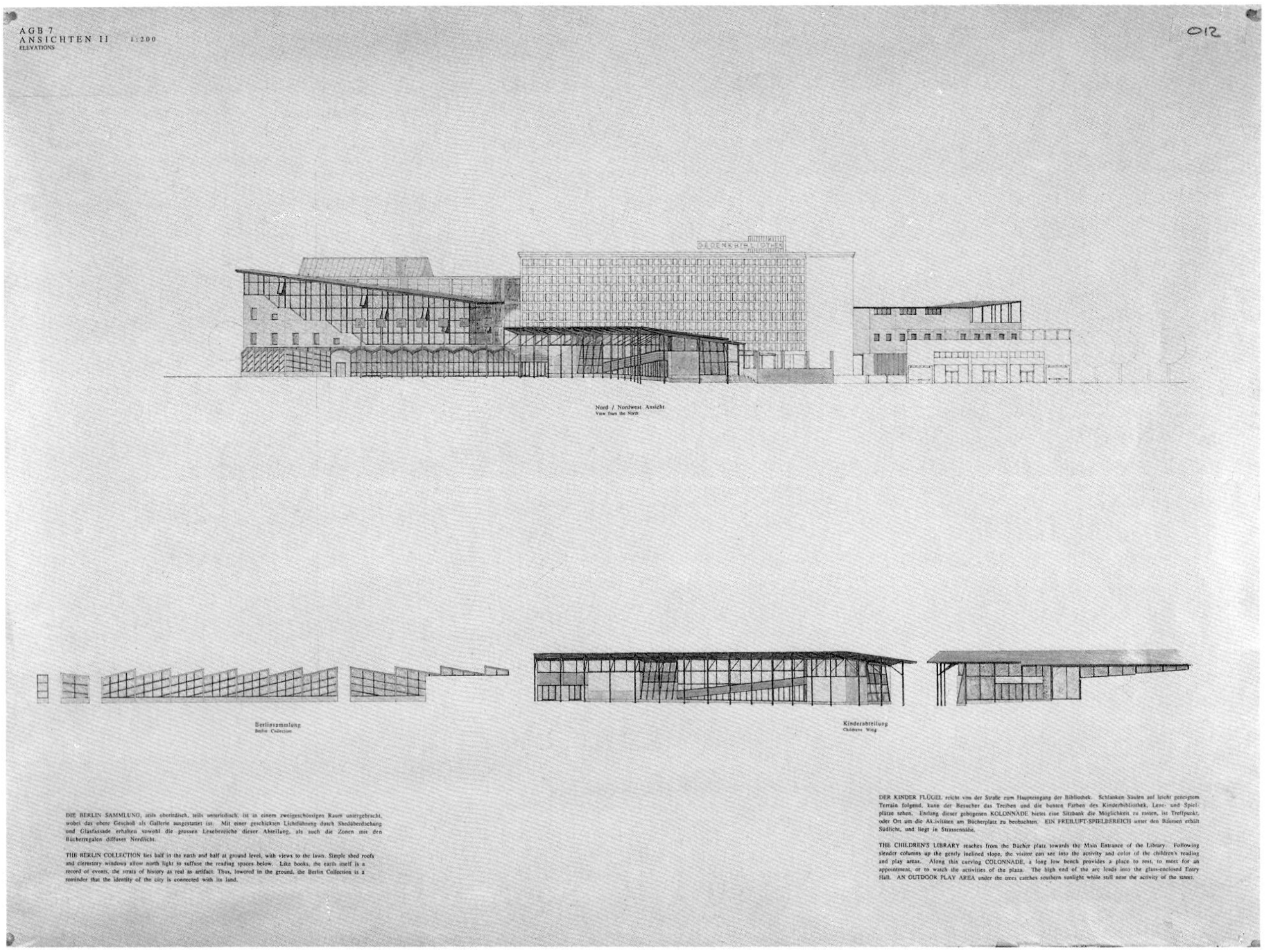
AGB 7
ANSICHTEN II 1:200
ELEVATIONS
012
Nord / Nordwest Ansicht
View from the North
Berlinsammlung
Berlin Collection
Kinderabteilung
Childrens Wing
DIE BERLIN SAMMLUNG, teils oberirdisch, teils unterirdisch, ist in einem zweigeschössigen Raum untergebracht, wobei das obere Geschoß als Gallerie ausgestattet ist. Mit einer geschickten Lichtführung durch Shedüberdachung und Glasfassade erhalten sowohl die grossen Lesebereiche dieser Abteilung, als auch die Zonen mit den Bücherregalen diffuses Nordlicht.
THE BERLIN COLLECTION lies half in the earth and half at ground level, with views to the lawn. Simple shed roofs and clerestory windows allow north light to suffuse the reading spaces below. Like books, the earth itself is a record of events, the strata of history as real as artifact. Thus, lowered in the ground, the Berlin Collection is a reminder that the identity of the city is connected with its land.
DER KINDER FLÜGEL reicht von der Straße zum Haupteingang der Bibliothek. Schlanken Säulen auf leicht geneigtem Terrain folgend, kann der Besucher das Treiben und die bunten Farben des Kinderbibliothek, Lese- und Spielplätze sehen. Entlang dieser gebogenen KOLONNADE bietet eine Sitzbank die Möglichkeit zu rasten, ist Treffpunkt, oder Ort um die Aktivitäten am Bücherplatz zu beobachten. EIN FREILUFT-SPIELBEREICH unter den Bäumen erhält Südlicht, und liegt in Strassennähe.
THE CHILDREN'S LIBRARY reaches from the Bücher platz towards the Main Entrance of the Library. Following slender columns up the gently inclined slope, the visitor can see into the activity and color of the children's reading and play areas. Along this curving COLONNADE, a long low bench provides a place to rest, to meet for an appointment, or to watch the activities of the plaza. The high end of the arc leads into the glass-enclosed Entry Hall. AN OUTDOOR PLAY AREA under the trees catches southern sunlight while still near the activity of the street.

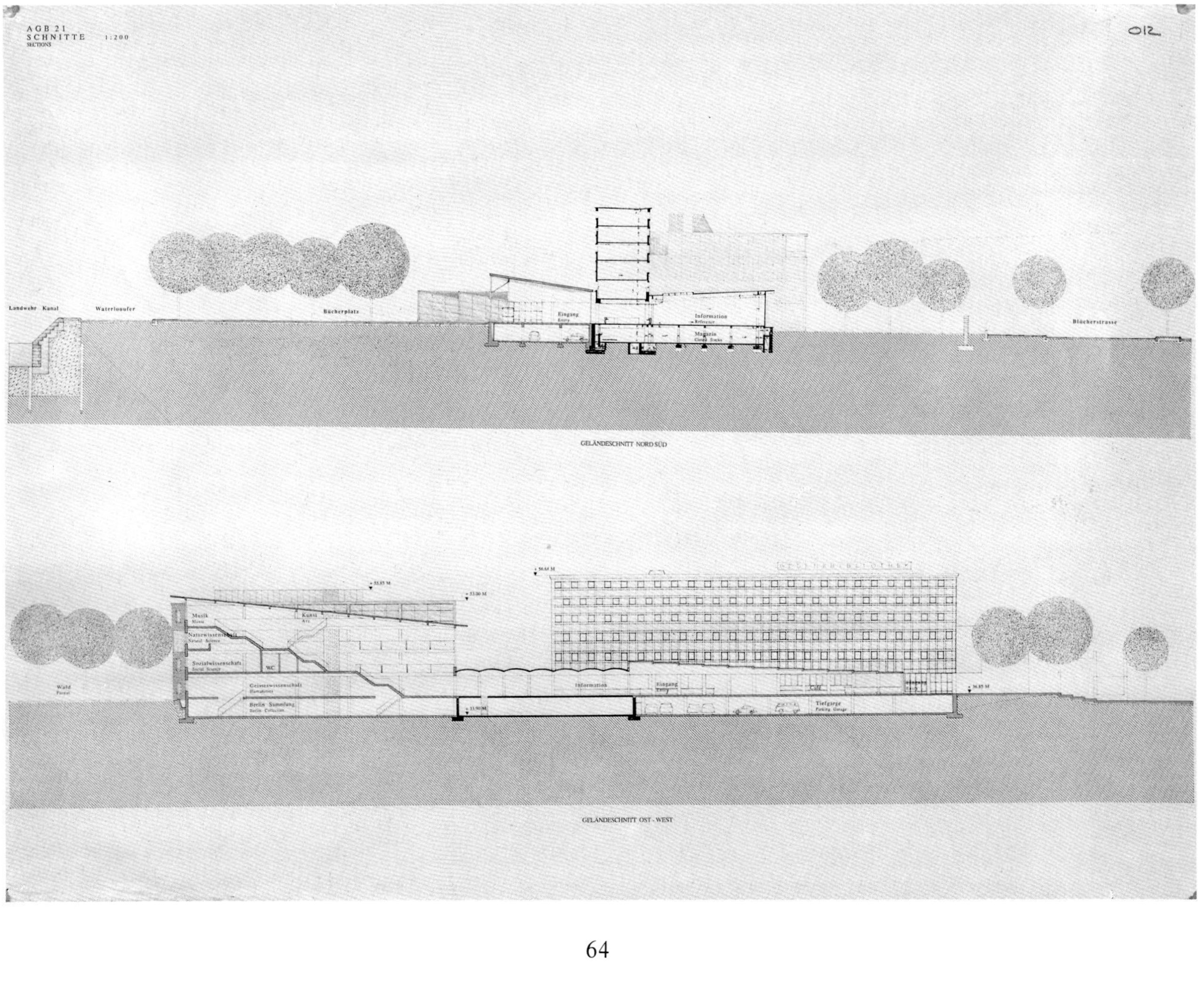
AGB 21
SCHNITTE 1:200
SECTIONS
012
Landwehr Kanal
Waterloouter
Bücherplatz
Eingang
Information
Magazin
Blücherstrasse
GELÄNDESCHNITT NORD SÜD
Musik
Kunst
Naturwissenschaft
Sozialwissenschaft
Geisteswissenschaft
Berlin Sammlung
Berlin Collection
Wald
Information
Eingang
Tiefgarage
Parking Garage
GELÄNDESCHNITT OST - WEST

A G B 8
B Ü C H E R P L A T Z Z U M O S T E N
TOWARD THE EAST

012

A G B 20
D E R W E G Z U D E N A B T E I L U N G E N
THE WAY TO THE DEPARTMENTS

012

Eine direkte Verbindung zwischen dem neuem VERBUCHUNGSSCHALTER und der KASKADENTREPPE schafft eine klare horizontale Beziehung zwischen der BROWSING und der INFORMATIONSABTEILUNG im bestehendem Gebäude, der BERLINSAMMLUNG und dem FREIHANDBEREICH im Neubau. Bücher sowie Besucher bewgen sich entlang der KASKADENTREPPE zu den verschiedenen Bereichen. Lesebalkone überschauen den dynamischen Raum und Sitzgelegenheiten entlang der grossen Treppe verhelfen zu einem aktiven Vordergrund für die Freihandbereiche.

A direct path between the new CIRCULATION COUNTER and the GRAND STAIR provides a clear horizontal connection between the browsing and reference areas in the existing building, and the new BERLIN COLLECTION and OPEN ACCESS AREAS. Books as well as people move along the grand stair, to the various departments. Seating along the stair and balconies overlooking the space make it an active adjunct to the departments.

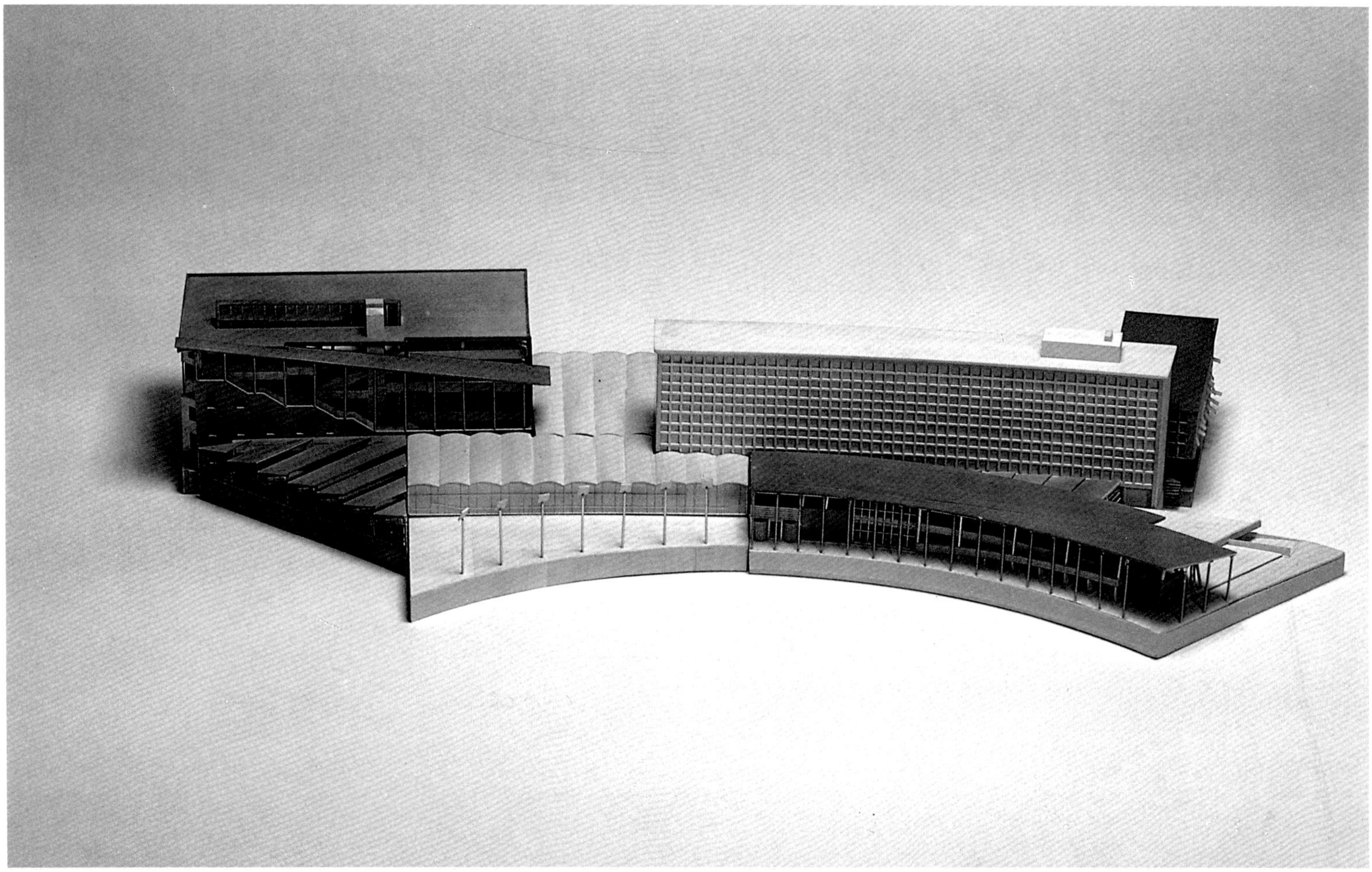

Beurteilung durch das Preisgericht

1. Interessant ist die Zuordnung des Mehringplatzes zum Blücherplatz durch Öffnung des Häuserringes.
2. Die städtebauliche Einordnung der Erweiterung der Bibliothek zum Blücherplatz und zum Süden ist ausgewogen und rücksichtsvoll gegenüber dem bestehenden Gebäude; jedoch nimmt die Überlagerung des unteren Geschosses dem architektonischen Konzept des bestehenden Gebäudes am Blücherplatz die Basis.
3. Die Freiflächen sind als öffentlich gepflasterte Flächen und die jetzt schon stark benutzte Johanniterwiese im Osten mit hainartiger Anpflanzung zum Waterloo Ufer in Erhaltung des vorhandenen Grüns ausgezeichnet gelöst.
4. Der ruhende Verkehr ist an der Peripherie den Nutzungen richtig zugeordnet. Dies hat eine starke Ausformung gegenüber Hertie zur Folge.
5. Die konkave Form des vorgebauten Flachbaus ist eine schöne Geste des Empfangs – leider nicht mit einem klar markierten Eingang. Schon im Äußeren zeigt sich die Orientierung des neuen Gebäudes als Angebot der Fachbereiche für die Öffentlichkeit durch die »Kaskadentreppe«.
Das Angebot des non-subject-Bereichs ist dem Besucher verstellt durch die Kinderbücherei und den Veranstaltungsraum.
6. Die Gestaltung der Fassade ist nicht willkürlich: die öffentlichen Bereiche zeigen sich durch großzügige Verglasung, während für die Leseplätze geschlossene Wandteile mit Einzelfenstern angeboten werden. Die inneren Funktionen kommen daher eindeutig zum Tragen.
7. Der non-subject-Bereich ermöglicht die gewünschte überschaubare und flexible Nutzung im Erdgeschoß, wobei die allgemeine Information richtig liegt an der Schnittstelle zu den durch die Kaskadentreppe einladend markierten Fachbereichen. Auch die Berlin-Abteilung, im Erdgeschoß liegend, erfüllt die Anforderungen der Ausschreibung.
8. Die Fachbereiche sind großzügig angelegt, die jeweilige Eingangssituation nahe der Treppe ist als bewegte Zone zu nutzen, und die Grundrißform der jeweiligen Fachbereiche erlaubt die gewünschte »Drei-Zonen-Aufteilung«: Informationswerkstatt, Buchzone, individuelle Lesezone.
Die Einteilung der Fachbereiche auf drei Ebenen erlaubt eine flexible Nutzung der Freihandflächen bezogen auf die Fachgebiete.
9. Das neue Magazin liegt zwar im Kellergeschoß unter den Fachbereichen, ist aber nicht an die Kaskadentreppe angeschlossen.
10. Es gibt keine Verbindung zwischen den internen Arbeitsräumen in den Fachbereichen des Neubaus und denen des alten Hochbaus. Die Verwaltungs-Arbeitsräume im Altbau sind einseitig erschlossen. Dadurch ergeben sich ungünstige Wege.

Opinion of the jury

1. Interesting is the establishment of a relationship between Mehringplatz and Blücherplatz by the opening of the ring of the residential building.
2. The integration of the library addition in the urban situation toward Blücherplatz and to the south is well-balanced and considerate of the existing building. However, the overbuilding of the lower level removes the basis of the architectural concept of the existing building on Blücherplatz.
3. The open spaces are exceptionally well layed out as paved public spaces, and the currently heavily used »Johanniterwiese« in the east ist planted with a small grove of trees toward Waterloo Ufer, retaining the existing vegetation.
4. The stationary traffic is correctly located on the periphery of the use zones. This results in a significantly large parking area opposite the Hertie department store.
5. The concave form of the extended, low-rise building is a pleasant gesture of reception, but unfortunately without a clearly marked entrance. The exterior reveals the orientation of the new building as a presentation of the departments to the public through the »cascade stairway«.
The offerings of the non-subject area are obstructed for the library visitor by the Children's Library and the auditorium.
6. The design of the façade is not arbitrary: the public areas display themselves through spacious windows, while the closed wall sections accommodate the reading spaces and offer individual windows. The internal functions therefore have a distinct effect.
7. The non-subject section permits the clear and flexible use desired on the ground floor, whereby the reference section is properly located at the point of transition to the departments which are invitingly marked by the cascade stairway. The Berlin Collection, lying on the ground floor, also fulfills the program requirements.
8. The departments are spaciously layed out. The entrance to each department near the stairway is to be used as an active zone. The floor plan of each department allows the desired division into three zones: information workshop, book zone, individual reading zone.
The arrangement of the departments on three levels permits a flexible use of the open-access areas in relation to the subject sections.
9. The new closed stacks are located in the basement beneath the departments, they are, however, not connected to the cascade stairway.
10. There is no connection between the internal offices in the departments and those located in the existing high-rise building. The administrative offices in the existing building are accessed only from one side, and unfavourable routings therefore result.

Morphosis - Michael Rotondi/Thom Mayne - (Los Angeles)
Mitarbeiter: Clark Stevens, Kanika R'Kul, John Enright, André Bilokur, Connie Wexler, Tom Lasley, Christopher Oakley, Michael Lee, Ann King, Stephanie Adolf, Michael Poris, John Klacka
Berliner Kontaktarchitekten: Achatzi + Backmann

Erläuterungsbericht

Die Bibliothek ist geplant als Teil eines städtischen Ensembles und wird im Bezug zu ihrer historischen und aktuellen Bedeutung für die Stadt Berlin gesehen. Die Absicht unseres Vorschlags ist, eine Bibliothek zu entwickeln, die zwischen einer Figur (Objekt: sakral und würdevoll) und einer Basis (profan und offen) vermittelt.
Bei der Planung eines Standortes für diesen neuen Gebäudekomplex ist beabsichtigt, das ursprüngliche architektonische Konzept zu betonen und neu zu interpretieren. Der vorgeschlagene Komplex kann als Solitär verstanden werden. Die peripheren Elemente der Anlage dienen der räumlichen Einbindung und ihrer Definition im städtischen Kontext.
Unsere Intentionen sind:
- die Linie der Achse vom Mehringplatz zu öffnen,
- aus dem Blücherplatz einen Ort zu machen, der der neuen Anlage entspricht,
- den Maßstab des Blücherplatzes zu verändern und eine klare Verbindungslinie zum Hertie-Kaufhaus zu ziehen,
- eine starke optische Beziehung vom Blücherplatz zur Kirche Zum Heiligen Kreuz zu formulieren,
- die Beziehung vom Garten zum existierenden Lesesaal und die Sichtachse vom Büroblock zum Friedhof beizubehalten.

Der bestehende Park setzt sich aus Fragmenten des Alten und des Neuen zusammen. Die Grundstruktur ergibt sich aus einer Arkade von Bäumen (der formalen Idee der vorhandenen Bibliothek entliehen und sie wieder aufgreifend), um die räumliche und soziale Beziehung zur Kirche Zum Heiligen Kreuz zu betonen. Die Bäume setzen die geometrische Ordnung der Kinderbibliothek fort, die sich zum Innenhof öffnet. Die Wege orientieren sich an historischen städtischen Blockstrukturen, während Teile des neuen Gebäudes Plätze schaffen, die Durchgänge und Ruhezonen ermöglichen.
Es gibt eine direkte Beziehung zwischen den städtebaulichen Zielvorstellungen und der inneren Funktion der neuen Anlage. Der vorgeschlagene Anbau soll eine Architektur entstehen lassen, die das Verständnis für den Ort erhöht und erlebnisreiche Möglichkeiten zur Bewegung innerhalb des Baukomplexes bietet. Das neue Wegesystem ist linear und orthogonal zur Friedrichstraße angelegt. Der Eingang befindet sich auf der westlichen Seite des Hofes und ist vom Blücherplatz aus zugänglich. Die zweistöckige Arkade bestimmt den Blücherplatz. Das axiale Zugangssystem mündet in die Erschließungshalle. Links und rechts sind je zwei Aufzüge vorgesehen. Rechts befinden sich die Zeitschriften, der Ausstellungsraum und der Versammlungsraum. Links erreicht man über den Hof die wichtigsten Abteilungen der neuen und alten Bibliothek.
Der neue zentrale Raum der Bibliothek ist eine Kathedrale des Wissens. Hängende Räume, bestehend aus vier vertikal gestaffelten Abteilungen, schließen den Raum nach oben ab. Das Oberlicht und der Wechsel von Materie und Transparenz lassen das Licht bis zum Erdgeschoß vordringen.
Glasböden erlauben die Wahrnehmung des Magazins im Untergeschoß.
Im Norden wird die Handbibliothek von einzelnen Lesenischen begrenzt. Im Süden schließen sich weitere Nebenbereiche an, die

Morphosis - Michael Rotondi/Thom Mayne (Los Angeles)
Collaborators: Clark Stevens, Kanika R'Kul, John Enright, André Bilokur, Connie Wexler, Tom Lasley, Christopher Oakley, Michael Lee, Ann King, Stephanie Adolf, Michael Poris, John Klacka
Berlin contact architects: Achatzi + Backmann

Explanatory report

The library will be part of an urban ensemble in accordance with the site's historical and current importance within the city of Berlin. The intent of our proposal is to develop a library that hovers in a middle ground between figure (object: sacred and honorific) and ground (contextual: profane and accessible). The positioning of the new complex is intended to simultaneously reinforce and reinterpret the original architectural strategy - the proposed new complex can be read as a single building.
Our interest is to:
- open the line of axis of Mehringplatz,
- make Blücherplatz a space compatible with the new complex,
- de-scale Blücherplatz and make an overt connection to the block configuration of the Hertie department store,
- formulate a strong optical relationship of Blücherplatz to the church Zum Heiligen Kreuz,
- maintain the relationship between the garden and the existing reading room and the view to the cemetery from the office block.

The existing park is augmented by fragments of old and new (historical traces and the new project). The major gesture is an arcade of trees (borrowing and reiterating the formal idea of the original library) to produce definition and put focus on the physical and social relationship of the church Zum Heiligen Kreuz. The trees extend the geometry of the Children's Library (literally in the park) which is positioned as a fragment of an earth berm and is open to a courtyard. Paths define past urban block configurations while fragments of the new building make places; both are intended to make the park transitional or interstitial.
There is a direct relationship between the urban intentions and the internal functioning of the new complex. The proposed addition will be an architecture which will enhance one's comprehension of location and choice of movement within a complex multi-departmental facility. The new pedestrian circulation system is linear and perpendicular to the Friedrichstraße axis. It is predicated on one's perception of the court's formal termination of Friedrichstraße.
The entrance is on the western edge of this court and is accessed via Blücherplatz, the two-storey arcade defining Blücherstraße, or the stairwell connecting the proposed new subterranean public parking. This axial entry sequence is terminated by security and the cloakroom, placing one within the main public circulation area. An armature (a pair of vertical lifts to the left and right) is visible. To the right are the periodicals (also visible as one walks under the arcade on Blücherstraße), the exhibit space and the meeting space. Moving left one proceeds across the court and to the major departments of the old and new library.
The major new space of the library (its core) is a cathedral of knowledge. Suspended rooms, comprised of four departments stacked vertically, make up the upper spatial volume of this space. A light-gathering roof and the solid/void nature of this organization allow light to filter through to the ground floor. »Skylights« beneath these tables express the structure, undermine the solidity of the floor, and allow for the perception of the closed stacks within the subterranean level.
The north boundary (the Blücherplatz façade) of the open stacks is made up of individual carrels (fragments of rooms, each with a

um den Hauptaufzug angeordnet sind. Innerhalb dieser Zone gibt es kleine Seminarräume, in denen weitere Bücher untergebracht sind. Zusätzliche Lese- und Lernzonen verteilen sich im Gebäude jeweils an den Treppenabsätzen.
Die insgesamt vier Zonen werden verbunden durch einen Bürobereich, der nur begrenzt für die Öffentlichkeit zugänglich ist und in direkter Verbindung zum Freihandbereich steht.
Die Berlin-Sammlung wird im westlichen Teil der Anlage als autonome Abteilung untergebracht. Sie ist von einer Treppe innerhalb des Verbindungsgelenks auf der Hauptachse erreichbar und bereits vom Erdgeschoß aus durch ein Atrium sichtbar.
Die zweigeschossige Kinderbibliothek ist vom Parkplatz zugänglich und grenzt an einen Hof. Die Räume sind zum Großteil offen, mit Ausnahme der Räume für Kleingruppen und des Erzähl-Workshops.
Das neue Gebäude soll mit Ausnahme der Buchmagazine, die als Stahlkonstruktion konzipiert sind, aus Beton errichtet werden. Die Außenflächen bestehen aus Curtain-walls oder Betonplatten, bis auf die Fassade am Blücherplatz, die aus Stein oder möglicherweise aus Edelstahl sein könnte.

desk and an operable window). The south boundary is flanked by all other ancillary functions organized around the central lifts. Whithin this zone are small group study rooms which also accommodate more books. Additional non-programmed reading and study areas are provided throughout the building on landings with prime site locations, thus further expanding the individual and social coexistence.
Each of the four departments is connected to an office zone which has limited public access and which has a direct connection to the existing library building. Technical services are located on the upper levels adjacent to these offices.
The Berlin Collection is housed within the western (less idealized) portion of the complex and is an autonomous department. It is entered by a stair located within the connecting link on the major axis and is visible to the ground floor via an interior atrium (which is part of an order connected to the core).
The Children's Library is entered at the park end of the library and is located on two levels adjacent to an open court. The spaces are, for the most part, open, with the exception of a room for small groups and the story-telling workshop, which are both enclosed.
The new building will be made of concrete, except for the book storage section, which will be steel. Exterior surfaces are curtain-wall or concrete panels with the exception of the Blücherplatz façade which will be stone or possibly stainless steel.

Friedrich-Stampfer Straße
Mehringplatz
Brandes Straße
321
Ufer Gitschiner
Ufer Waterloo
Linden Straße
Blücher Straße

Erdgeschoß
Axonometrie Publik Erschießung
el. 24.5m
el. 20.5
el. 16.5
el. 12.5
el. 8.5
el. 4.5
el. -1.0
el. -4.1
el. -7.1
Schnitt III

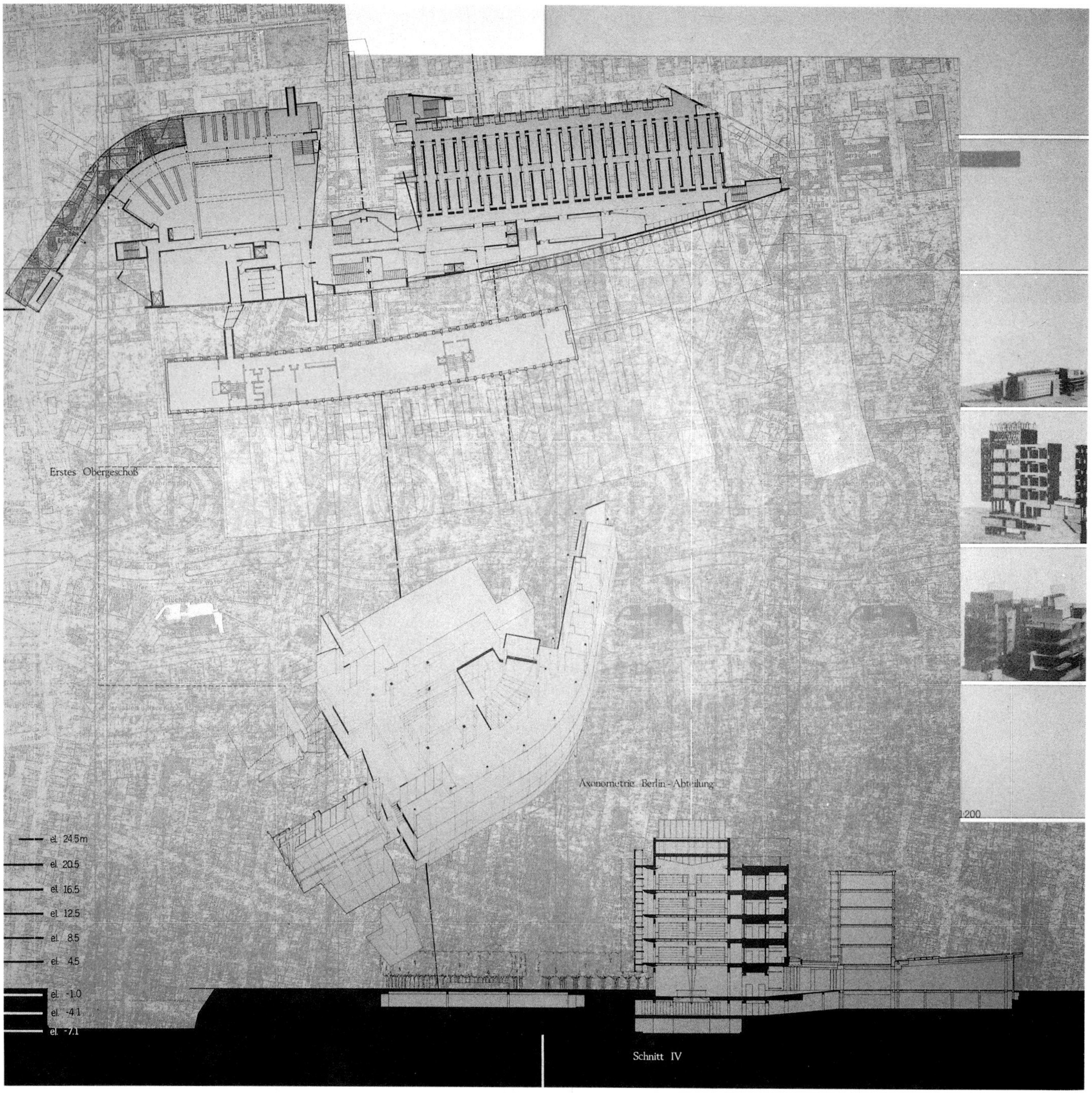

Erstes Obergeschoß
Axonometrie Berlin-Abteilung
el. 24.5m
el. 20.5
el. 16.5
el. 12.5
el. 8.5
el. 4.5
el. -1.0
el. -4.1
el. -7.1
Schnitt IV

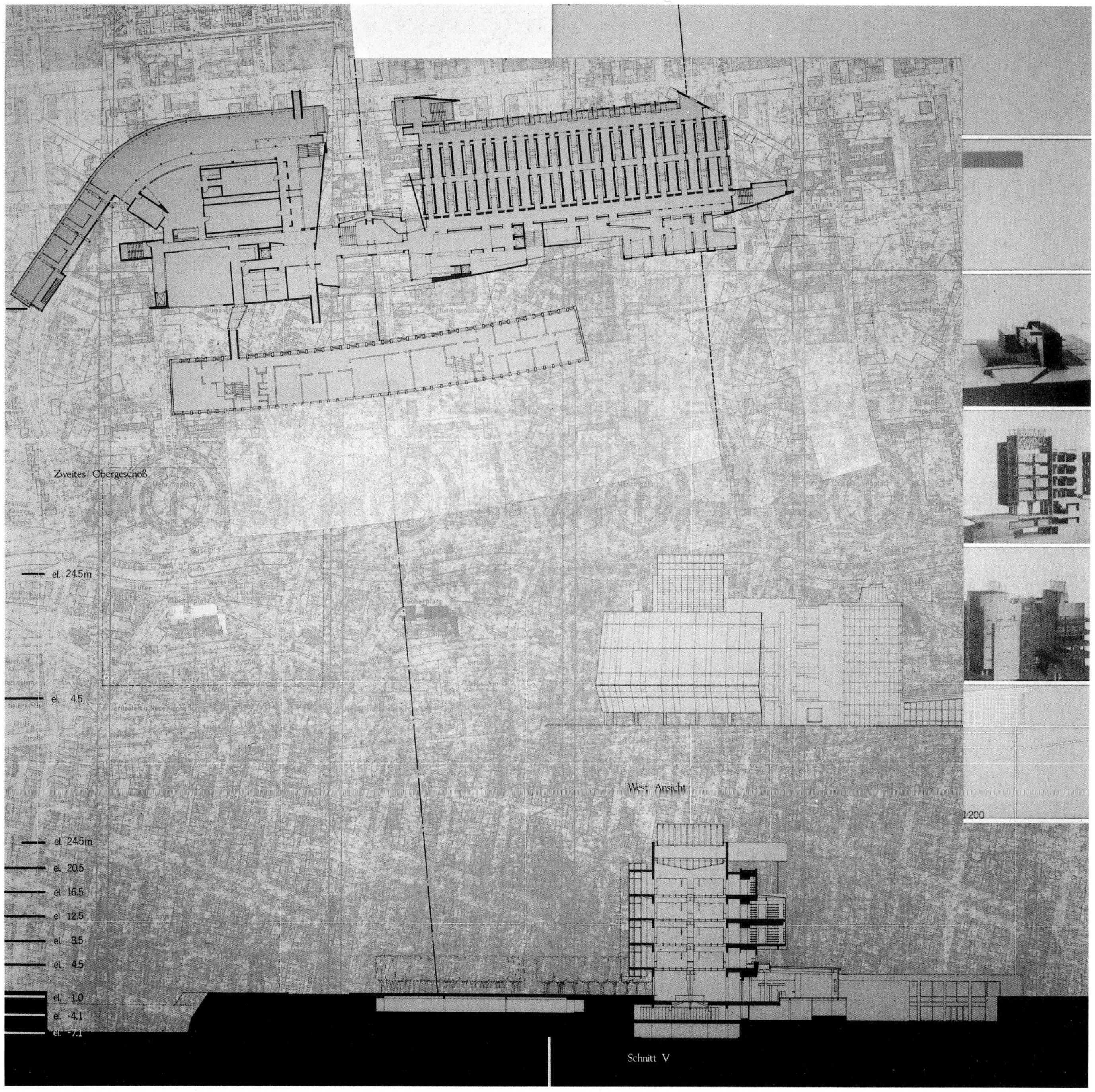

Zweites Obergeschoß
el. 24.5m
el. 4.5
West Ansicht
1:200
el. 24.5m
el. 20.5
el. 16.5
el. 12.5
el. 8.5
el. 4.5
el. -1.0
el. -4.1
el. -7.1
Schnitt V

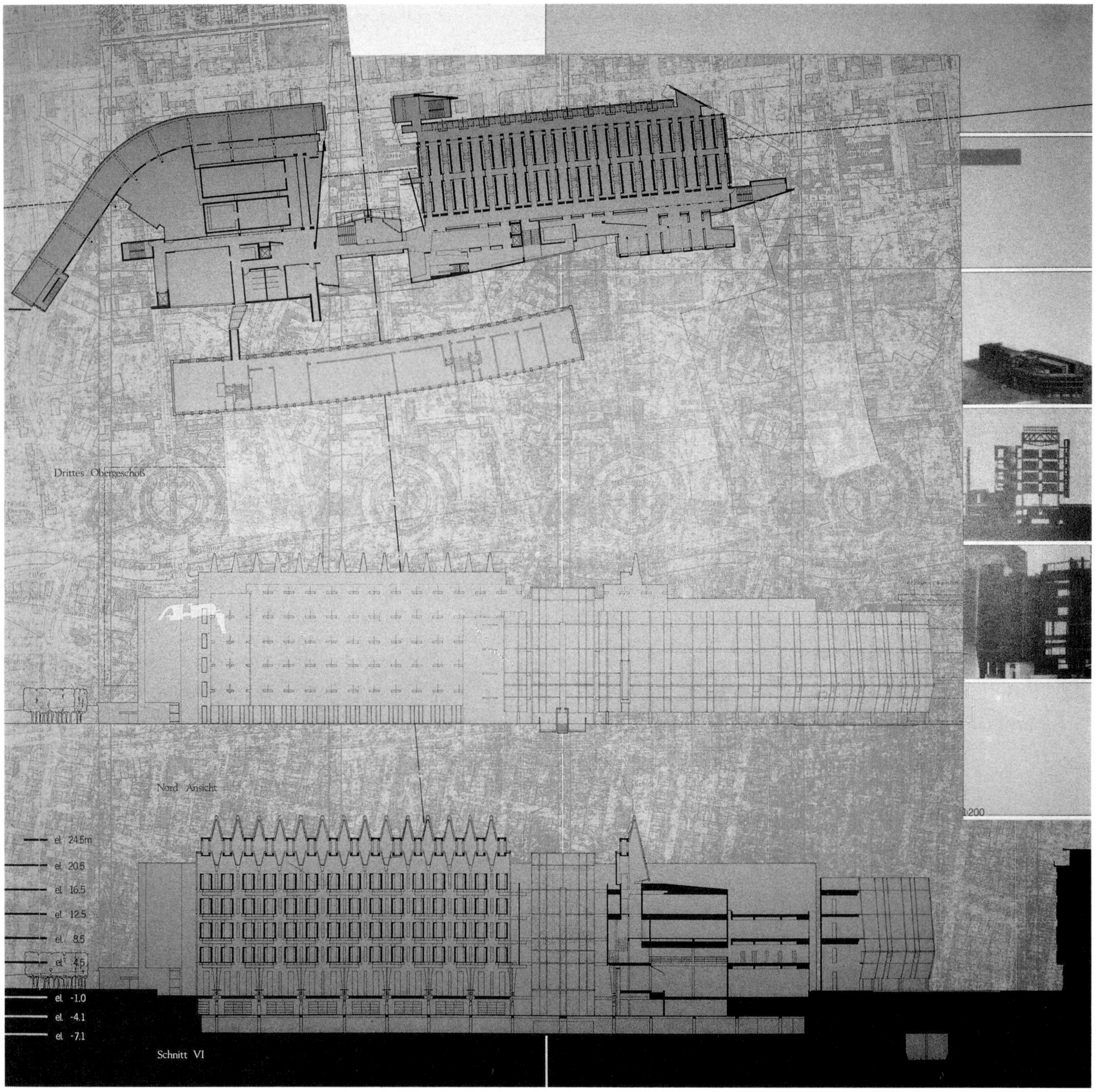

Drittes Obergeschoß
Nord Ansicht
el. 24.5m
el. 20.5
el. 16.5
el. 12.5
el. 8.5
el. 4.5
el. -1.0
el. -4.1
el. -7.1
Schnitt VI
1:200

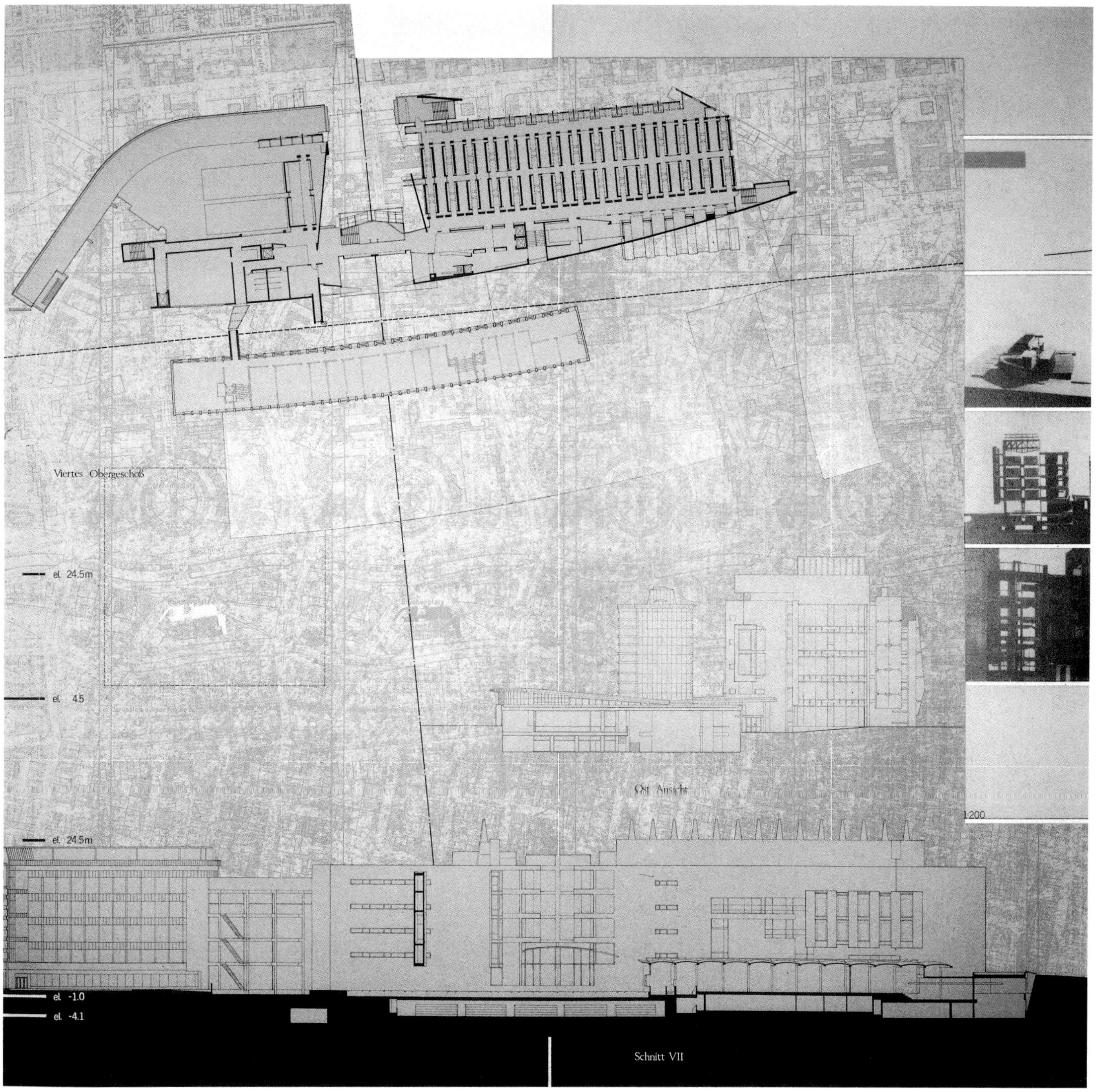

Viertes Obergeschoß
el. 24.5m
el. 4.5
Ost Ansicht
1200
el. 24.5m
el. -1.0
el. -4.1
Schnitt VII

Beurteilung durch das Preisgericht

Das Projekt fügt sich gut in die vorhandene Stadtstruktur ein. Die Achse Friedrichstraße/Belle-Alliance-Platz dient als Ansatzpunkt für die Organisation des Gebäudes. Die Platzgestaltung bezieht die heute isolierte Heilig-Kreuz-Kirche durch Vegetation und Sichtachsen auf geschickte Weise ein. Die fragmentarische Beantwortung des abgerundeten Stadtblocks wird als positiver städtebaulicher Ansatz bewertet: Trotz der eigenständigen architektonischen Sprache ist das neue Gebäude in Beziehung zum vorhandenen Gebäude gesetzt. Durch das Anordnen der gesamten Gebäudesubstanz zum Halleschen Tor hin erreicht der Verfasser, sowohl die Leseplätze im ruhigen Nordteil anzusiedeln als auch den vorhandenen Baumbestand im Süden zu erhalten. Hingegen wird das alte Gebäude von dem neuen zu sehr dominiert und verschattet.
Das Preisgericht hebt die besonders hohe architektonische Qualität und die sorgfältige Durcharbeitung der einzelnen Teile hervor.
Die Artikulierung in reine Buchstellflächen in einem Gebäude ohne Kontakt zu größeren Leseflächen entspricht nicht der Absicht der Auslobung. Ebenso wäre ein Anbinden der Kinderbibliothek an den Haupteingang vorteilhaft gewesen.
Eine Realisierbarkeit des Neubaus scheint ohne Störung des Betriebs im Altbau gut möglich.

Opinion of the jury

The project fits well into the existing urban structure. The axis Friedrichstraße/Belle-Alliance-Platz serves as the starting point for the organization of the building. The design of the plaza skilfully integrates the currently isolated church Zum Heiligen Kreuz through vegetation and optical axes. The fragmentary reply of the rounded-off city block is evaluated as a positive approach of urban design: despite the particularly individual architectural language, the new building is placed in relation to the existing building. By the arrangement of the entire structure towards Hallesches Tor, the author achieves the relocation of the reading spaces to the quiet northern section of the building as well as the retention of the existing trees in the south. On the other hand, the old building is considerably dominated and shaded by the new building.
The jury emphasizes the particularly high architectural quality of the design and the careful development of the individual building sections.
The articulation of spaces exlusively for the shelving of books in a building without contact to larger reading areas does not correspond to the intention of the competition. A connection of the Children's Library to the main entrance would have been advantageous.
A realization of the new building appears possible without disruption of operations in the existing building.

Marc M. Angélil, Sarah R. Graham (Los Angeles)
Mitarbeiter: Thomas A. Rael
Ingenieure: Ove Arup & Partners (Jane Wernick)
Berliner Kontaktarchitekten: Volker Eich, Robert Niess, Siegfried Wernik

Erläuterungsbericht

»Wir wollen nicht außerordentliche Bauten von gewöhnlicher Qualität, sondern gewöhnliche Bauten von außerordentlicher Qualität.« (H. E. Kramel)
Lesen ist eine Form der Produktion. Im gleichen Sinne kann Architektur als Ausdruck produktiver Arbeitsprozesse verstanden werden. Das vorliegende Projekt versteht Architektur als Text, dessen poetischer Inhalt durch die Erstellung und Benutzung des Baues angedeutet wird. Eindeutige architektonische Elemente werden verwandt, um deren essentielle Bedeutung zum Ausdruck zu bringen. Jean Paul Sartres Bezeichnung »écriture blanche« und Roland Barthes' »degré zéro de l'écriture« weisen auf die Funktion der Sprache hin, die durch die Verwendung einfachster Mittel verschiedene Interpretationen zuläßt. In diesem Sinne ist die Architektur, als kreativer Vorgang verstanden, Ausdruck eines offenen Textes.
Der vorliegende Entwurf erhält die Bedeutung der bestehenden Bibliothek im städtischen Kontext. Eine Bücherwand ist das Hauptelement des Projekts. Sie schafft einen Raum zwischen dem bereits existierenden Raum und dem Neubau, der den neuen Lesesaal darstellt. Die Ost-West-Orientierung des Baukörpers bietet eine direkte Sicht zur Kirche Zum Heiligen Kreuz und definiert die räumliche Abgrenzung des Blücherplatzes zum Friedhofsareal im Süden. Die Bücherwand bietet das Gerüst für die neuen Nutzungen und deren Unterabteilungen in vier Fachbereiche. Die öffentlichen Funktionen sind zum Platz hin ausgerichtet; auf der Rückseite befindet sich die Infrastruktur des Baues. Die Struktur der Wand bildet zudem das Tragesystem für das Dach, das den Lesesaal räumlich abgrenzt.

Marc M. Angélil, Sarah R. Graham (Los Angeles)
Collaborator: Thomas A. Rael
Engineers: Ove Arup & Partners (Jane Wernick)
Berlin contact architects: Volker Eich, Robert Niess, Siegfried Wernik

Explanatory report

»We do not want extraordinary buildings of ordinary quality, but ordinary buildings of extraordinary quality.« (H. E. Kramel)
Reading is a form of production. Similarly, architecture can be understood as an expression of productive processes. This project proposes an architectural text in which its poetic content is suggested by the making and reading of the building. Architectonic elements are used in direct ways so as to disclose their essential meaning. Jean-Paul Sartre's expression »écriture blanche« and Roland Barthes's »degré zéro de l'écriture« point towards an instrumental function of language in which simple and reductive means allow for multiple and open-ended interpretations. In this sense, architecture is understood as creative action, a process that is demarked as an open text.
The proposed project maintains the presence of the existing library in the city. The primary new element is a wall of books. Its placement creates a space between the existing building and itself which forms the new reading room of the library. The east-west orientation of the new building offers views to the historic church Zum Heiligen Kreuz and creates the spatial definition of an urban square to the north and a wall to the cemetery on the south. The wall of books provides the framework for the new programmatic requirements of the library, those being the four departments organized as four tiers of shelves. Facing the public square are located the public functions, along the back the supporting infrastructure of the building. The wall also acts as the structural support of a large roof enclosing the main space of the new library. These components of the project are constructed by means of architectonic elements in their most direct and essential form.

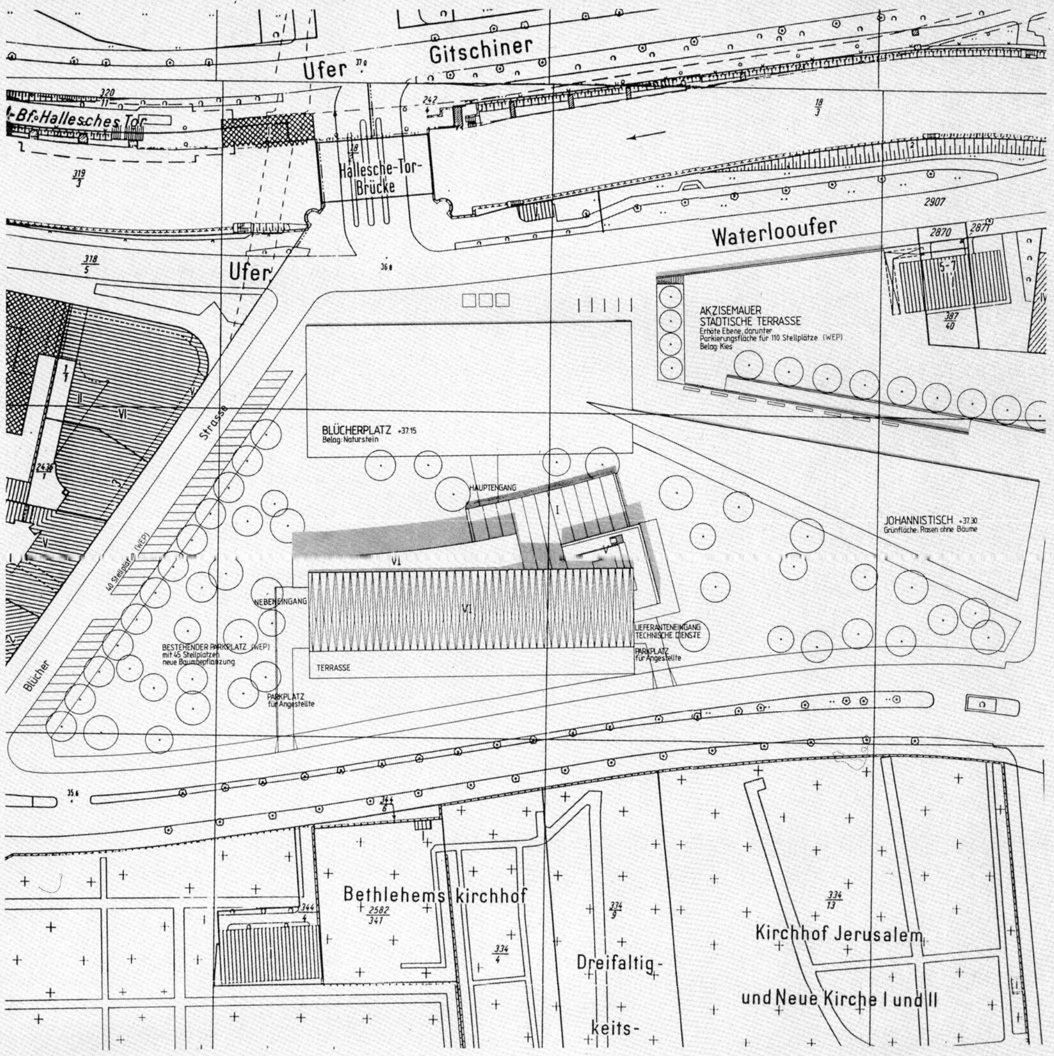

LAGEPLAN
SITE PLAN
M. 1:500

AMERIKA-GEDENKBIBLIOTHEK, BERLIN
BESCHRÄNKTER BAUWETTBEWERB / ARCHITECTURAL COMPETITION
2

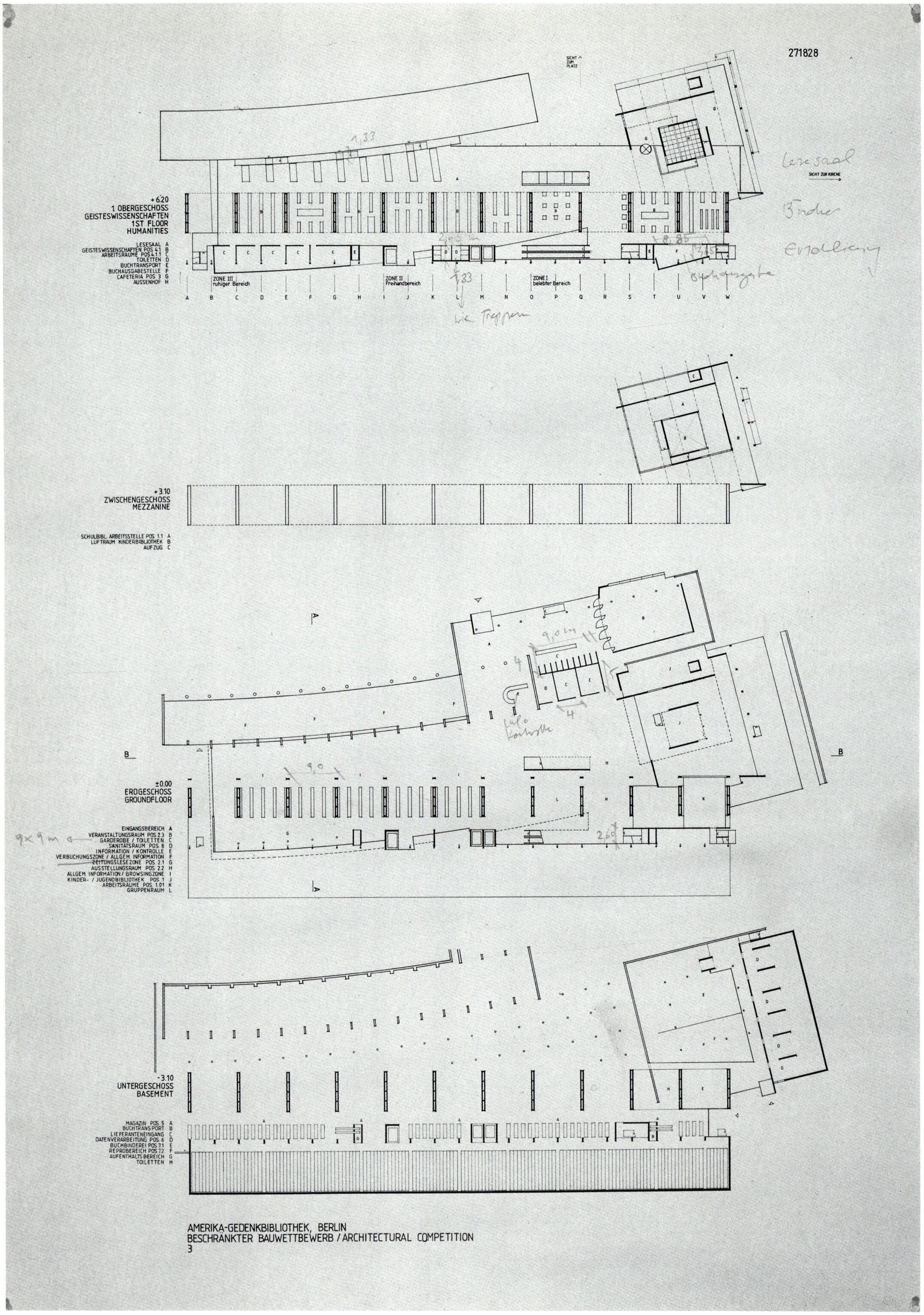

271828
+6.20
1 OBERGESCHOSS
GEISTESWISSENSCHAFTEN
1ST FLOOR
HUMANITIES
LESESAAL A
GEISTESWISSENSCHAFTEN POS. 4.1 B
ARBEITSRAUME POS. 4.1.1 C
TOILETTEN D
BUCHTRANSPORT E
BUCHAUSGABESTELLE F
CAFETERIA POS. 3 G
AUSSENHOF H
ZONE III ruhiger Bereich
ZONE II Freihandbereich
ZONE I belebter Bereich
A B C D E F G H I J K L M N O P Q R S T U V W
+3.10
ZWISCHENGESCHOSS
MEZZANINE
SCHULBIBL. ARBEITSSTELLE POS. 1.1 A
LUFTRAUM KINDERBIBLIOTHEK B
AUFZUG C
±0.00
ERDGESCHOSS
GROUNDFLOOR
EINGANGSBEREICH A
VERANSTALTUNGSRAUM POS. 2.3 B
GARDEROBE / TOILETTEN C
SANITATSRAUM POS. 8 D
INFORMATION / KONTROLLE E
VERBUCHUNGSZONE / ALLGEM. INFORMATION F
ZEITUNGSLESEZONE POS. 2.1 G
AUSSTELLUNGSRAUM POS. 2.2 H
ALLGEM. INFORMATION / BROWSINGZONE I
KINDER- / JUGENDBIBLIOTHEK POS. 1 J
ARBEITSRAUME POS. 1.01 K
GRUPPENRAUM L
-3.10
UNTERGESCHOSS
BASEMENT
MAGAZIN POS. 5 A
BUCHTRANSPORT B
LIEFERANTENEINGANG C
DATENVERARBEITUNG POS. 6 D
BUCHBINDEREI POS 7.1 E
REPROBEREICH POS 7.2 F
AUFENTHALTSBEREICH G
TOILETTEN H
AMERIKA-GEDENKBIBLIOTHEK, BERLIN
BESCHRÄNKTER BAUWETTBEWERB / ARCHITECTURAL COMPETITION
3

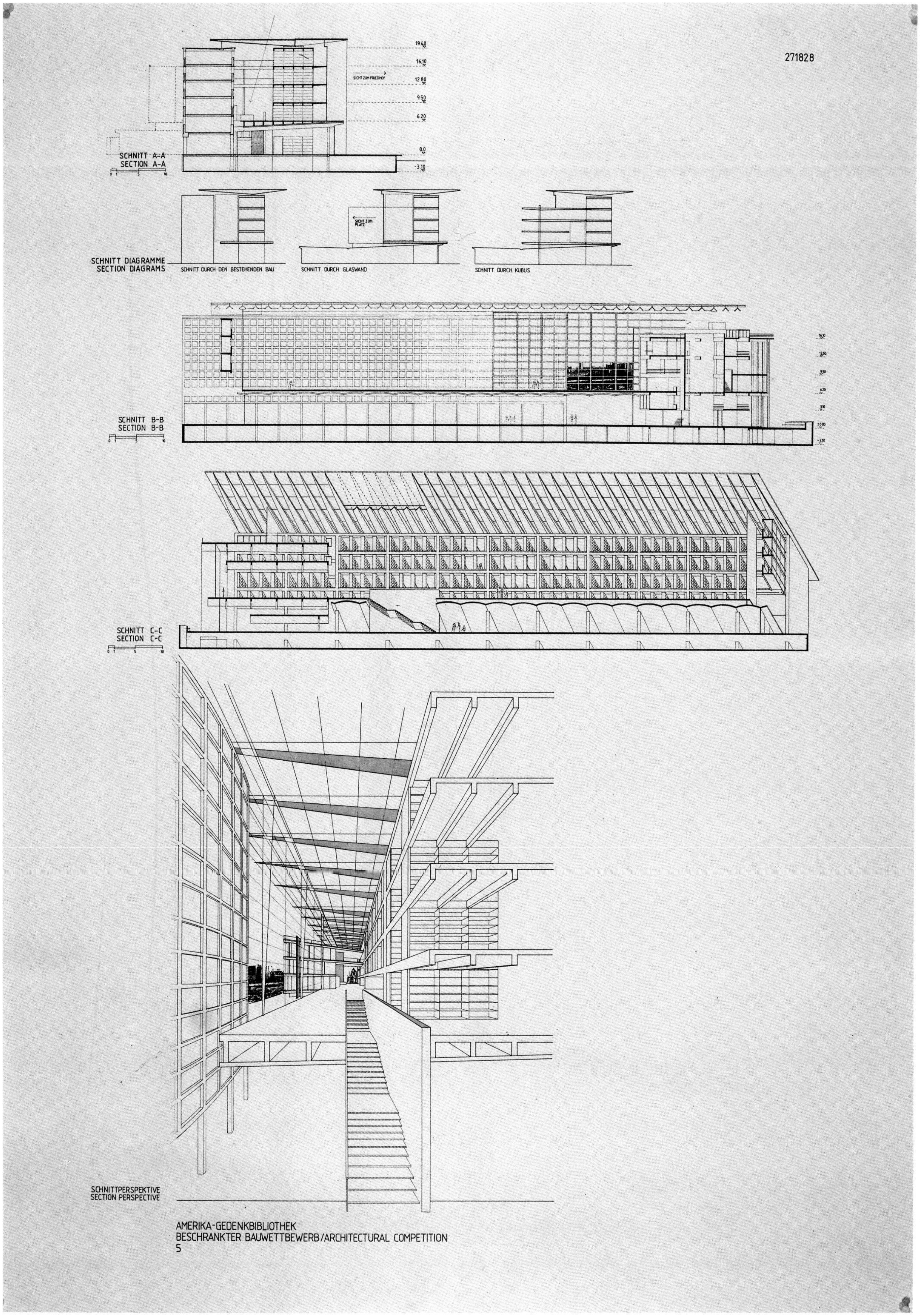
271828
19.40
16.10
SICHT ZUM FRIEDHOF
12.80
9.50
6.20
0.0
-3.10
SCHNITT A-A
SECTION A-A
SCHNITT DIAGRAMME
SECTION DIAGRAMS
SCHNITT DURCH DEN BESTEHENDEN BAU
SICHT ZUM PLATZ
SCHNITT DURCH GLASWAND
SCHNITT DURCH KUBUS
SCHNITT B-B
SECTION B-B
SCHNITT C-C
SECTION C-C
SCHNITTPERSPEKTIVE
SECTION PERSPECTIVE
AMERIKA-GEDENKBIBLIOTHEK
BESCHRANKTER BAUWETTBEWERB/ARCHITECTURAL COMPETITION
5

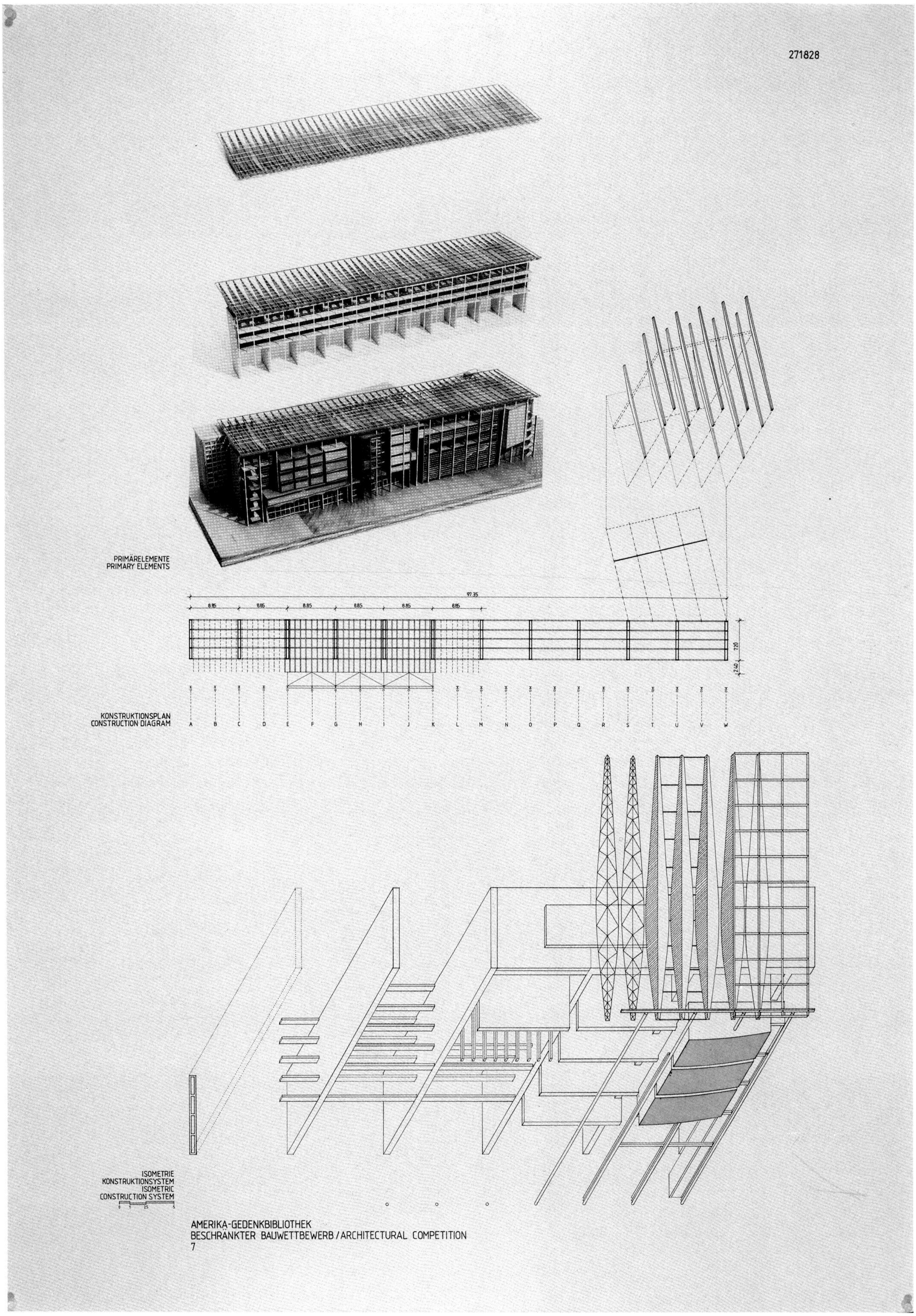
271828
PRIMÄRELEMENTE
PRIMARY ELEMENTS
97.35
8.85
8.85
8.85
8.85
8.85
8.85
KONSTRUKTIONSPLAN
CONSTRUCTION DIAGRAM
A B C D E F G H I J K L M N O P Q R S T U V W
ISOMETRIE
KONSTRUKTIONSSYSTEM
ISOMETRIC
CONSTRUCTION SYSTEM
AMERIKA-GEDENKBIBLIOTHEK
BESCHRÄNKTER BAUWETTBEWERB / ARCHITECTURAL COMPETITION
7

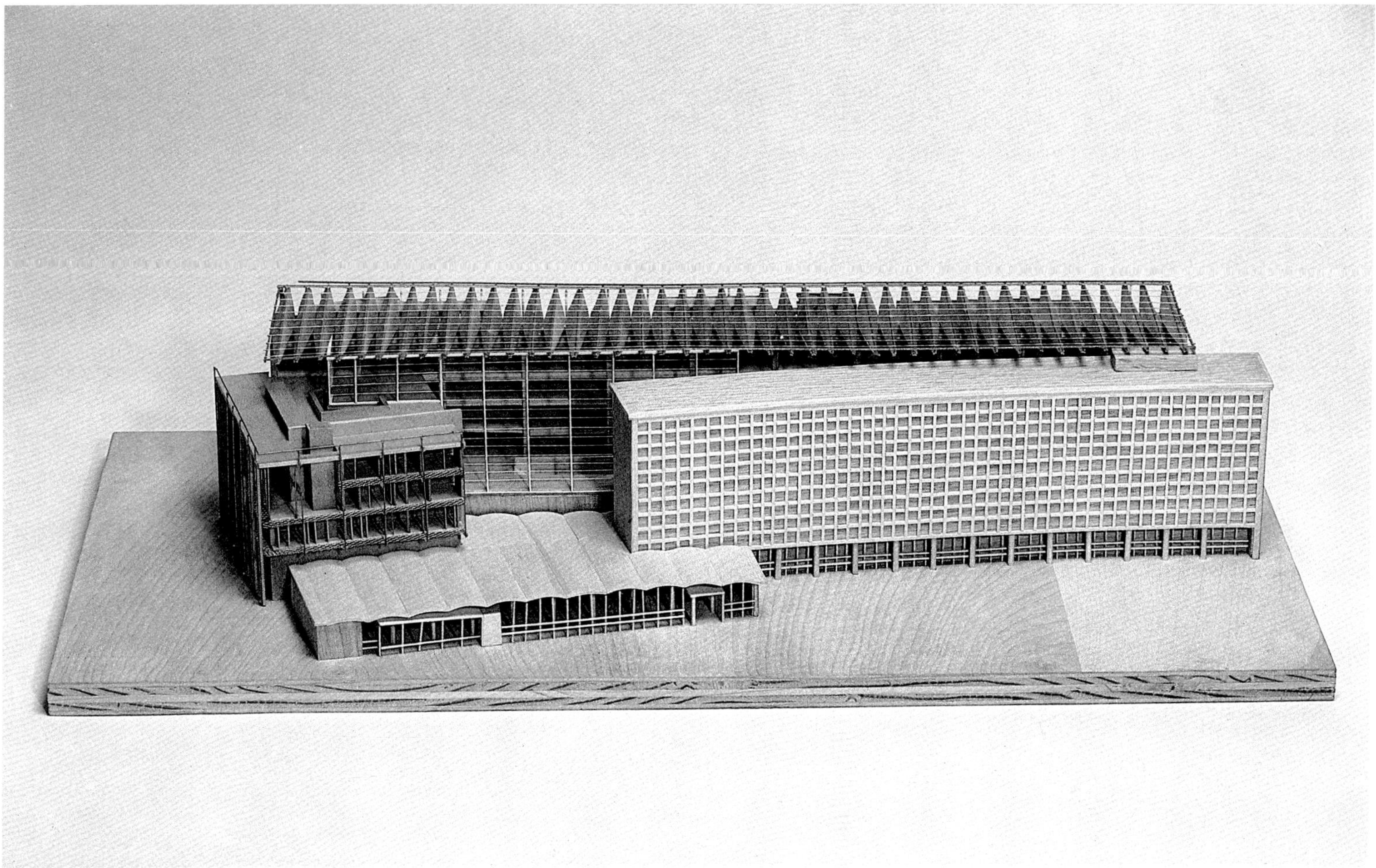

Andres Duany, Elizabeth Plater-Zyberk (Miami)
Mitarbeiter: Mark Schimmenti, Scott Hedge, Juan Caruncho, Clemente Garay, Frank Martinez, Estela Garcia, Felix Pereira, Carlos Miranda, Duane Phillips, Ulrich Beyer, Lisa R. McIntosh
Berliner Kontaktarchitekten: Feddersen, von Herder & Partner

Erläuterungsbericht

Die Bibliothekserweiterung besteht aus sechs Gebäuden und sechs Außenbereichen, welche die Aufgabe haben,
- das ursprüngliche Gebäude zu stärken,
- das unmittelbar angrenzende Stadtbild zu rekonstruieren,
- den verschiedenen Bereichen der Bibliothek Identität zu verleihen.

Blücherplatz und Gemeindezentrum
Der ideale Vordergrund für den neuen Komplex ist ein breiter Platz, im Maßstab festgelegt durch die Tradition großer Berliner Plätze wie der Lustgarten und das Forum Fridericianum. In Vorwegnahme einer zukünftigen Öffnung der Halleschen-Tor-Brücke für den Verkehr wird Raum für die dann wieder anzusiedelnde Bushaltestelle am Ostende des Platzes zur Verfügung gestellt. Eine Rasenfläche verbindet den Platz mit dem Gemeindezentrum der Kirche Zum Heiligen Kreuz und stellt die ehemalige Straßenführung wieder her.
Parkmöglichkeiten sind am Rand des Platzes vorgesehen, Straßen werden durch Neugestaltung in die städtebauliche Planung eingefügt.
Durch die Erweiterung des bestehenden Blücherplatzes nach Osten wird die sonst abgelegene Kirche Teil eines symbolischen urbanen Triumvirats: Die Bibliothek, Repräsentant der Sphäre des Intellekts, vermittelt zwischen dem Reich des Geistigen, der Kirche, und der Welt des Materiellen, dem Kaufhaus Hertie und dem Mehringdamm. Die innere Anordnung der Bibliotheksfunktionen entspricht dieser symbolischen äußeren Organisation.

Das bestehende Gebäude
Die zwei ursprünglichen Gebäude der Bibliothek bleiben zum großen Teil unverändert. Eine seitliche Verlängerung des Aufzugturms und ein neuer Kommunikationsturm unterstreichen den Standort des Gebäudes als Abschluß der historischen Nord-Süd-Achse der Friedrichstraße. Ein neuer Windfang verlegt den Eingang zwischen das existierende Bürogebäude und den neuen Ostflügel. Das Café ersetzt die Abteilung Allgemeines Wissen, das frühere Auditorium. Der neue Ausstellungsbereich füllt den Rest des ursprünglichen Frontflügels. Die Erstinformation und die Verbuchungszone ziehen den Besucher in das Herz des Gebäudes, von wo aus der gesamte Bibliothekskomplex überschaut werden kann.
Das gesamte Erdgeschoß des existierenden Gebäudes wird dem non-subject-Bereich zugeordnet. Die Browsingzone nimmt die Nordseite ein, der Raum für Signierstunden liegt in der Nordwestecke.

Der Ostflügel
Östlich der Verbuchungszone befindet sich der Zeitungslesesaal, ein hoher und gut belichteter Raum. Am Ende des Lesesaals ist das Portal zum Foyer des Auditoriums, welches als Zugang zur neuen Kinder- und Jugendbibliothek dient.
Der Osthof ist der Zugang zu der Kinderbücherei und zum Auditorium und kann als aktiver Bereich fungieren, der vom ruhigen Haupteingang der Bibliothek entfernt liegt. Das Untergeschoß des Ostflügels beherbergt drei Abteilungen: die Geisteswissenschaften, die Sozialwissenschaften und die Naturwissenschaften.

Andres Duany, Elizabeth Plater-Zyberk (Miami)
Collaborators: Mark Schimmenti, Scott Hedge, Juan Caruncho, Clemente Garay, Frank Martinez, Estela Garcia, Felix Pereira, Carlos Miranda, Duane Phillips, Ulrich Beyer, Lisa R. McIntosh
Berlin contact architects: Feddersen, von Herder & Partner

Explanatory report

The library addition consists of six buildings and six exterior spaces assembled to:
- reinforce the original building
- reconstruct the contingent city
- provide identity to the different areas of the library.

Blücherplatz and Church Green
The ideal foreground for the new complex is the renovated Blücherplatz, scaled in the tradition of grand Berlin squares like the Lustgarten and the Forum Fridericianum. In anticipation of the future opening of the Hallesche-Tor-Brücke to traffic, space for the relocated bus stop is provided at the east end of the plaza. The church is re-connected to the square by a lawn, created by the restoration of the former street pattern in front of it. Parking is redistributed at the perimeter of the site and streets are redesigned to bring them into line with the urban organization of the plan.
The extension of the existing Blücherplatz to the east allows the otherwise distant church to participate in a symbolic urban triumvirate: the Library, representing the realm of the intellect, mediates the realm of the spirit, the Church, and the realm of the physical, the Hertie store and Mehringdamm. The interior disposition of library functions corresponds to this symbolic exterior organization.

The existing building
The Library's two original buildings remain largely unchanged. A horizontal expansion of the elevator tower and a new communications tower re-emphasize the buildings's location at the termination of the historical north-south Friedrichstraße axis. A new porch relocates the main entrance between the existing office tower and the new east wing. The café replaces the department General Sciences. The new exhibition area fills the rest of the original front wing. The control and circulation area draws the visitor into the heart of the building where the entire library can be perceived.
The ground floor of the existing building is given to the open-access area. The new book browsing area occupies the north side, with the book signing room at the northwest corner.

The east wing
To the east of the circulation area is the periodical room, a tall and light space. At the far corner of the periodical room is the portal to the auditorium lobby which, open to the plaza only during the auditiorium's hours of use, serves as the passage to the new Children's Library.
The east court is the entry to the Children's Library and the auditorium, and allows an active gathering area away from the quieter main entry of the library complex.
The basement of the east wing houses three departments: the humanities, the social sciences, and the natural sciences. Adjacent to the information area are the zone I facilities shared by the three departments, including the meeting rooms. Zones II and III, the stacks and reading areas of each department, are housed in the separate buildings. Although this is a basement level, natural light sources are numerous.

An den Informationsbereich anschließend befinden sich die Einrichtungen der Zone I, die von den drei Abteilungen genutzt werden, wie z.B. Seminarräume. Die Bücherregale und Lesezonen jeder Abteilung, die Zonen II und III, sind in separaten Räumen untergebracht. Obwohl dies eine Untergeschoßebene ist, sind die natürlichen Lichtquellen zahlreich.

Der Westflügel

Der Westflügel besteht aus der Browsingzone, der Berlin-Sammlung und dem Kunst- und Musikgebäude. Die Browsingzone vergrößert den non-subject-Bereich in ähnlicher Weise wie den Zeitungslesesaal im Osten. Es ist ein Glasgehäuse, durchbrochen vom existierenden Gebäude, dem Kunst- und Musikgebäude und der Berlin-Sammlung.

Die beiden Mezzanine der Sammlung werden über den Innenraum des Gebäudes und durch externe Brückenverbindungen zugänglich gemacht. Das Kunst- und Musikgebäude beherbergt im Erdgeschoß die Kunstabteilung mit einem Ausstellungsteil in doppelter Raumhöhe.

The west wing

The west wing consists of the browsing area, the Berlin Collection, and the art and music building. The browsing area extends the open-access area on the west in a manner similar to that of the periodical room on the east. It is a glass box with intrusions by the existing building, the art and music building, and the Berlin Collection.

The Berlin Collection's two mezzanines are accessed by interior stairs and by exterior bridge connections. The art and music building houses the art department at ground level with a double height exhibit space which is overlooked by the music department on the first floor.

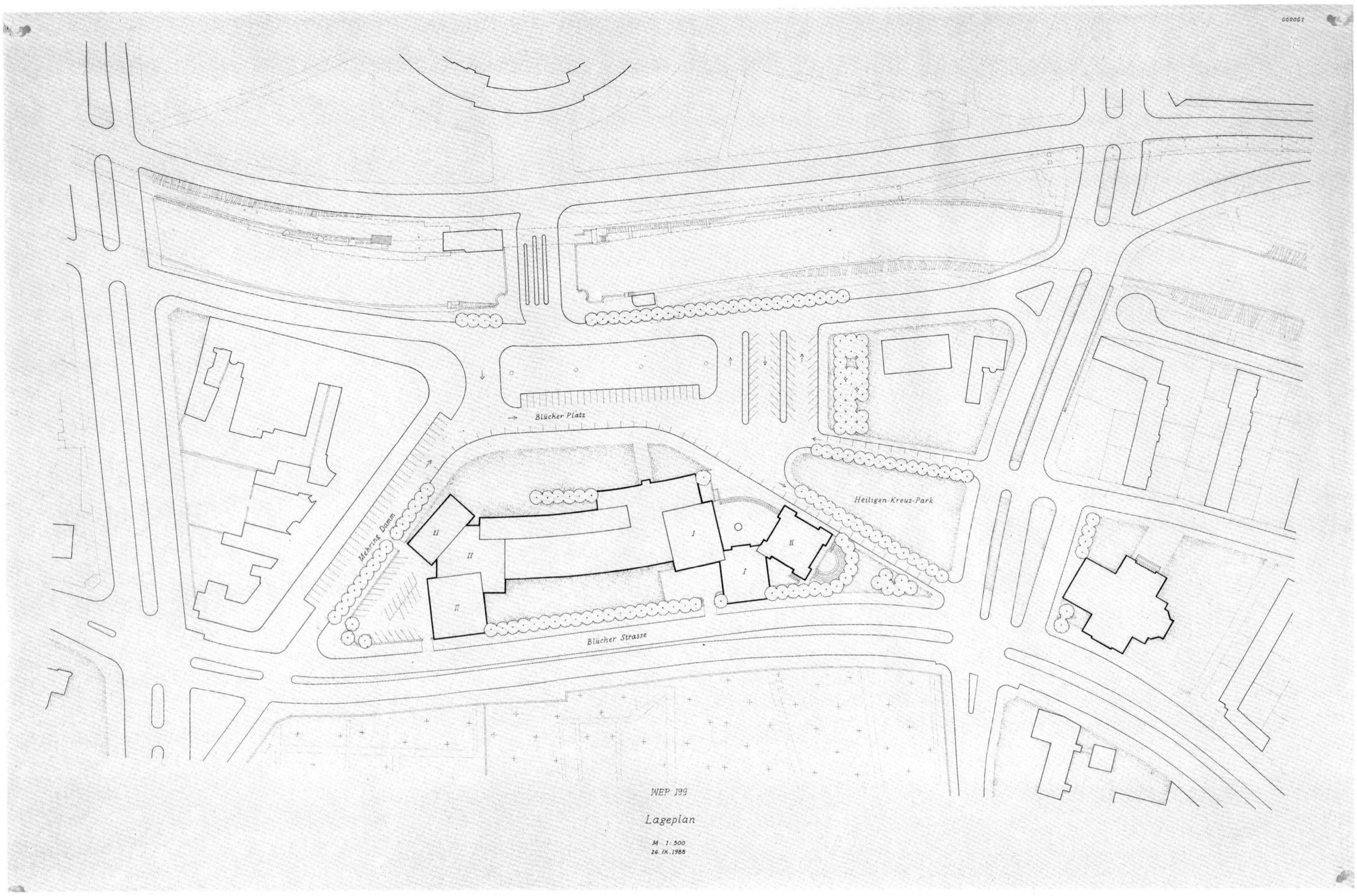
Blücher Platz
Mehring Damm
Heiligen-Kreuz-Park
Blücher Strasse
WEP 199
Lageplan
M. 1:500
26. IX. 1988

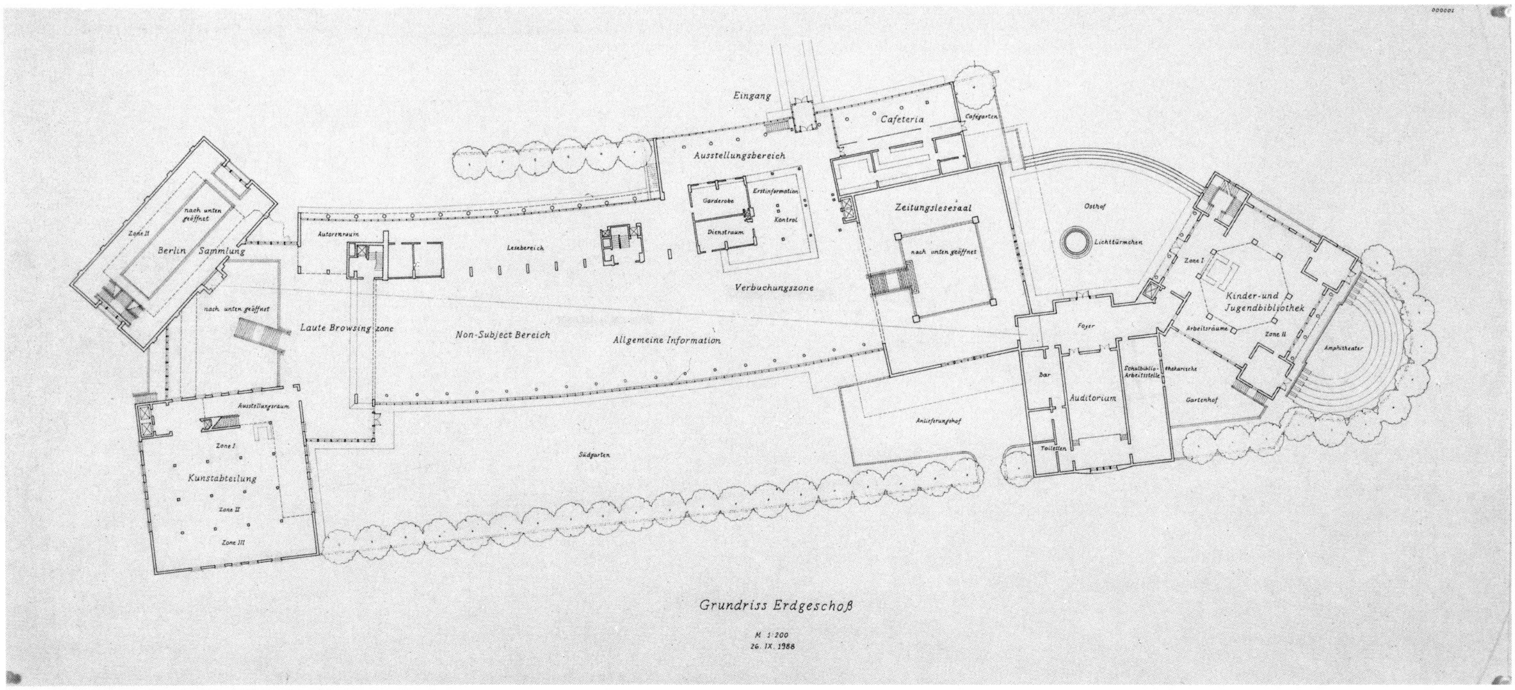
Eingang
Cafeteria
Ausstellungsbereich
Zeitungslesesaal
Berlin Sammlung
Lesebereich
nach unten geöffnet
Lichttürmchen
Verbuchungszone
Kinder- und Jugendbibliothek
Laute Browsing zone
Non-Subject Bereich
Allgemeine Information
Foyer
Auditorium
Kunstabteilung
Gartenhof
Südgarten
Amphitheater
Grundriss Erdgeschoß
M. 1:200
26. IX. 1988

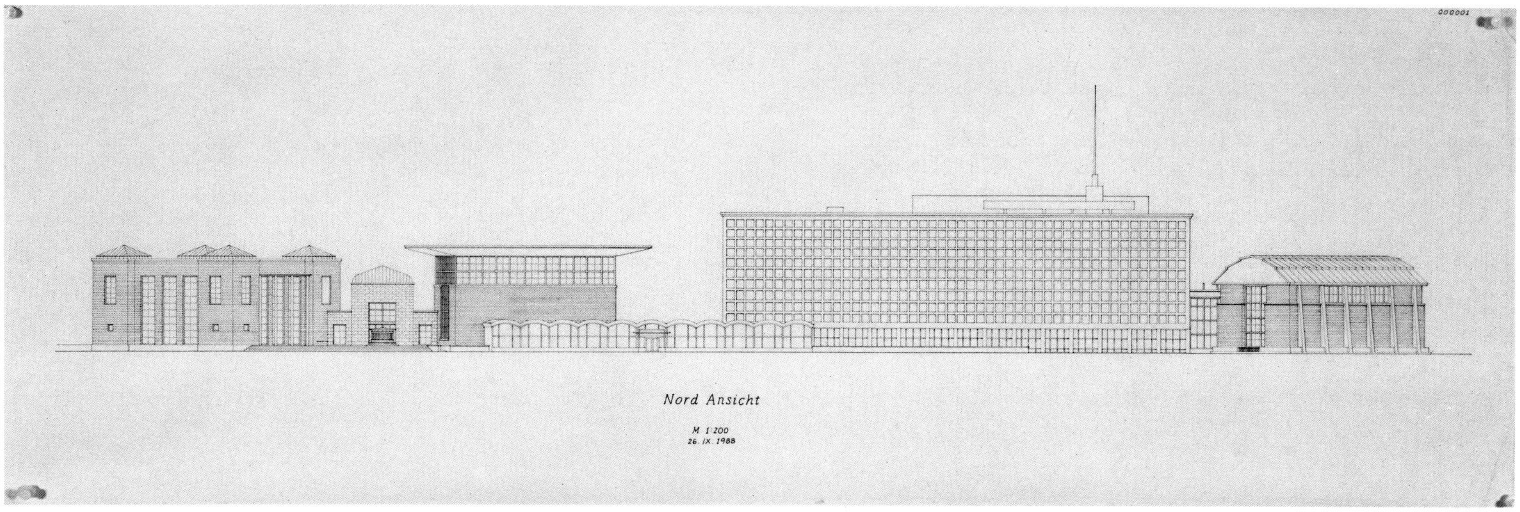
Nord Ansicht
M 1:200
26. IX. 1988

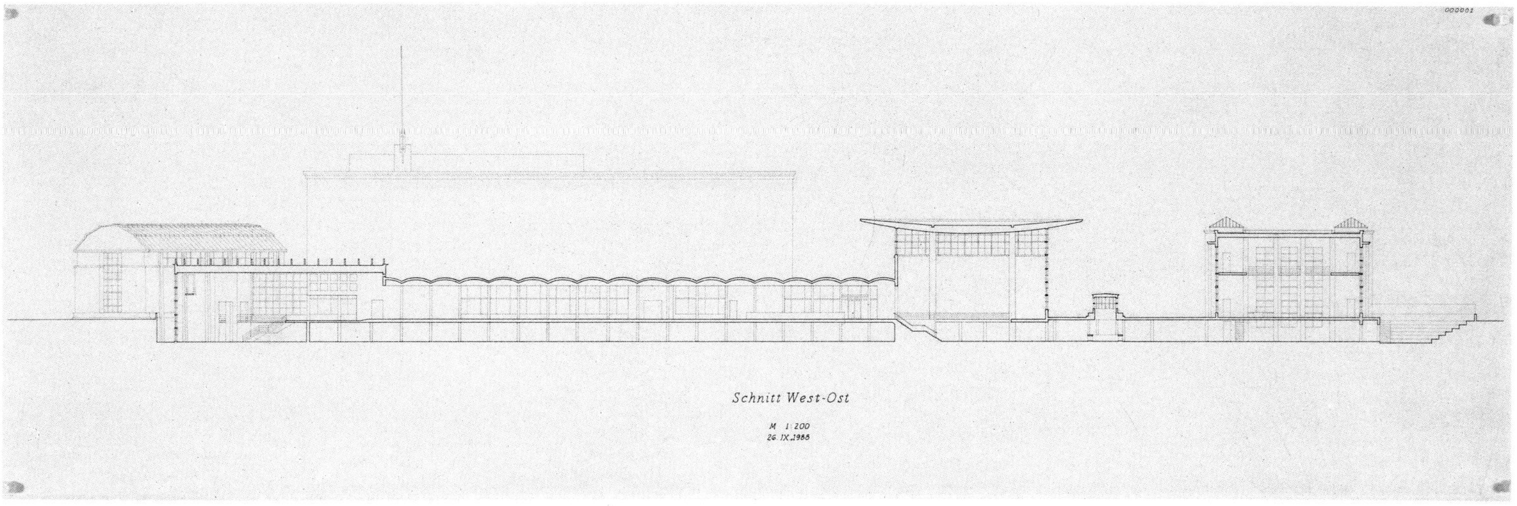
Schnitt West-Ost
M 1:200
26. IX. 1988

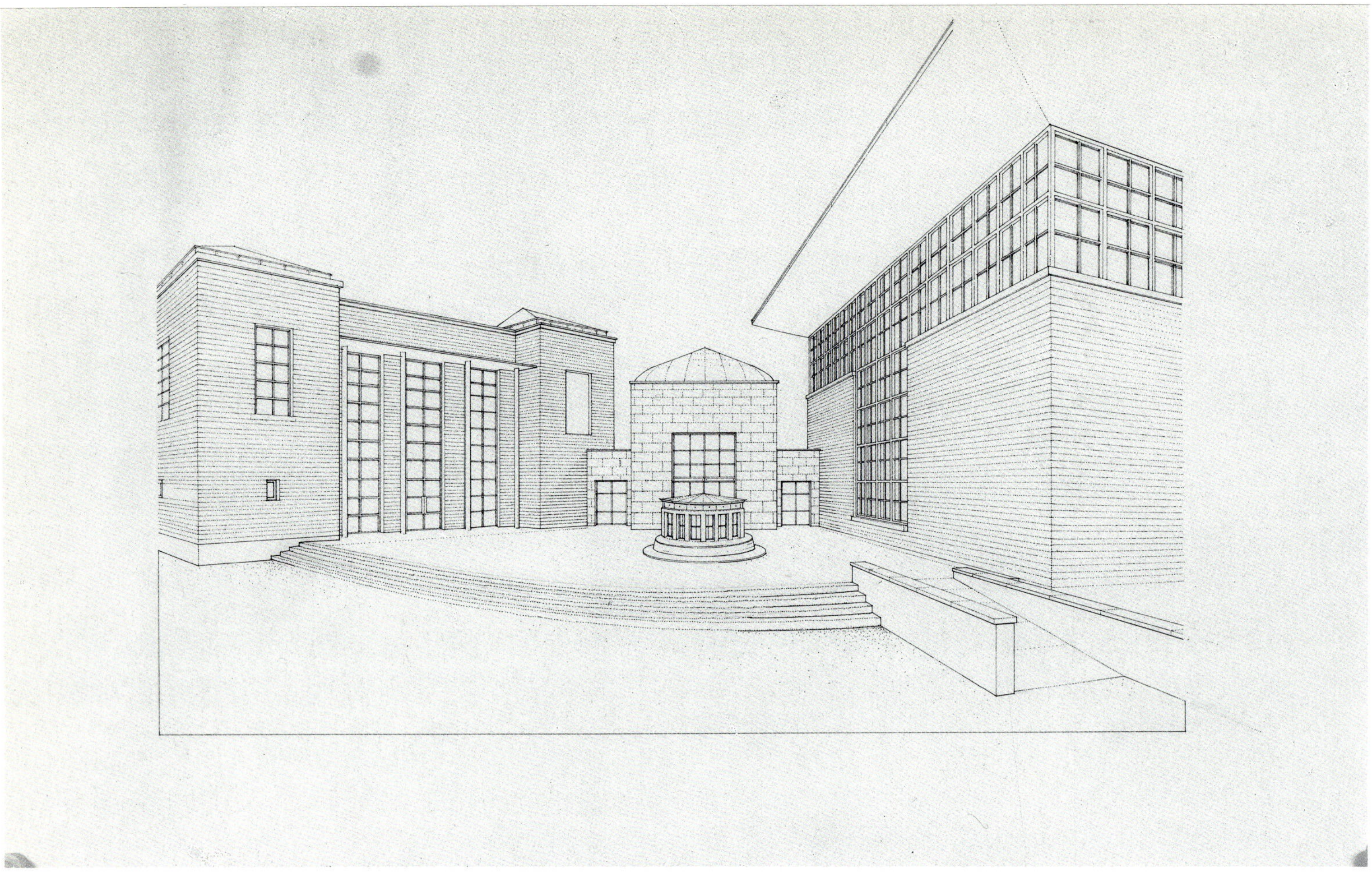

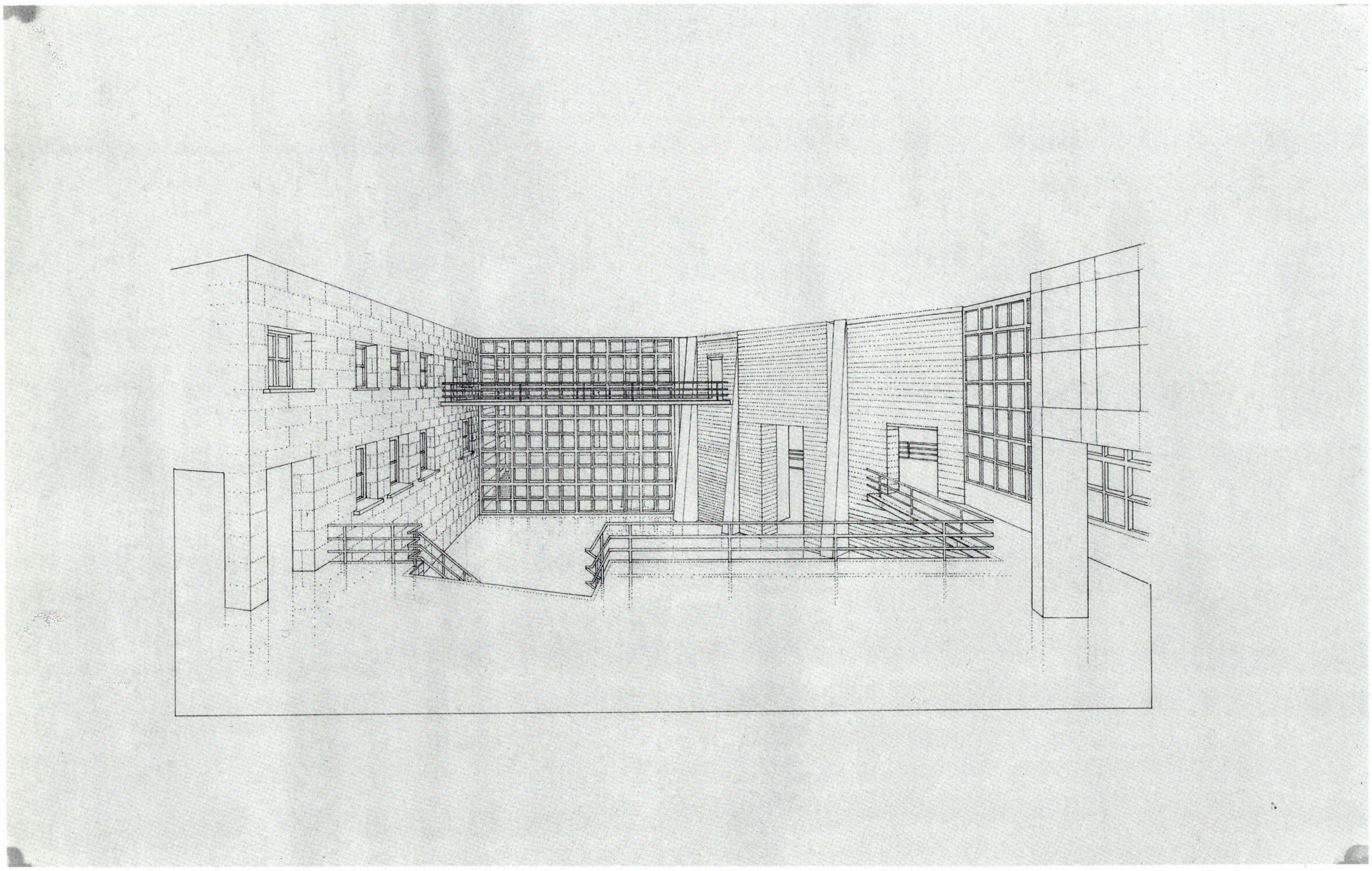

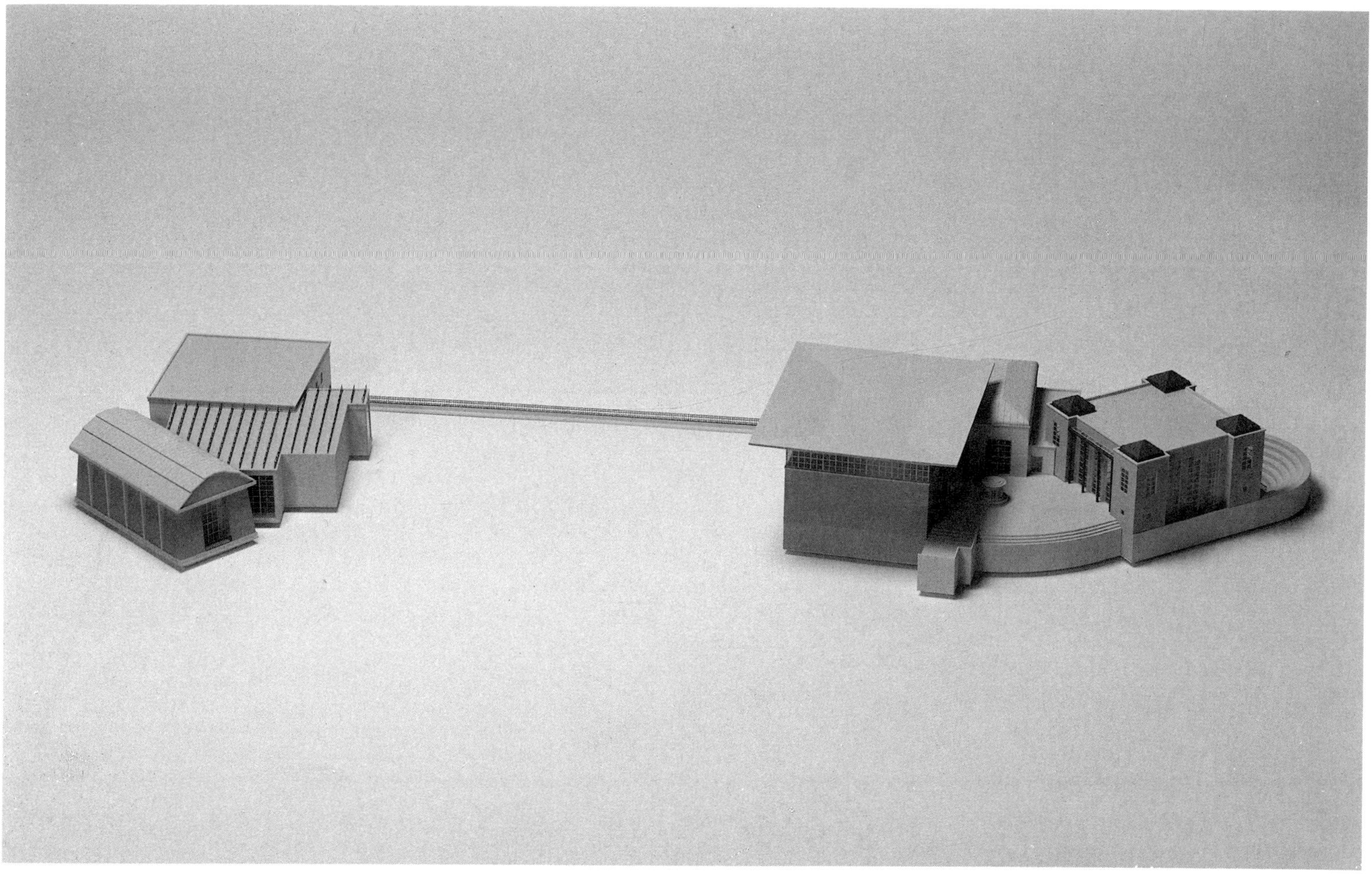

Paul Florian, Stephen Wierzbowski, William Worn (Chicago)

Erläuterungsbericht

Symbolisches Konzept
Das neue und das schon vorhandene Gebäude stellen ein nationales Denkmal dar. Der Entwurf und die Planung zeugen von der Rolle der Bibilothek als einem Symbol der Demokratie. Wände, die ursprünglich dazu dienen auszuschließen und abzutrennen, werden hier zum Symbol der Verbindung. Die Bronze-Gedenktafel für Schriftsteller stellt den Mittelpunkt des Gebäudes dar und verbindet das Alte mit dem Neuen.

Zusammensetzung und Stil
Der Anbau der Amerika-Gedenkbibliothek integriert das vorhandene, unter Denkmalschutz stehende Gebäude und hebt sich doch von ihm ab. Der Neubau verwendet Formen, Materialien und Farben der fünfziger Jahre, dennoch ist die Komposition – straff und asymmetrisch – ein Produkt der achtziger Jahre.

Gebrauchskonzept
Das lineare Gebäude ist durch eine Nord-Süd-Rampe und durch Verkehrswege mit dem ursprünglichen Gebäude verbunden. Jedes Fachgebiet ist als deutliche Einheit erkennbar. Die Freihandbereiche sind vom Hauptlesesaal um eine halbe Etage versetzt und erleichtern so den Zugang.

Stadtplanung
Das weite Rund des neudefinierten Blücherplatzes schafft einen Ort der Begegnung. Auch abends bieten das Theater, der Ausstellungsraum und die Cafeteria Abwechslung und Anregung. Das Freilufttheater belebt den neugestalteten Platz.

Organisation
Der Eingang am Blücherplatz liegt in der Achse zur Friedrichstraße. Eine Rampe und eine Haupttreppe führen den Besucher nach oben zur Eingangshalle. Öffentliche Einrichtungen wie Theater, Ausstellungsbereich, Kantine und Garderobe sind von der Eingangshalle aus zugänglich, selbst wenn die Bibliothek geschlossen ist. Die Zentralrampe verbindet die Fachbereiche direkt mit den Verwaltungsbereichen. In den Freihandbereichen zu beiden Seiten der Verkehrszone (Rampe, Treppen und Aufzüge) befinden sich jeweils zwei Fachgebiete im ersten, zweiten und dritten Stock.
Die Berlin-Abteilung ist auf der Ostseite der dritten Etage untergebracht.
Verschiedene Lesesäle bieten sich an. Der Hauptlesesaal grenzt an die Informationszentren im Erdgeschoß. Entlang der Südwand des neuen Gebäudes befinden sich individuelle Studierecken, nach Fachgebieten geordnet. Gruppenlesesäle liegen an der Ostseite des neuen Gebäudes.
Die Jugendbibliothek ist im Erdgeschoß, mit Blick auf den Hof, der die ursprüngliche Jugendbibliothek ersetzt. Innerhalb des Hofes bietet der Kinderturm Raum für Gruppenlesungen.

Materialien
Die vorhandenen Materialien werden sowohl innen als auch außen im Neubau verwandt. Die Kanten der Betonplatten sind mit schwarzem Granit verkleidet. Die Innendecken sind aus Sichtbeton. Die Außenseite wird je nach Fachbereichen farbig angelegt... Die Gebäudestruktur besteht aus Beton- säulen und Betonplatten. Beton, Glas und verchromte Verbindungselemente sind die vorrangigen Materialien des Erweiterungsbaues.

Paul Florian, Stephen Wierzbowski, William Worn (Chicago)

Explanatory report

Symbolic concept
The new building – together with the existing structure – is a national monument which celebrates contemporary German society united, progressive and heterogeneous. The design and organization of the library recognizes its role as a symbol of democracy. Walls, so typically used to exclude and divide, are transformed into symbols of unification. The gleaming bronze »wall of authors« identifies the center of the building and ties old and new structures together.

Composition and style
The new addition to the Amerika-Gedenkbibliothek is both integrated with and distinct from the existing landmark building. The style of the buildings extends 1950's forms, materials and colors of the existing building. The composition of the buildings is distinctly 80's, taut and asymmetrical.

Functional concept
The addition is planned as a linear building; it is joined to the original building by a north-south ramp and circulation system. Each subject area is recognizable as a distinct entity. The open-access areas are shifted one half level above and below the level of the main reading room to emphasize openness and increase accessibility.

Urban concept
The sweeping curve of the new Blücherplatz will create a focal urban center for neighborhood activities. In the evening the auditorium, exhibition and cafeteria facilities provide amenities for the community. An outdoor theater enlivens the redesigned park.

Organization
A monumental entry on the Blücherplatz aligns with the north-south passage between East and West Berlin. A ramp and staircase lead the visitor up to the entry. Public facilities include the auditorium, exhibit area, cafeteria and cloak room. All are accessible after the library is closed. The central ramp links offices in each subject area directly to existing administration areas.
Within open stacks two subject areas are located on level 1, 2 and 3 on either side of the circulation core (ramp, stair and elevator).
The Berlin Collection is showcased at the east end of level 3.
A variety of reading areas provide a hierarchy of distinct reading environments. The main reading room is located on the ground floor within the existing building, adjacent to general reference areas. Along the south wall of the new building within each subject area, individual study carrels are located overlooking the graveyards. Group reading rooms and lounges are located at the east end of the new building.
The Children's Library is located to the east on the ground level looking into a courtyard which replaces the former Children's Library building. Within the courtyard the Childrens's Tower provides spaces for group reading.

Materials
The existing building materials are woven together with the proposed building materials on the interior and exterior. Slab edges will be finished in the black granite. The interior ceilings are clear finished concrete with perimeter counter in lacquer colors keyed to the subject section and subject section signage...

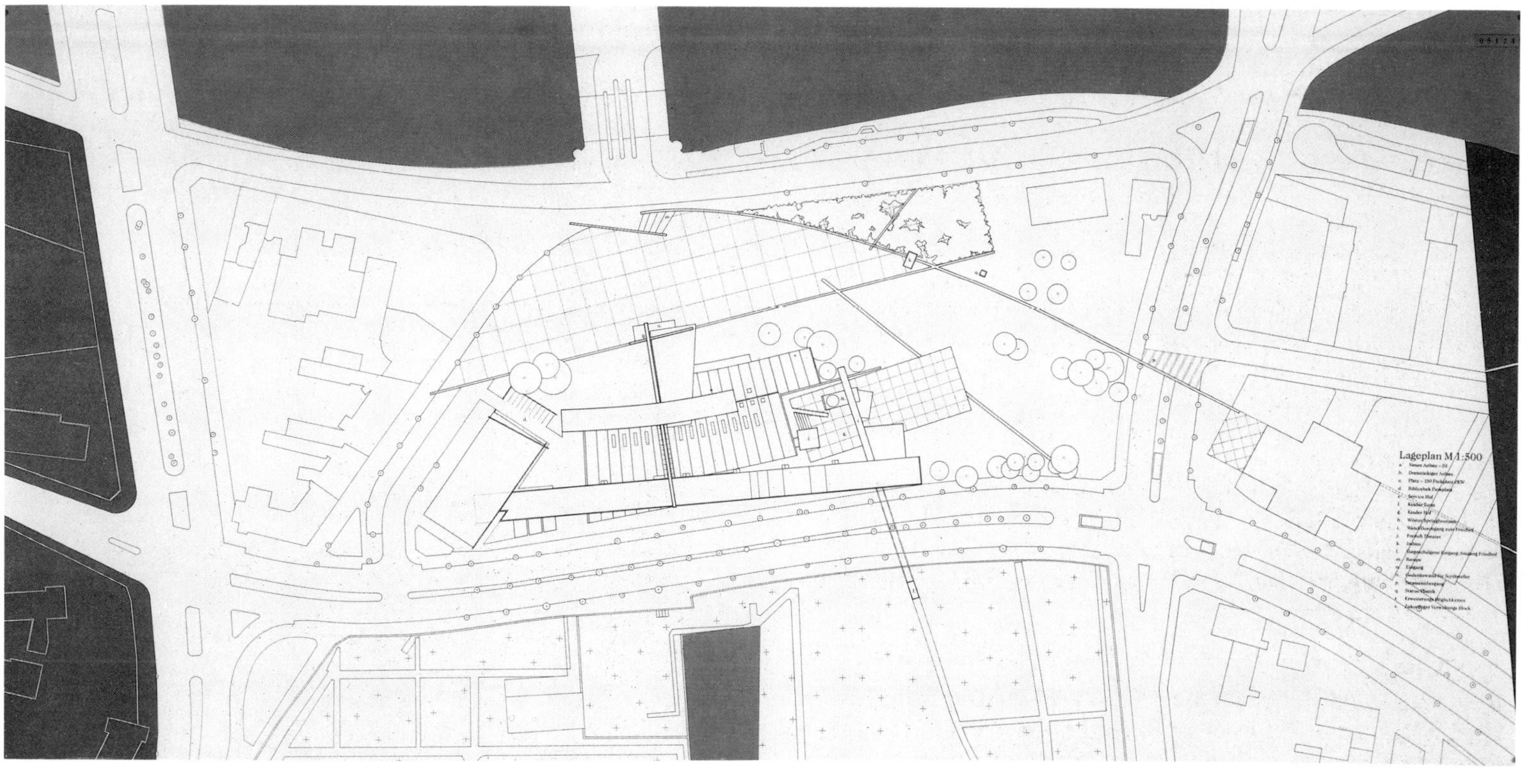

Südliche Axonometry

Nordliche Axonometry

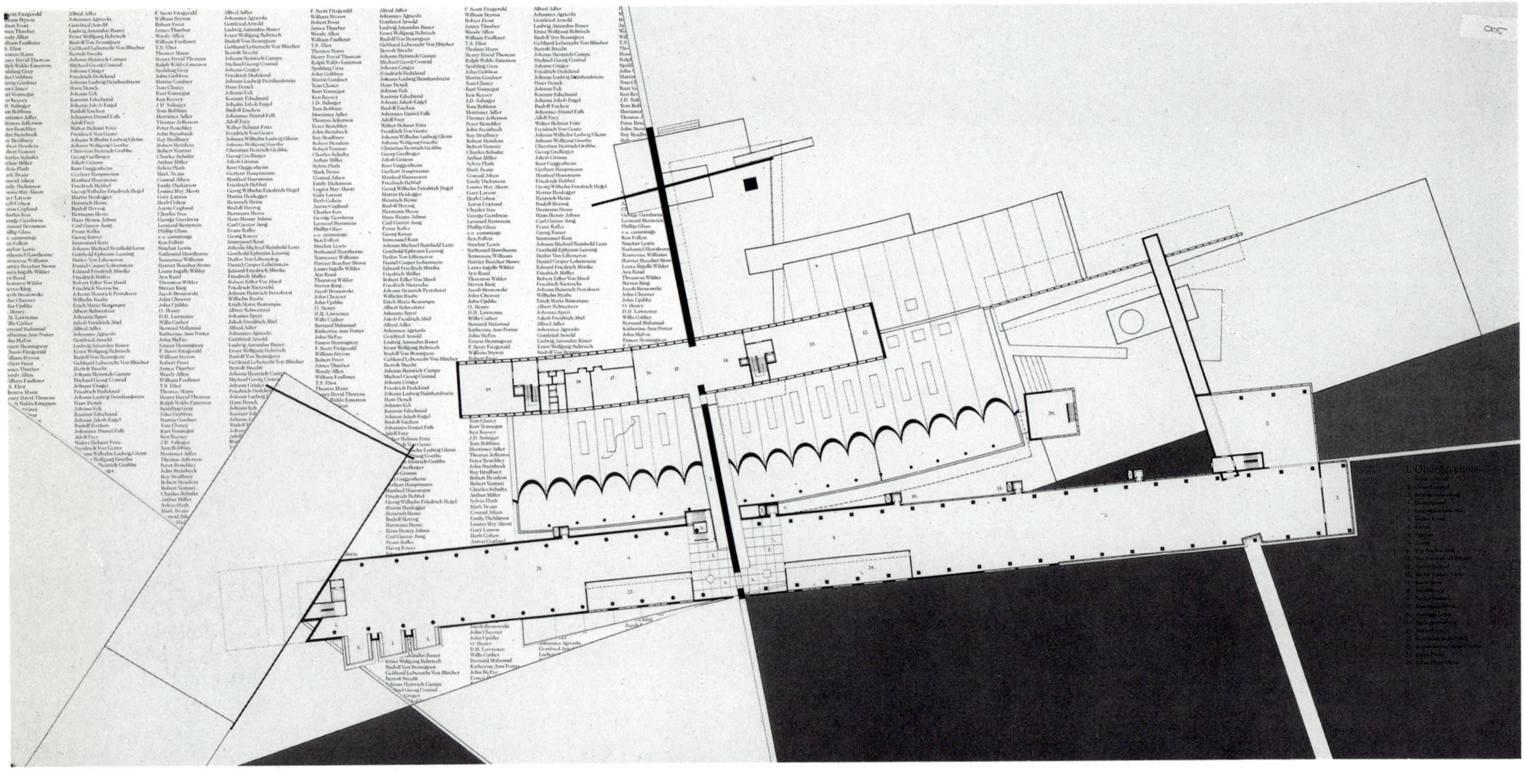
1. Obergeschoss

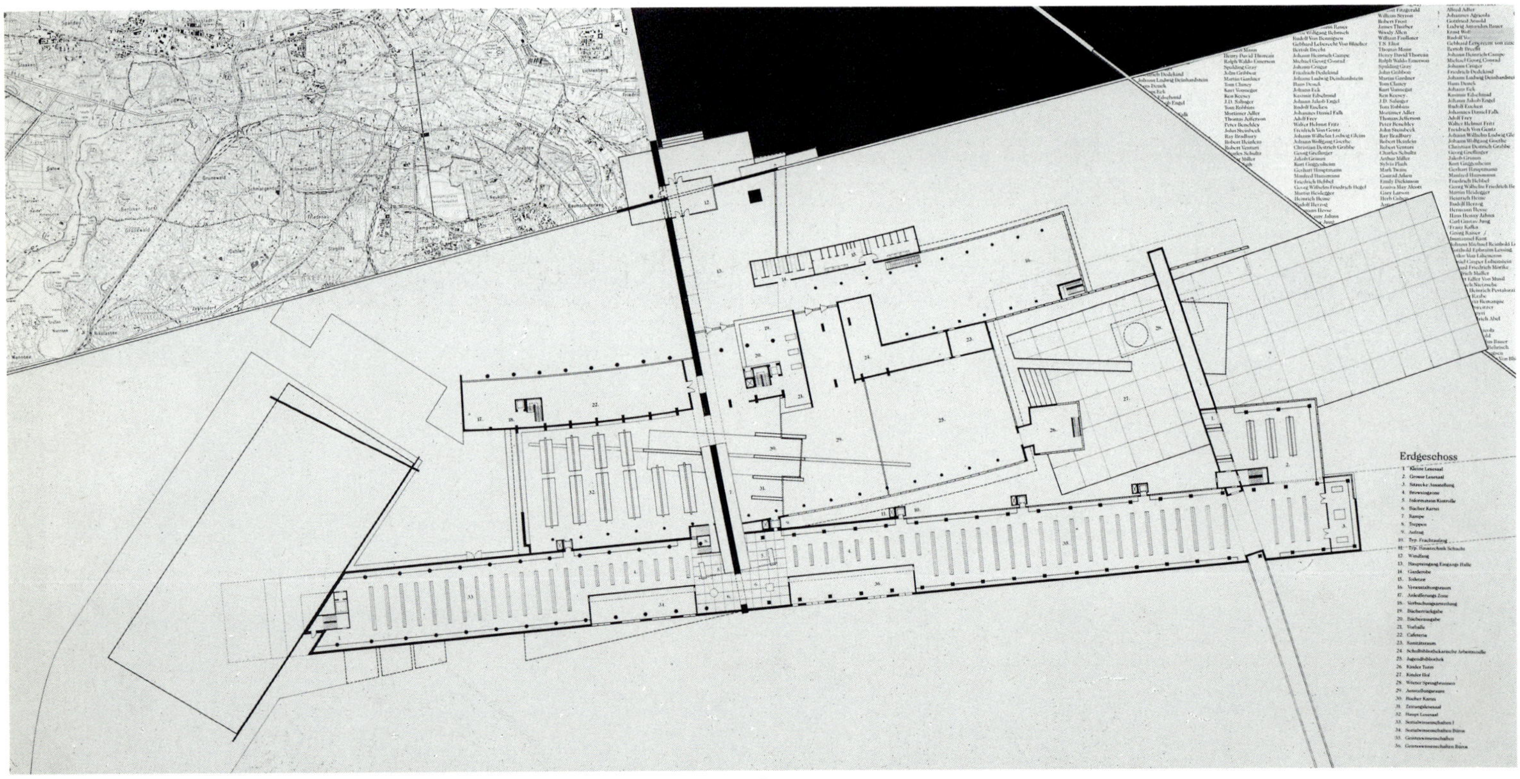
Erdgeschoss

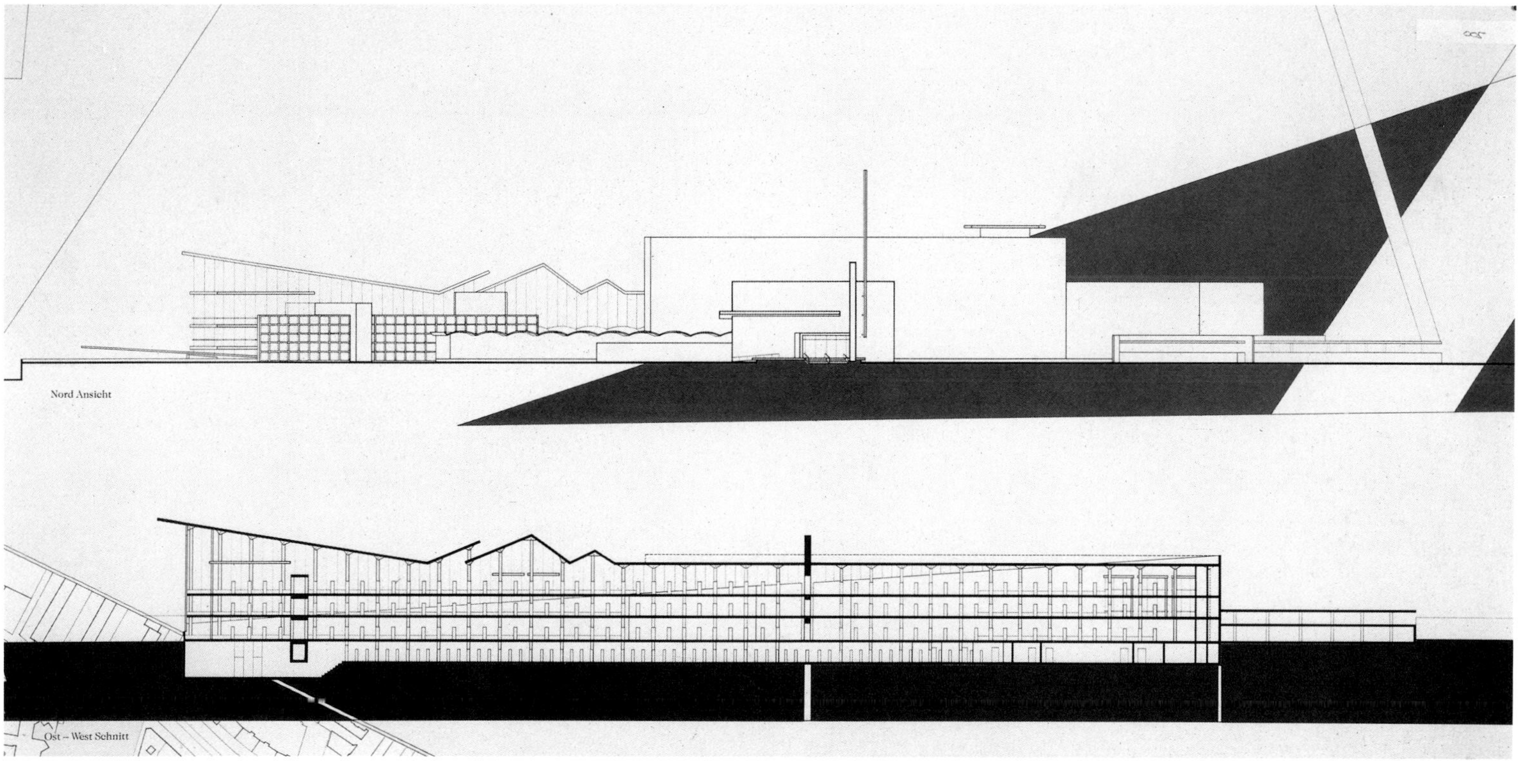

Nord Ansicht
Ost – West Schnitt

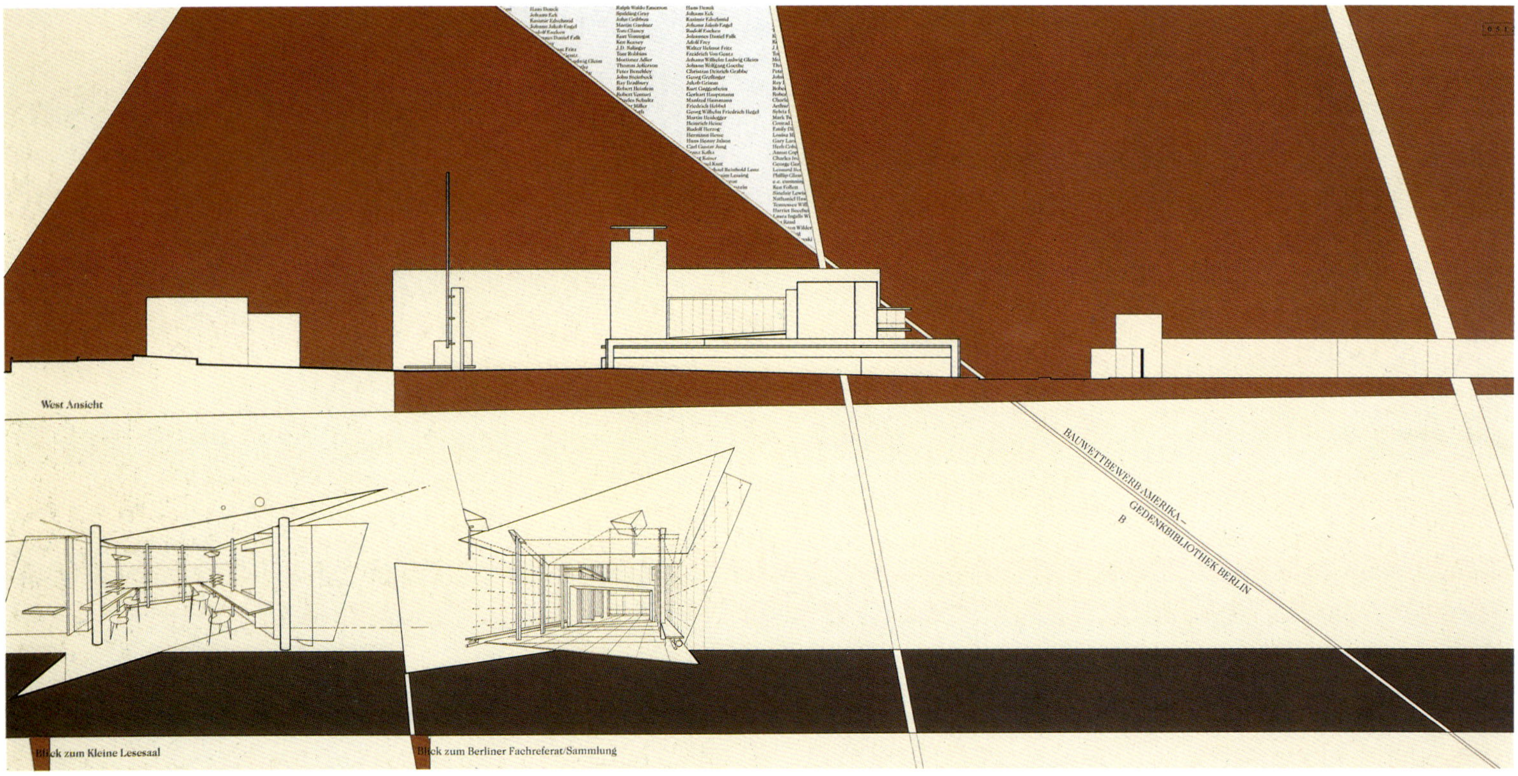
West Ansicht
BAUWETTBEWERB AMERIKA –
GEDENKBIBLIOTHEK BERLIN
B
Blick zum Kleine Lesesaal
Blick zum Berliner Fachreferat/Sammlung

Dirk Lohan (Chicago)
Mitarbeiter: Gilbert Gorski, Donald Wetzel, Eva-Maria Bitsch

Erläuterungsbericht

Einleitung
Der vorgeschlagene Entwurf für den Erweiterungsbau der Amerika-Gedenkbibliothek ist eine formale Umsetzung der Widersprüche in einerseits der modernen demokratischen Gesellschaft und andererseits der einzigartigen politischen Situation Berlins. Die strenge Ordnung der Gitterstruktur des Gebäudes symbolisiert die rationale Denkweise, während die Krümmung und andere geometrische Formen die Emotionalität verdeutlichen.
Die Kollision und/oder Harmonie des apollinischen und des dionysischen Prinzips liegen allem menschlichen Handeln zugrunde und sind in spezifischer Weise in der Geschichte Berlins manifestiert. Der Entwurf des Gebäudes versucht diesen beiden Aspekten Form zu geben. Weder eine nicht existierende Harmonie noch eine exzessive, pessimistische Dissonanz ist die Grundlage des Entwurfs. Er versucht eine Interpretation des nie endenden Wechselspiels der verschiedenen Kräfte zu geben, so wie sie sind.

Zur städtebaulichen Situation
Der bestehende Komplex der AGB ist ein Beispiel des antiurbanen Städtebaus der Moderne. Das Gebäude wurde als Solitär in einen Park plaziert, der in dieser Form vor dem Krieg nie existiert hat. Dieser Entwurf isolierte die Bibliothek in ihrem städtebaulichen Kontext und der unmittelbaren Nachbarschaft. Die vorgeschlagene Lösung korrigiert die bestehende Situation, indem der Erweiterungsbau vor das alte Gebäude direkt an die Grundstücksgrenze gestellt wird und dadurch ein urbaner Raum mit Bezug zur angrenzenden Struktur geschaffen wird. Das neue Gebäude ist axial zum Mehringplatz und zur Friedrichstraße im Norden orientiert, was den visuellen Bezug dieser wichtigen Nord-Süd-Achse verstärkt.
Die jetzigen Parkplätze vor dem bestehenden Gebäude wurden verlegt, um einen großen urbanen Platz zu schaffen, der zum Vorplatz der Bibliothek wird und wieder wert ist, den Namen Blücherplatz zu tragen. Das neue Gebäude wird so vom Waterloo Ufer besser sichtbar, um somit auch den Stellenwert dieser fortschrittlichen Bibliothek in Berlin anzuerkennen.

Zum Entwurf des Gebäudes
Der architektonische Entwurf des Gebäudes wird dem quadratischen Raster der Altbaufassade nachempfunden. Die Fenster und die Fassadenelemente sowie die Strukturgitter sind Reminiszenzen an die bestehende Betonfassade, obwohl das neue Gebäude aus Aluminium und rostfreiem Stahl konstruiert ist. Die nunmehr verdeckte Vorderfassade des ursprünglichen Gebäudes wird in ein Strukturgitter transformiert, das vor dem neuen Gebäude schwebt und genau dieselbe Krümmung wie der Altbau aufweist. Auf diese Weise kann sowohl das alte als auch das neue Gebäude abgelesen und verstanden werden, wobei die beiden Gebäude eine Einheit bilden.

Zur Funktion
Die Grundrisse sind sehr kompakt und dadurch sehr funktional und effizient. Die verschiedenen Programmflächen sind um einen Innenhof gruppiert. Der Grundriß gewährleistet kurze Verkehrs- und Erschließungswege, und von der zentral gelegenen Eingangshalle aus kann jeder Punkt der Bibliothek leicht erreicht werden. Durch diese direkte Anbindung des Altbaus (einschließ-

Dirk Lohan (Chicago)
Collaborators: Gilbert Gorski, Donald Wetzel, Eva-Maria Bitsch

Explanatory report

Introduction
The architecture of the proposed addition to the Amerika-Gedenkbibliothek represents a serious attempt to formally express the interplay of contradictory forces in the modern democratic society on the one hand and the unique political situation of Berlin on the other.
The strict order of the structural grid is symbolic of the rational mode of thinking whereas the curvilinear and other geometric forms represent the emotional side of man. The collision and/or harmony of the Apollonian and Dionysian principle underlies all human activity and is particularly manifest in the violent history of Berlin.
The design of this building seeks to speak the truth about the duality of the human condition. It neither intends to show complete harmony, which does not exist, nor does it express the pessimism of excessive dissonance. It simply attempts to portray the never ending interplay of these forces as they are.

The urban situation
The existing complex of the Amerika-Gedenkbibliothek represents the basically anti-urban attitudes of the modern period of architecture by placing the building into a landscape park where there was none before the War. This was a mistake because it isolated the library from its connective tissue with the surrounding neighborhood.
The proposed solution corrects the existing situation by placing the expansion project in front of the older building thereby creating a more urban and cosmopolitan relationship to the adjoining fabric of the city.
The parking area in front of the existing building has been removed in order to create a large urban plaza which becomes the formal forecourt for the library and is, once more, worthy of the name Blücherplatz. From Waterloo Ufer the new building becomes visible and recognizable as the forecast library in West Berlin.

The architecture of the building
The architectural expression of the new building takes its cues from the square grid pattern on the façade of the old building. The windows, wall panels and the structural grid are reminiscent of the old concrete façade even though the new building's materials are aluminium and stainless steel.
The obscured façade of the original building is brought forward in a grid screen that floats in front and curves in precisely the same shape as the older building. Through this device both the old and the new building can be read and understood, and both coexist as one.

The functional layout
Functionally, the plans are efficient and compact. The various programmatic areas are located around the courtyard in close proximity to each other. The plan establishes short travel distances and one central entry from which every point of the library is easily reached. In fact, the close functional integration of the old with the new building creates a plan which appears as an organically designed whole. It does not appear to be an older building which has been expanded at the expense of proper functioning.

lich des Verwaltungstrakts) an den Erweiterungsbau wird ein organisch gestalteter Gesamtkomplex geschaffen.

Zur Konstruktion und zu den Baumaterialien

Die Tragkonstruktion besteht aus einer feuergeschützten Stahlträgerkonstruktion mit einer Aluminiumverkleidung. Die Außenverkleidung, als Ausfachung der Tragkonstruktion, besteht aus Aluminium-Sandwich-Paneelen, die eine ausreichende Wärme- und Schallisolierung aufweisen.

Als Farbgebung wird silbermetallic und grau vorgeschlagen, was bereits durch die Wahl der Materialien gegeben ist. Der Vorplatz sowie der Fußboden im Erdgeschoß des Gebäudes werden mit Granitplatten in verschiedenen Grauschattierungen gestaltet. Durch diese zurückhaltende Farbgebung wird der Inhalt der Bibliothek hervorgehoben. Menschen, Bücher und Ausstellungen werden dafür sorgen, daß genügend farbiges Leben in der Bibliothek sein wird.

Construction and materials

The structural framework of the building will be made of steel beams and girders which will be fireproof and clad in aluminium. The exterior cladding, as infill to the structural frame, will be made of aluminium sandwich panels, properly insulated and acoustically treated.

The color palette is one of metallic silver and grey, either as natural stainless steel or as a paint finish. The plaza and ground floor are covered with varying shades of grey granite. To most clearly articulate the structural grid from the sculpture building elements the color selection is kept simple. People, books and exhibitions will provide the animation to bring the library to life.

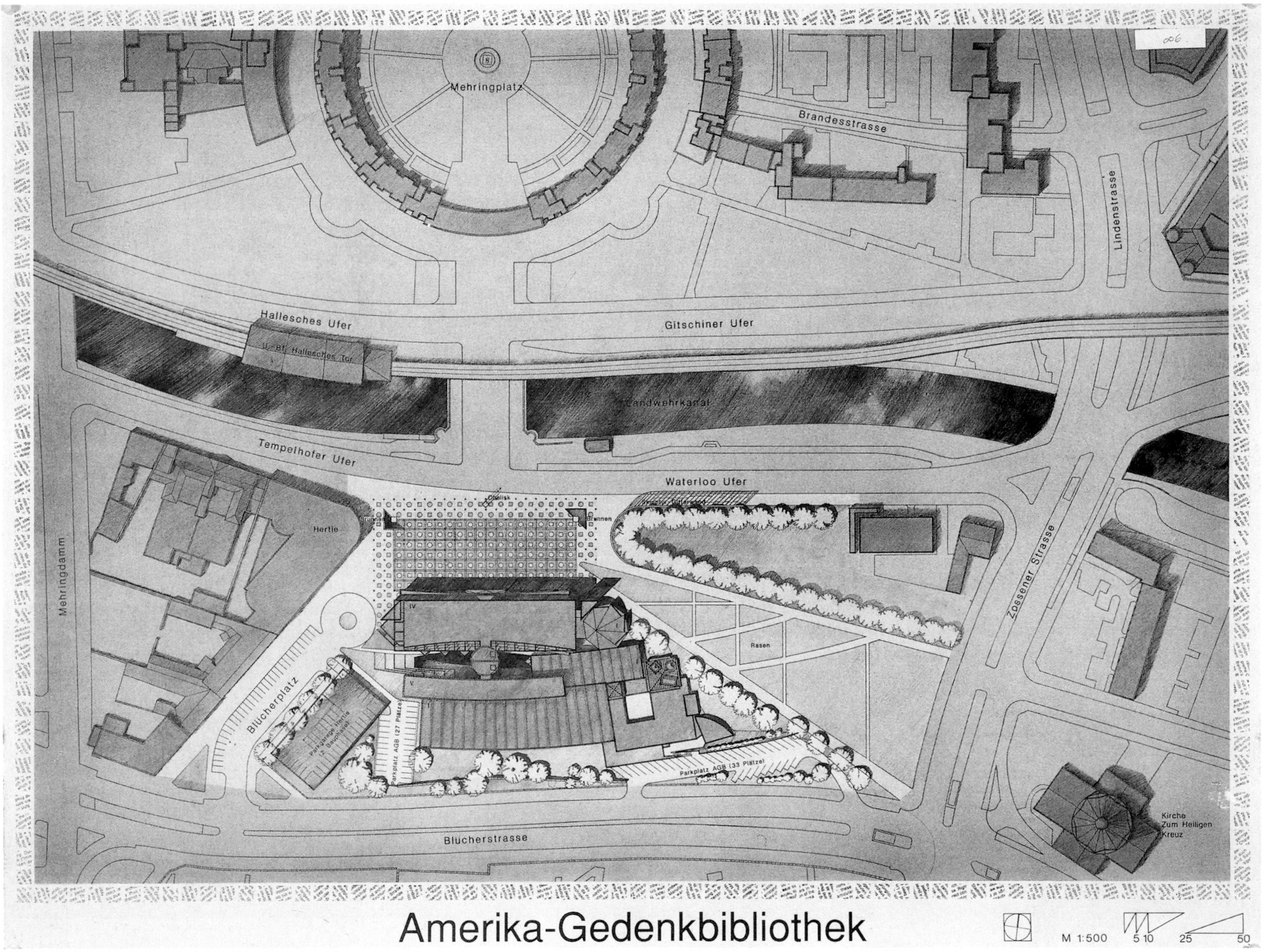
Mehringplatz
Brandesstrasse
Lindenstrasse
Hallesches Ufer
Gitschiner Ufer
Landwehrkanal
Tempelhofer Ufer
Waterloo Ufer
Hertie
Mehringdamm
Blücherplatz
Zossener Strasse
Rasen
Parkplatz AGB (33 Plätze)
Blücherstrasse
Kirche
Zum Heiligen
Kreuz
Amerika-Gedenkbibliothek
M 1:500
5 10 25 50

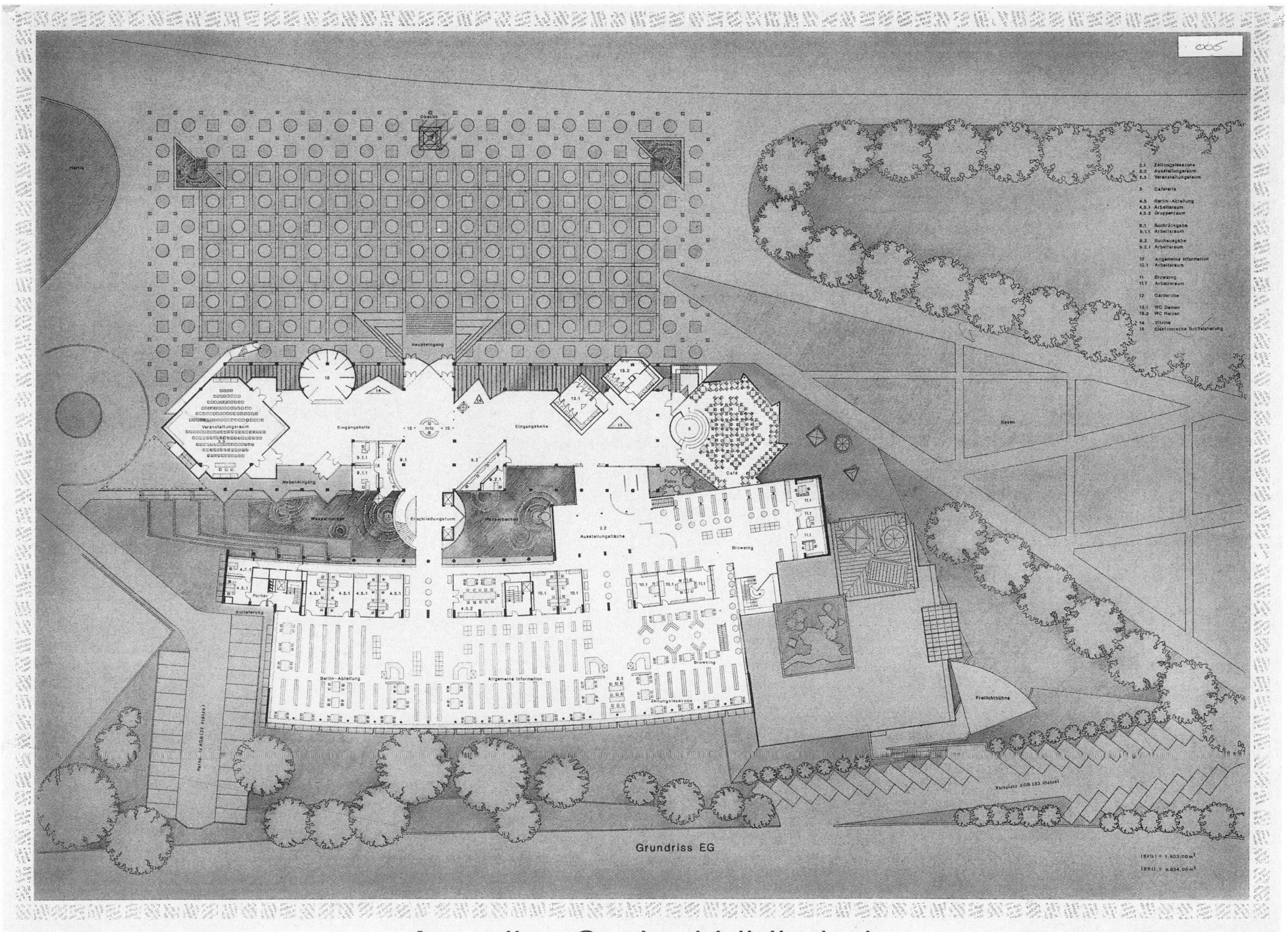

Amerika-Gedenkbibliothek

M 1:200 1 5 10 20

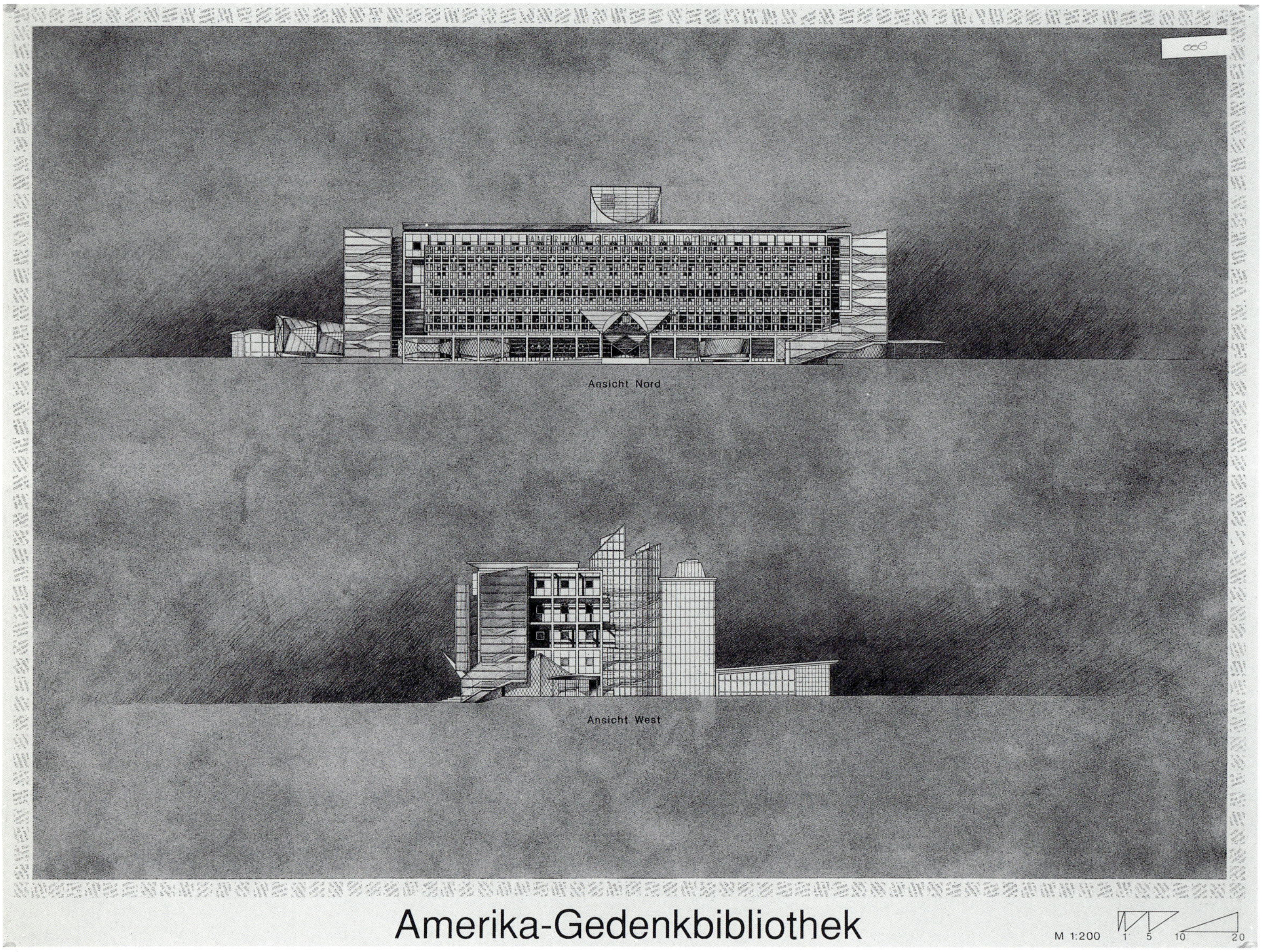

006
AMERIKA-GEDENKBIBLIOTHEK
Ansicht Nord
Ansicht West
Amerika-Gedenkbibliothek
M 1:200
1
5
10
20

Schnitt A-A
Schnitt B-B
Amerika-Gedenkbibliothek
M 1:200

Eingangshalle
Kinder- und Jugendbibliothek
Amerika-Gedenkbibliothek

AMERIKA GEDENKBIBLIOTHEK

Stanley Saitowitz (San Francisco)
Mitarbeiter: Kevin Alter, Jay Grey, Richard Feiffer, Ivan Kadey, Angie Lee, Ulysses Lim, Dwight Long, Daniel A. Luis, Andy Reeder, Pascal Roulet

Erläuterungsbericht

Der Altbau, als Wand zur Friedrichstraße konzipiert, wird im Maßstab der Stadt transformiert. Die Öffnung, die in die Wand geschnitten wird, ist auf den Checkpoint Charlie ausgerichtet. Der »Ausschnitt« wird zur Verbindung. Zwei Flügel werden an die Wand angesetzt, einer im Westen, einer im Osten. Hauptziel ist es, durch einen Anbau *ein* Gebäude zu schaffen: eine einzige Bibliothek.
Diese zusammengesetzte Einheit wird zum Emblem der erhofften Wiedervereinigung Berlins. Die Elemente des bestehenden Gebäudes - Scheibe und Gewölbe - werden durch Erweiterung transformiert, sie werden ausgedehnt und verändert. Der Ost- und der Westflügel erweitern das bestehende Gebäude. Die gewellten Dächer des alten Leseraums werden fortgesetzt und enden, in einem neuen Maßstab, im »Dreieck der Geisteswissenschaften«, einem Raum, der die drei Ebenen der Bibliothek verbindet.
Die Bibliothek, das kollektive Gedächtnis, wird als labyrinthischer Raum aufgefaßt, der von allen Seiten durch die Wand »gewoben« wird. Der Eingang von Norden, über die Hallesche-Tor-Brücke wird von einem Kanal markiert. Das Rauschen des Wassers schafft die beruhigende Atmosphäre des Blücherplatzes. Der vertiefte Platz, der sich von dem gewölbten Hintergrund der Bibliothek abhebt, ist eine Plattform, von Bäumen umgeben - eine Bühne.
Es wird eine Reihe von miteinander verbundenen städtischen Räumen geschaffen:
- ein Dreieck von Bäumen,
- eine Leseplaza, die den Leseraum in den Park ausdehnt,
- der Kirchplatz, der diesen Bau in den Park projiziert,
- ein umschlossener Lesegarten im Süden.

Der Eingang befindet sich unter einem Tor, das die Gedenkbibliothek stützt. Dahinter liegen die Auskunft und anschließend die Sozial- und Naturwissenschaften. Gegenüber ist das Dreieck mit den Geisteswissenschaften plaziert. Die Browsing-Zone und die Zeitschriften ziehen sich an der Wand entlang. Vor und unter der Wand, den Bibliotheksplatz überragend, ist das Café mit einer Galerie. Die Galerie geht über in das Auditorium. Von außen wird das Auditorium in einem Dreieck widergespiegelt. Das Dreieck der Geisteswissenschaften verbindet den bestehenden Leseraum mit dem Park. Es erstreckt sich in den Leseraum im Untergeschoß und es verbindet das Kunst- und Musikmezzanin durch eine Rampe mit dem Lesebalkon. Die Kunst- und Musikabteilungen befinden sich im ersten Geschoß des Plattenbaus. Die Berlin-Abteilung ist im obersten Geschoß untergebracht. Die Kinderbibliothek taucht aus dem Dach des Lesesaals auf und wird zur eigenständigen Struktur. Der zusätzliche Raum erlaubt eine spätere Erweiterung. Zwei Stockwerke sind gleichzeitig einsehbar. Der vertiefte Eingang wird zum Amphitheater und kann zum Vorlesen von Geschichten genutzt werden...

Stanley Saitowitz (San Francisco)
Collaborators: Kevin Alter, Jay Grey, Richard Feiffer, Ivan Kadey, Angie Lee, Ulysses Lim, Dwight Long, Daniel A. Luis, Andy Reeder, Pascal Roulet

Explanatory report

At the scale of the city, the slab as wall is the subject of transformation. A hole is cut in the wall. This hole, on the Friedrichsstraße axis, aligns with Checkpoint Charlie, and as an operation of dismantling, enacts connection. Two wings are added to the wall, one to the east, one to the west. A primary object of the project is through addition, the creation of one building: a singular library.
This compound unity is emblematic of another connection the city of Berlin awaits.
The elements of the existing building, the slab and vaults, are transformed through extension. These two elements are both continued and changed. The east and west wings extend the curved face of the slab which radiates from Mehringplatz. The rippled vaults of the existing reading room continue and terminate in a new scale which houses the Humanities Triangle, a space connecting the three levels of the library. The library as a collective mind, is conceived in a single labyrinthine room. This room is woven in front of, under, below, behind, and through the wall. The arrival from the north, across the Hallesche-Tor-Brücke, is marked by a small canal of running water creating white noise which establishes the silence of the Blücherplatz, the library plaza. This is a generous area afforded by the removal of cars from the front of the library. In this dished space in front of the arced backdrop of the library is a platform around the existing trees, at the existing grade, making a stage.
A series of interlocking urban rooms are formed:
- The tree triangle
- The reading plaza, which continues the reading room into the park
- The church plaza, a forefigure of this structure in the park
- A walled reading garden in the south, which could have controlled access

The entrance is below a gateway supporting Gedenkbibliothek. Behind the control desk is reference, and fanning out Social Sciences and Natural Sciences. On the other side is the Humanities Triangle. Browsing and periodicals slide along the space of the wall. In front of and below the wall, overlooking the library plaza, is the café, with the gallery above. The gallery extends into the upper level of the auditorium. An independent entrance is below. Outside, a triangle mirrors the auditorium with the street as stage. The Humanities Triangle connects the existing reading room and the park. It spirals into the basement reading area and joins the Art and Music mezzanine above with a ramp onto the reading balcony. The Art and Music departments are in the first floor of the slab, which overlooks the reading room through the removed skylights and connective skirt. In the front it is joined to the gallery and café. The Berlin Room is on the top level.
The Children's Library emerges from the reading room vaults to become an independent structure. The incremental spaces allow for growing. Two stories overlook each other. The sunken entry is an amphitheater for storytelling which is mirrored with an internal equal...

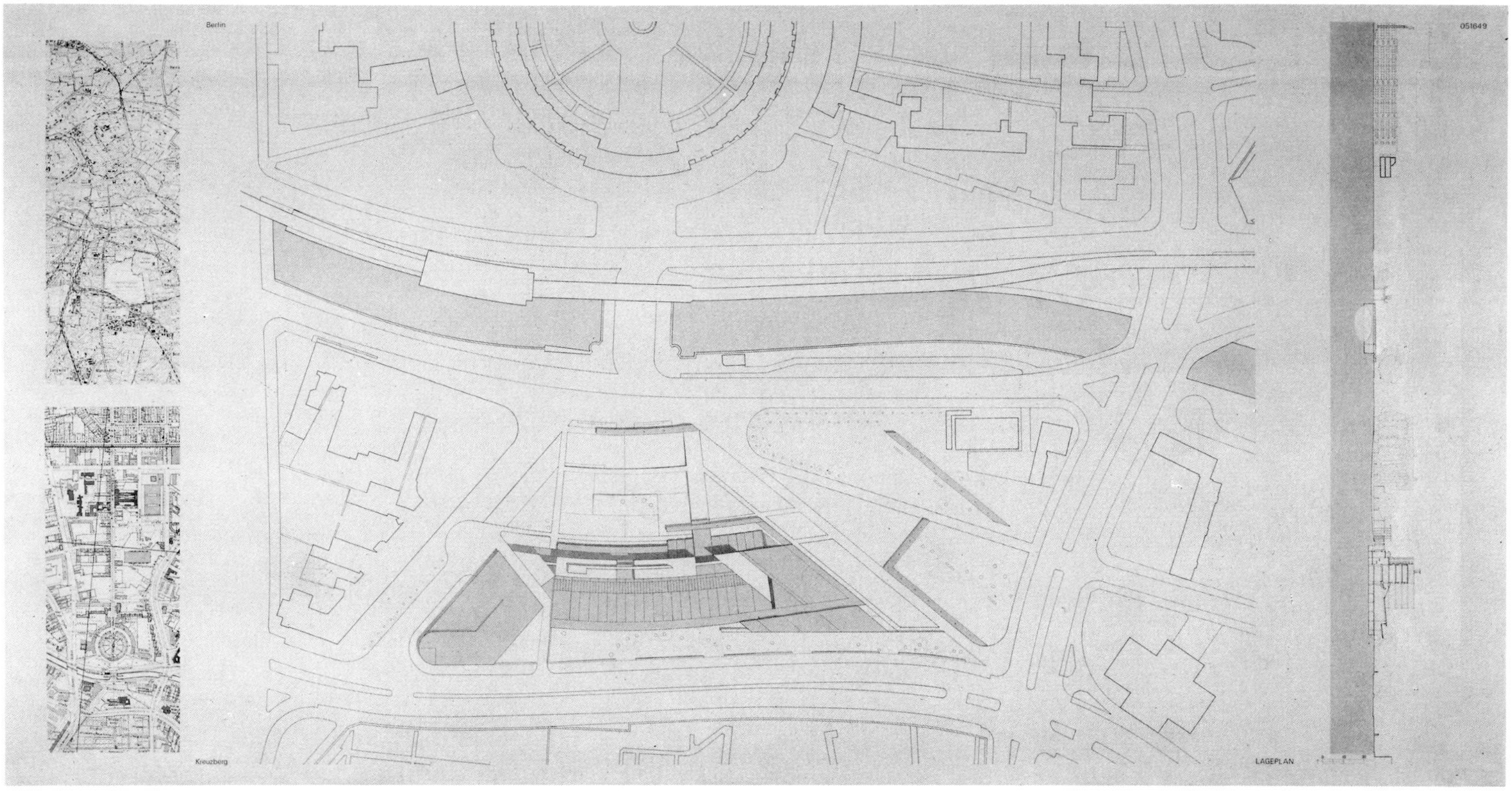
Berlin
051649
Kreuzberg
LAGEPLAN

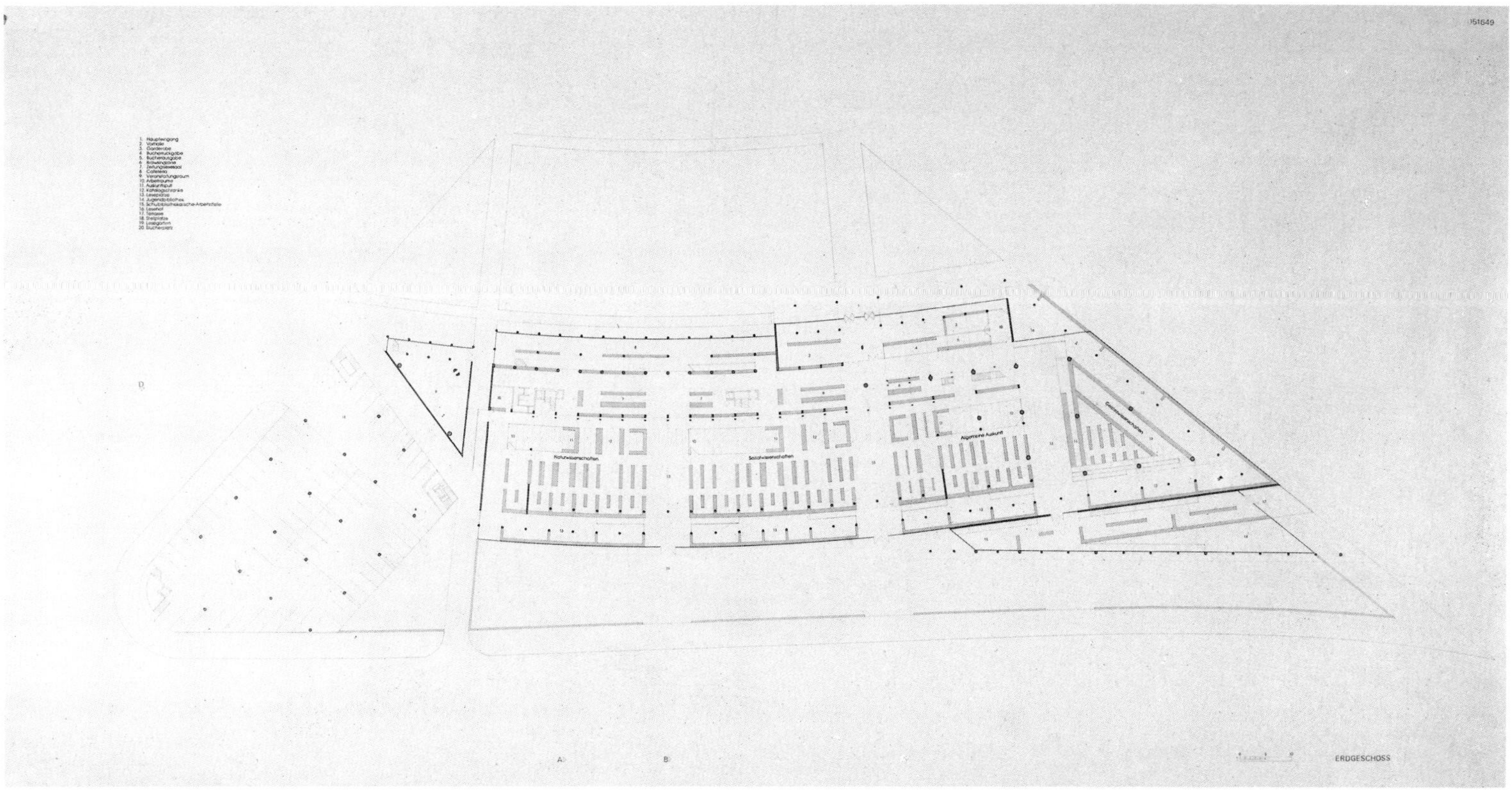
051649
D
A
B
ERDGESCHOSS

051649.
PERSPEKTIVEN

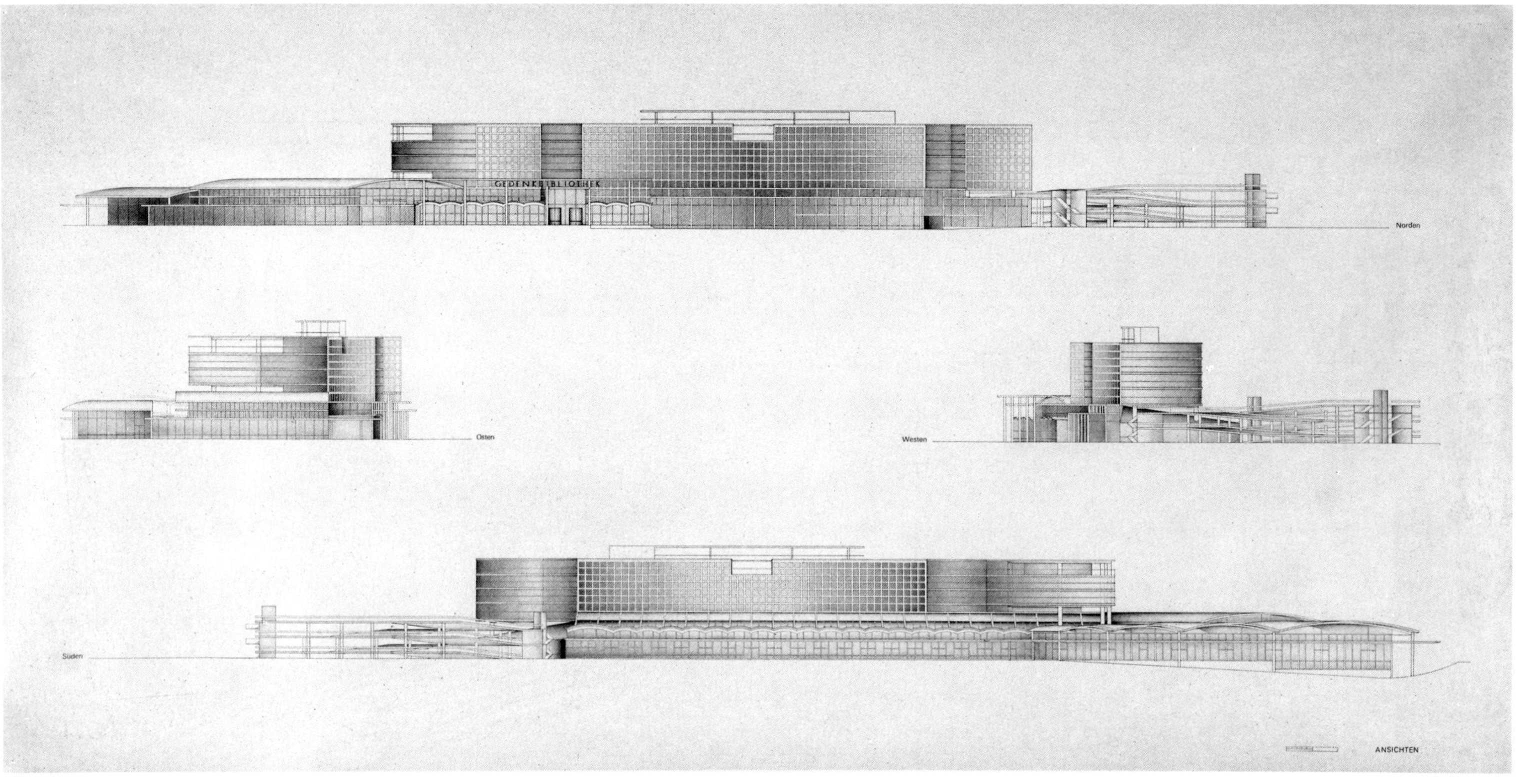
GEDENKBIBLIOTHEK
Norden
Osten
Westen
Süden
ANSICHTEN

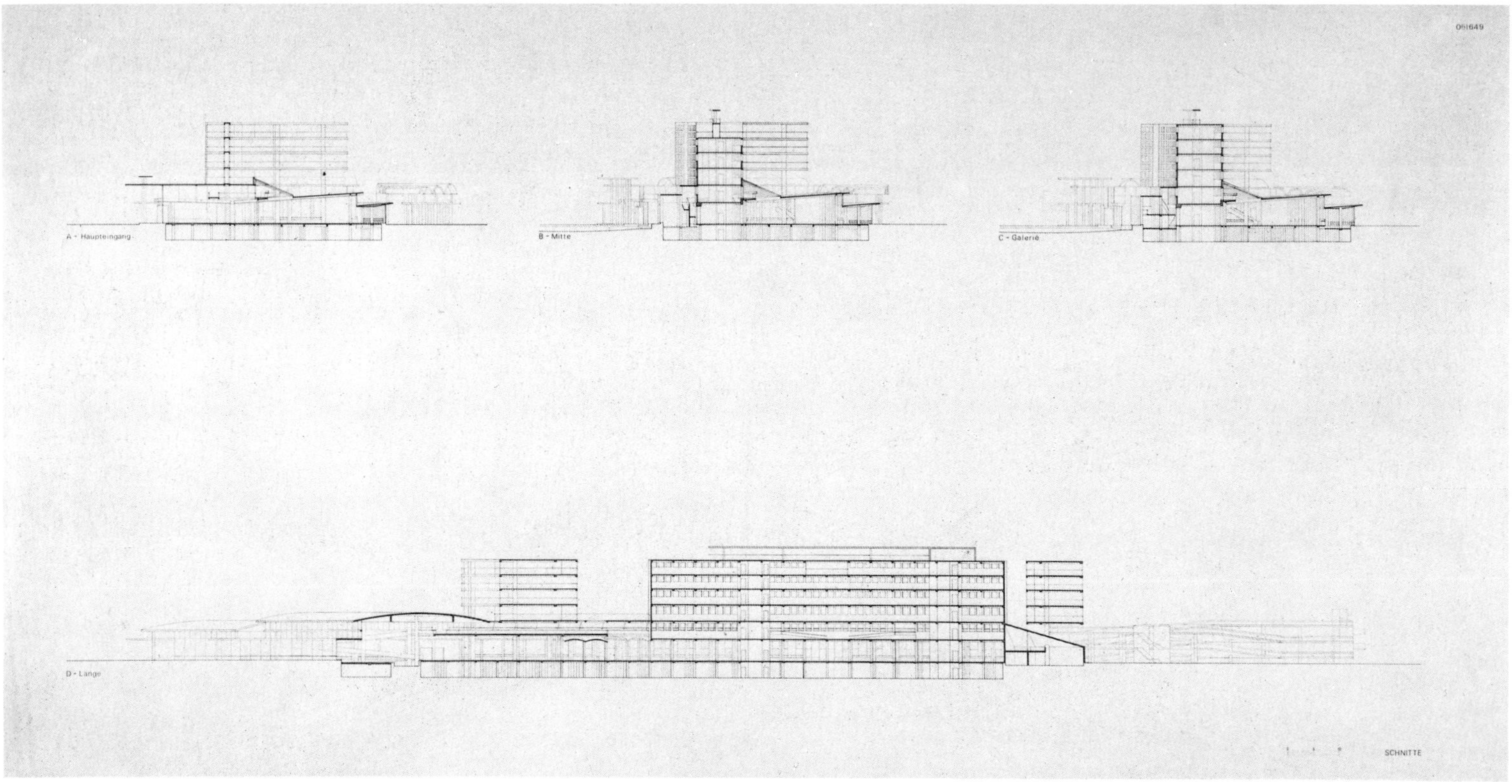
A – Haupteingang
B – Mitte
C – Galerie
D – Länge
SCHNITTE

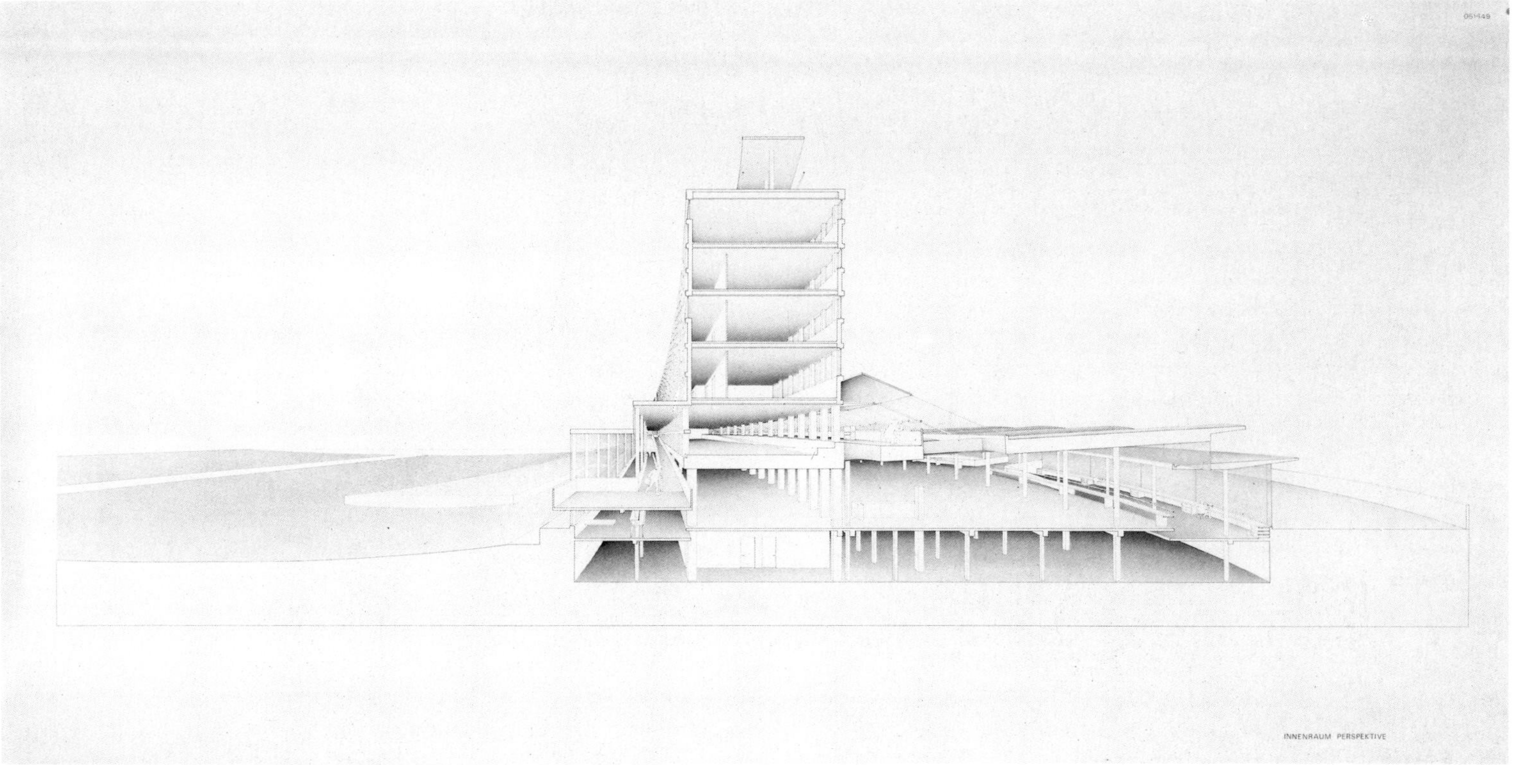
051449
INNENRAUM PERSPEKTIVE

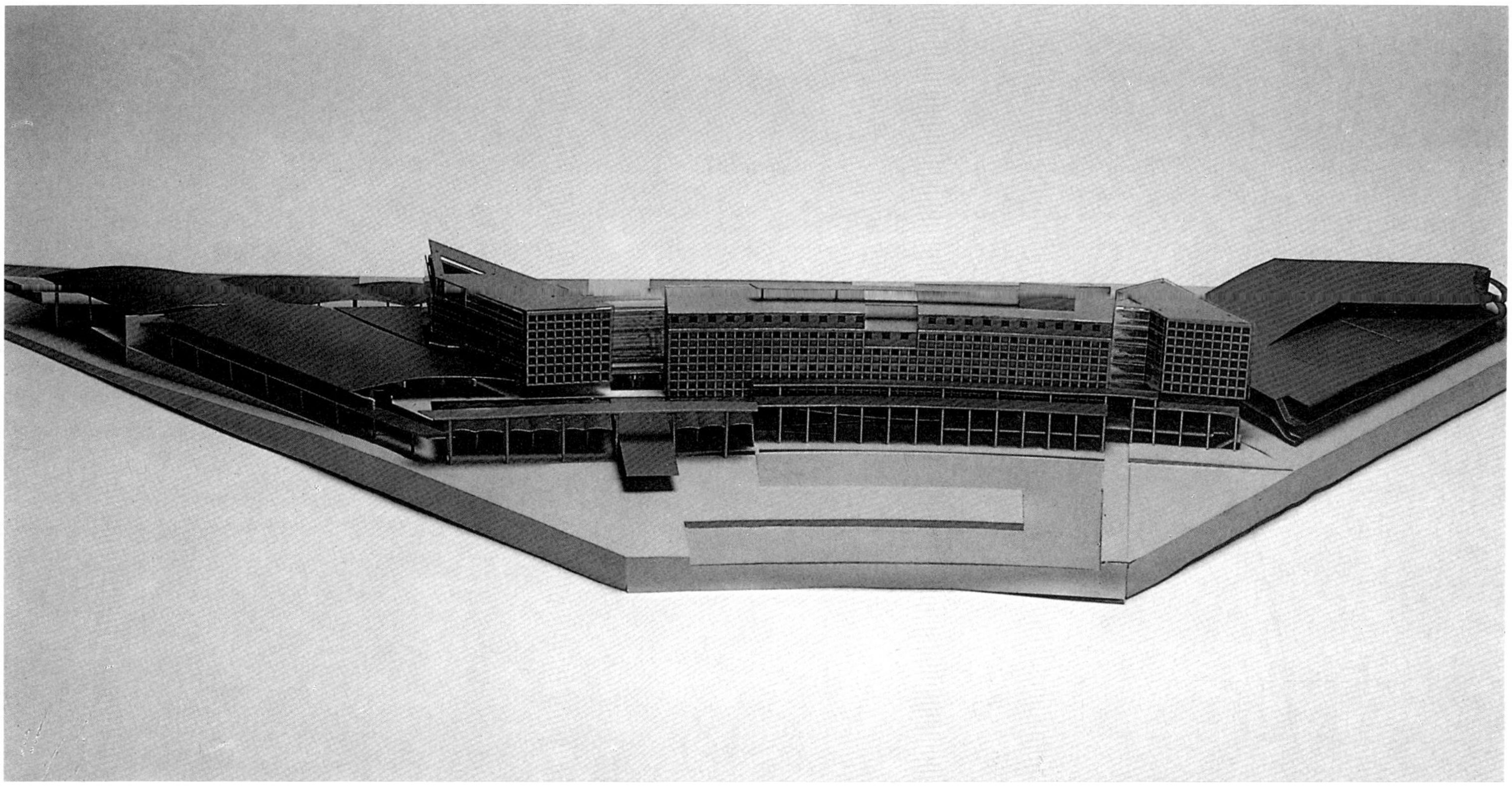

Bernard Tschumi (New York)
Mitarbeiter: Luca Merlini, Jakob Lehrecke, Philip Gavin, Scott Devere, Christian Biecher, Bud Young
Ingenieur: Hugh Dutton

Erläuterungsbericht

Wie erweitert man ein solitäres Gebäude der jüngsten Vergangenheit (1954) unter Erhalt seines eigenständigen Charakters?
Wie bringt man die zwei Typen des Berliner Städtebaus in Einklang: die traditionelle Blockrandbebauung und die freistehenden Objekte der Nachkriegsbebauung?
Wie baut man eine Bücherei, die gleichzeitig sowohl ein Treffpunkt als auch ein stiller Rückzugsort hinter Büchern ist?
Dies sind drei Fragen, die sich bei dem Wettbewerb für die Erweiterung der Amerika-Gedenkbibliothek, Berlins Zentralbibliothek, stellen. Ihre Schlüssellage am Kreuzberger Blücherplatz, am Knotenpunkt der zwei geschichtlichen Achsen, Friedrichstraße und Landwehrkanal (entlang der U-Bahn), und der würdevolle Charakter der AGB aus dem Jahre 1954 ließen uns nach der einfachsten Lösung suchen. Daher lehnten wir monumentale oder fragmentarische Strategien, welche die Originalität des bestehenden Gebäudes verändern würden, ab.
Die Erweiterung der AGB setzt sich demnach aus drei Hauptelementen zusammen: 1. die Basis, 2. die Bücherhalle, 3. die Brücke.

1. Die Basis
Die Basis stellt die Kontinuität zwischen dem Bauwerk von 1954 und dessen Erweiterung her. Sie enthält alle Eingangs- und Rezeptionseinrichtungen einschließlich der Garderobe, der Auskunft, der Verbuchungszone, der allgemeinen Information und der Browsingzone, des Veranstaltungsraums, der Cafeteria und des Ausstellungsbereichs. Sie endet mit der Jugendbibliothek. Als ein städtebauliches Element verlängert die Basis auch das Erdgeschoß der AGB bis zu den Spuren der alten Straßenführung und erstreckt sich in Richtung der Kirche Zum Heiligen Kreuz. Eine zurückhaltende Bepflanzung und ein Kinderspielplatz markieren die Umgebung.

2. Die Bücherhalle
Die Bücherhalle stellt den Verwahrungsort des Wissens dar. Als großer, ruhiger, umschlossener Raum enthält sie Arbeitsräume, Referate und individuelle Leseplätze an ihrem äußeren Rand und Bücher in der Mitte. Ihr inneres Arrangement und ihre Materialien reflektieren Klarheit und Ruhe: weiße Säulen und grauer Fußboden, sowie Arbeitsräume und Leseplätze mit sandgestrahlten Glaswänden, die das Tageslicht weich filtern.
Ihre äußere Erscheinung ist ähnlich zurückhaltend. Fast quadratisch im Grundriß. Die Bücherhalle wirkt als dreigeschossiges Gegenstück zur ruhigen, aber eleganten Bürohausscheibe der AGB von 1954. Ihre Fassade besteht aus großen, matten Aluminium- oder gebürsteten Edelstahlplatten, die perforiert sind, um entweder als lichtdurchlässiger »screen« oder als undurchsichtige Oberfläche zu fungieren. Der Baukörper nimmt die Flucht der südlichen Blücherstraße auf und gibt dieser neueren Straße somit ein städtisches Erscheinungsbild.

3. Die Brücke
Die Brücke stellt das Gelenk zwischen der Hochhausscheibe (von 1954) und der neuen Bücherhalle dar. Es ist das öffentlichste Element des gesamten Bibliothekskomplexes. Im Gegensatz zu der ruhigen Einfachheit der Bücherhalle und der Hochhausscheibe von 1954 fungiert die Brücke als farbiges und dynami-

Bernard Tschumi (New York)
Collaborators: Luca Merlini, Jakob Lehrecke, Philip Gavin, Scott Devere, Christian Biecher, Bud Young
Engineer: Hugh Dutton

Explanatory report

How to enlarge a solitary structure of the recent historical past while retaining its autonomous character?
How to reconcile the two types of urbanism of Berlin: the traditional perimeter block and the isolated objects of post-war developments?
How to construct a library that is simultaneously a social forum and a solitary retreat among books?
These are the three questions raised by the competition for the extension to the Amerika-Gedenkbibliothek, Berlin's Central Library. Its key location on Kreuzberg's Blücherplatz, at the intersection of the two historical axes of Friedrichstraße and the Landwehrkanal, along the U-Bahn, and the dignified architectural character of the 1954 AGB made us aim toward the simplest architectural solution that would address these three questions.
We therefore rejected monumental or fragmented strategies that would alter the original of the existing building. At the same time, we tried to avoid the inevitable binary relation between the old and the new, between opposition and integration, by introducing a third term, a »bridge« that would act as a mediator between past and present.
The addition to the AGB hence consists of three major elements: 1. the base (or basis), 2. the hall of books, 3. the bridge.

1. The base (or basis)
The base acts as the continuation of the 1954 structure toward the new addition. It contains all entrance and reception facilities, including cloakroom, general information, circulation desk, reference and browsing area, auditorium, cafeteria and exhibition spaces. It ends with the Children's Library. As an urban element, the base also extends the ground floor of the AGB out to the traces of the ancient street layout and reaches toward Heilig-Kreuz-Kirche. Simple planting and a children's playground mark the surrounding area.

2. The hall of books
The hall of books acts as the great repository of knowledge.
The large, quiet, enclosed space contains library offices as well as individual reading spaces on its periphery and bookstacks at its center. Its interior arrangement and materials reflect simplicity and peace: white columns and grey carpeting with natural light gently filtering through the sandblasted glass partitions of the library offices and the individual reading areas.
The outside appearance is similarly restrained. Almost square in plan, the hall of books acts as a three-storey counterpart to the quiet but elegant 1954 AGB office slab. Its façades are made of large mat aluminium or brushed stainless steel panels, perforated so as to act either as a screen or as an opaque surface. The volume aligns with Blücherstraße at the south, so as to give urban presence to the new street.

3. The bridge
The bridge acts as the articulation between the 1954 building and the new hall of books. It is the most public element of the whole library complex. As opposed to the quiet simplicity of the hall of records and the 1954 slab, it becomes a colorful and dynamic symbol of the enlarged AGB. Its bridge structure carefully spans

sches Symbol der erweiterten AGB. Die Brückenkonstruktion überspannt behutsam die bestehende »Basis«. Die Dramatik, ihre großen Pylonen und Streben verstärken die Wirkung des Eingangs. Die Brücke erinnert an die großartigen Ingenieurwerke der Berliner Geschichte.
Die Brücke besteht im 3. Obergeschoß aus einem eingeschossigen Vierendeel-Binder, der sowohl von den Pylonen als auch von den Stahlstreben, die von der Spitze der Pylonen abspannend für die Queraussteifung sorgen, gehalten wird. Das gemeinsame System aus Binder, Pylonen und Streben wirkt als Rahmenkonstruktion. Das 4. Obergeschoß, aus einer leichten Konstruktion bestehend, sitzt auf dem Vierendeel-Binder, der mit Metall verkleidet ist.
Die Brücke enthält die Informationsbereiche der verschiedenen Freihandabteilungen, die Lese- und Gruppenräume etc. Ihre Glas- und farbig emaillierte Stahlfassade macht die Brücke zum Brennpunkt des Projektes, für den Blücherplatz und für die Heilig-Kreuz-Kirche. Im rechten Winkel zur alten Bücherei liegend, suggeriert sie ein Überqueren des Landwehrkanals und weist in Richtung des historischen Zentrums.

the existing base. The drama of its large supporting pylons and cables reinforces the public entrance. Conceived as a suspended Vierendeel truss, the bridge echoes the great engineer structures of Berlin's past.
The bridge deck consists of one-storey Vierendeel truss. From the top of the pylons, steel rods assist the Vierendeel truss, so that the whole system can function as a large portal frame that will give a lateral stability to the whole. Another storey (light structure) rests on the Vierendeel deck.
The bridge contains the information areas of the various departments, public reading rooms, group activities, etc. Its glass and colored enamel steel façade turns the bridge into the focal point of the project – for Blücherplatz, for the Heilig-Kreuz-Kirche. Placed at a right angle to the 1954 library, it suggests the crossing of Landwehrkanal and points toward the historic center.
Together, the 1954 slab, the base, the hall of books and the bridge make the new AGB.

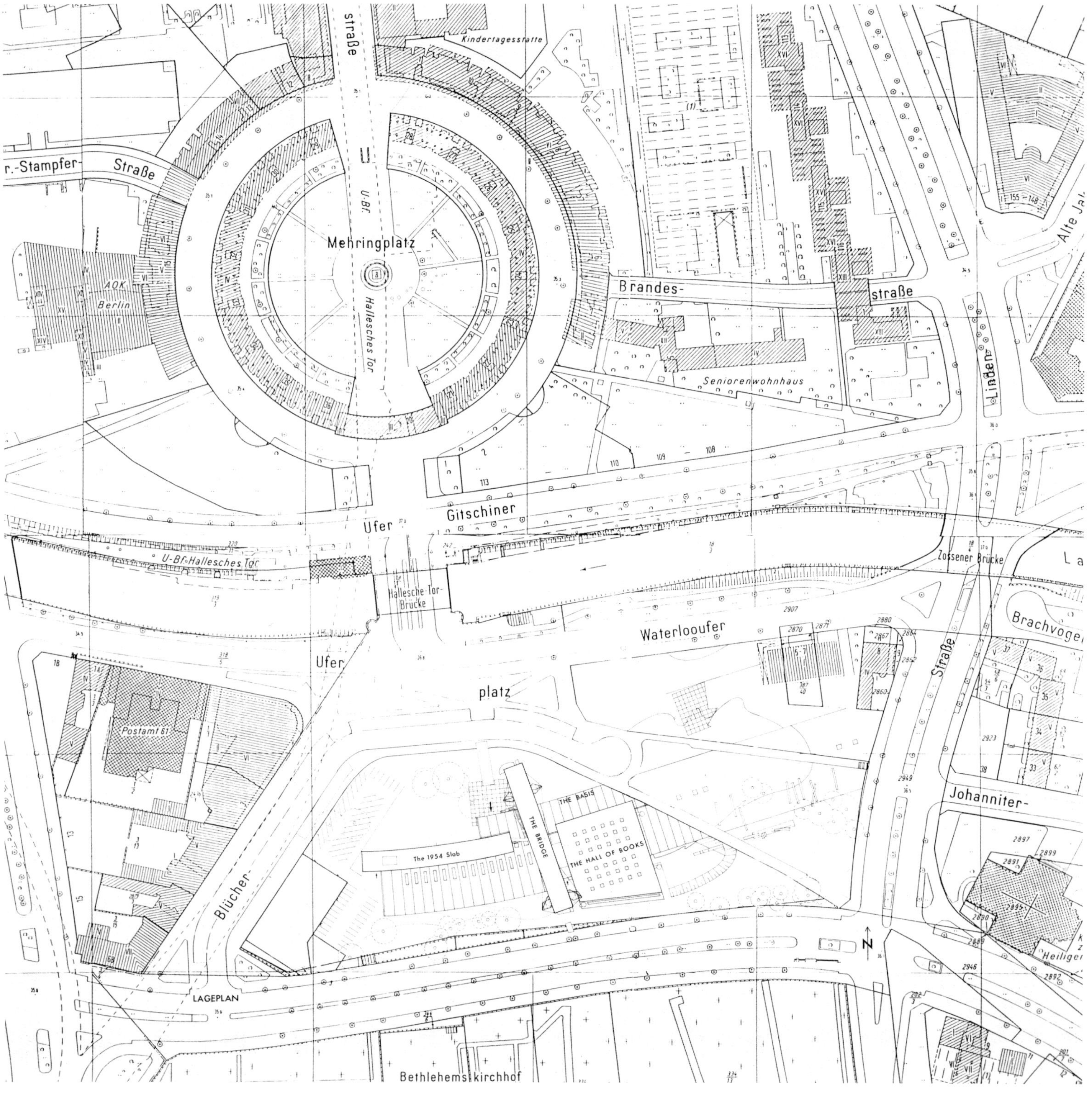
straße
Kindertagesstätte
r.-Stampfer- Straße
U-Bf.
Mehringplatz
Hallesches Tor
AOK Berlin
Brandes- straße
Seniorenwohnhaus
Linden
Alte Ja
Gitschiner Ufer
U-Bf. Hallesches Tor
Hallesche-Tor-Brücke
Zossener Brücke
Waterlooufer
Ufer platz
Postamt 61
Straße
Brachvoge
Johanniter-
THE BASIS
THE BRIDGE
THE HALL OF BOOKS
The 1954 Slab
Blücher-
LAGEPLAN
Bethlehemskirchhof
Heilige
N

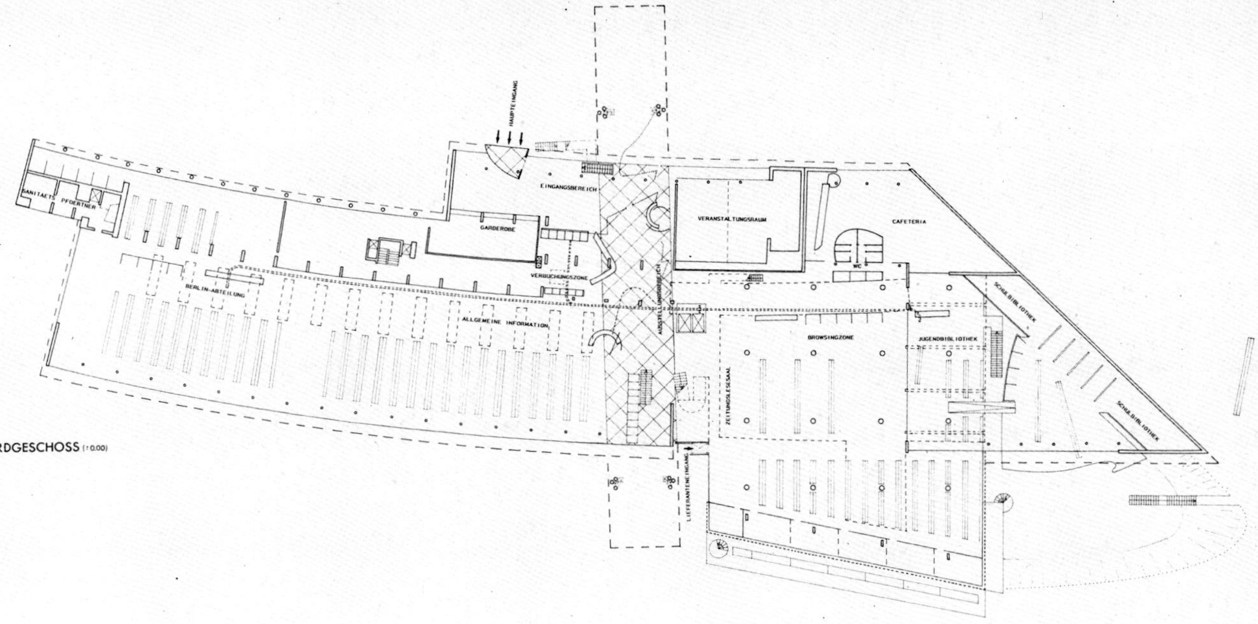

ERDGESCHOSS (±0.00)

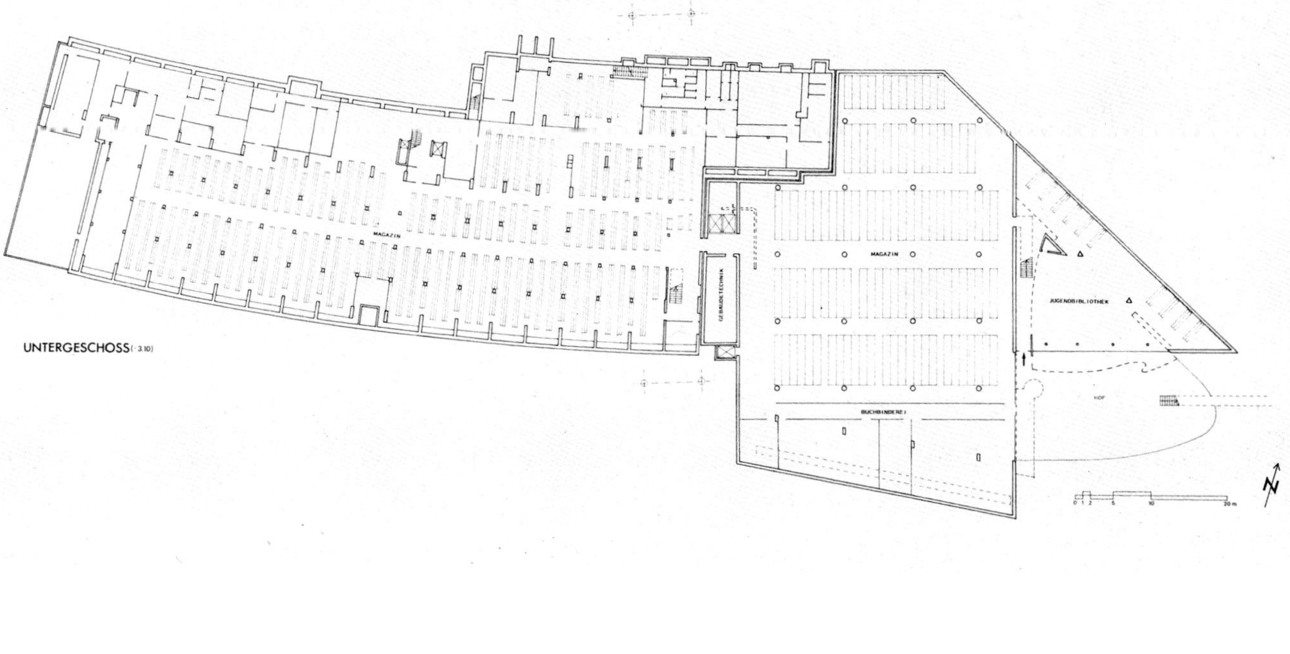

UNTERGESCHOSS (-3.10)

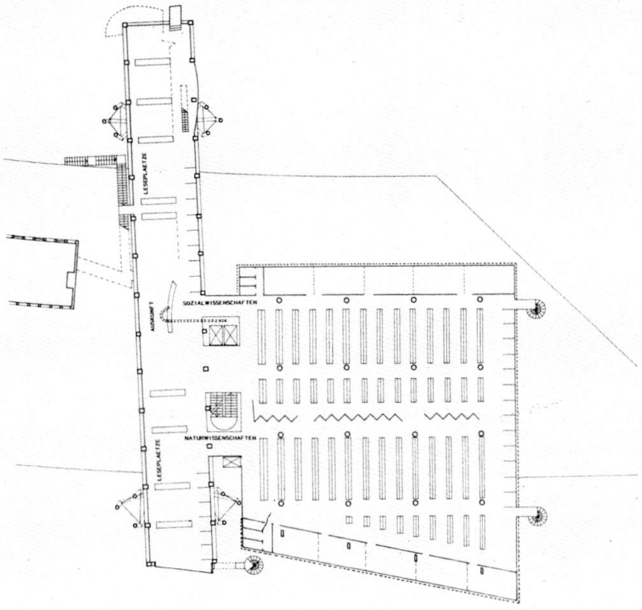

2. OBERGESCHOSS (-7,50)

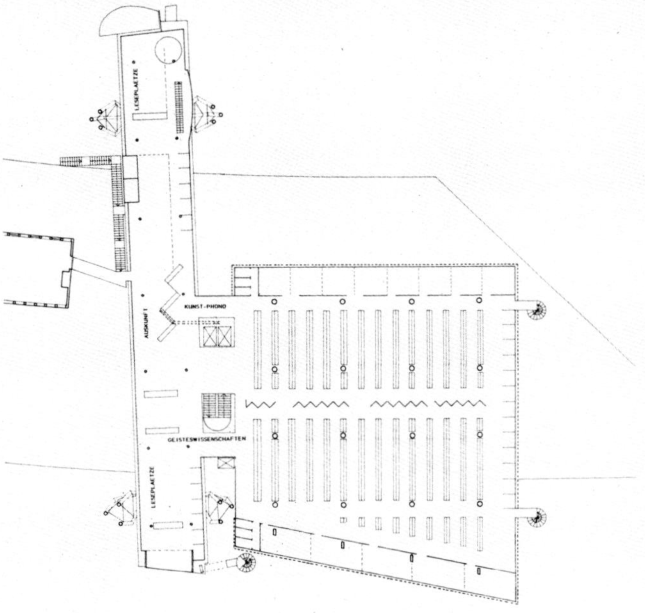

3. OBERGESCHOSS (-11,25)

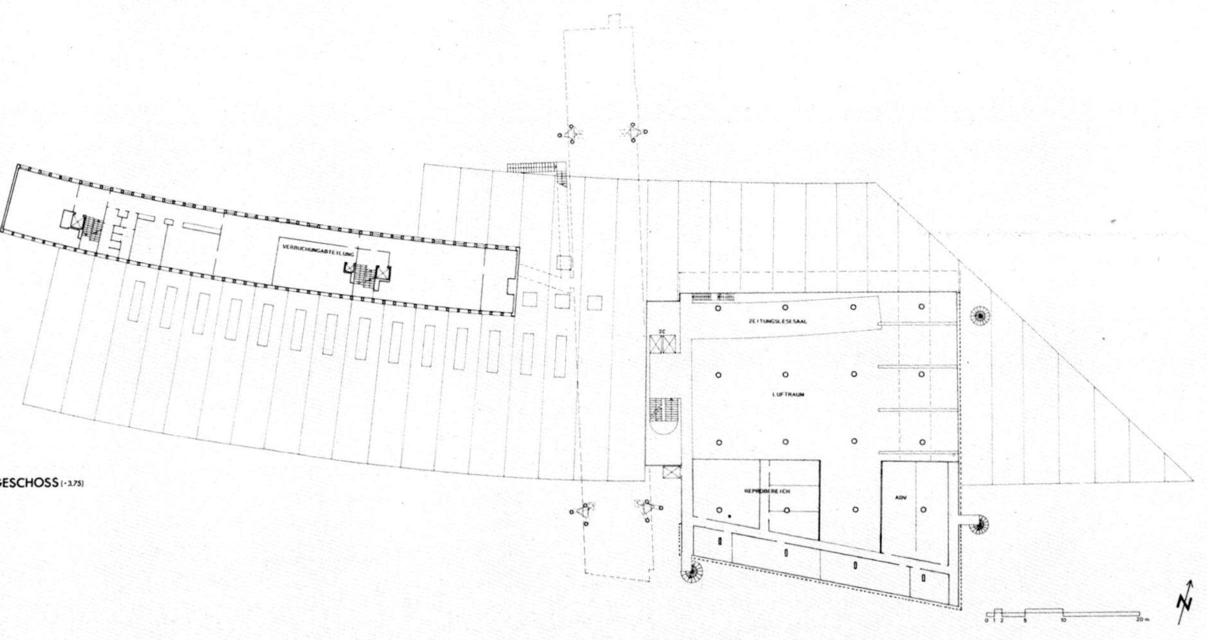

1. OBERGESCHOSS (-3,75)

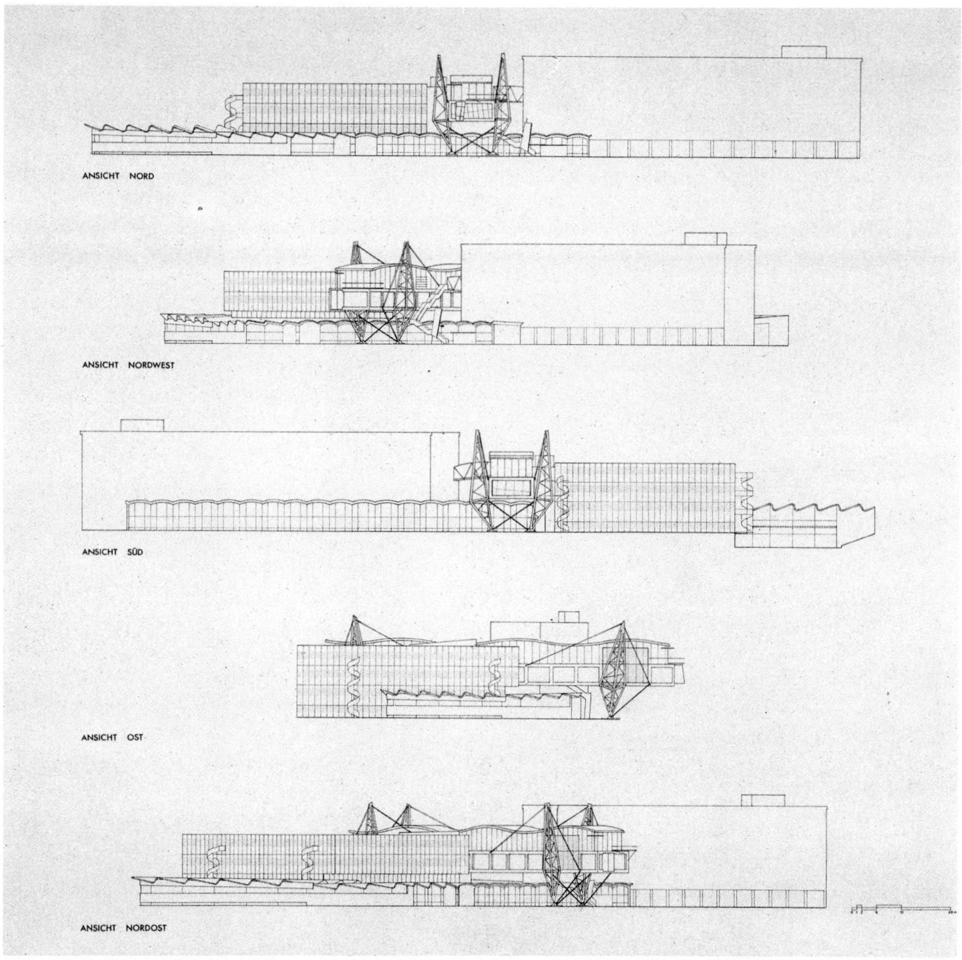
ANSICHT NORD
ANSICHT NORDWEST
ANSICHT SÜD
ANSICHT OST
ANSICHT NORDOST

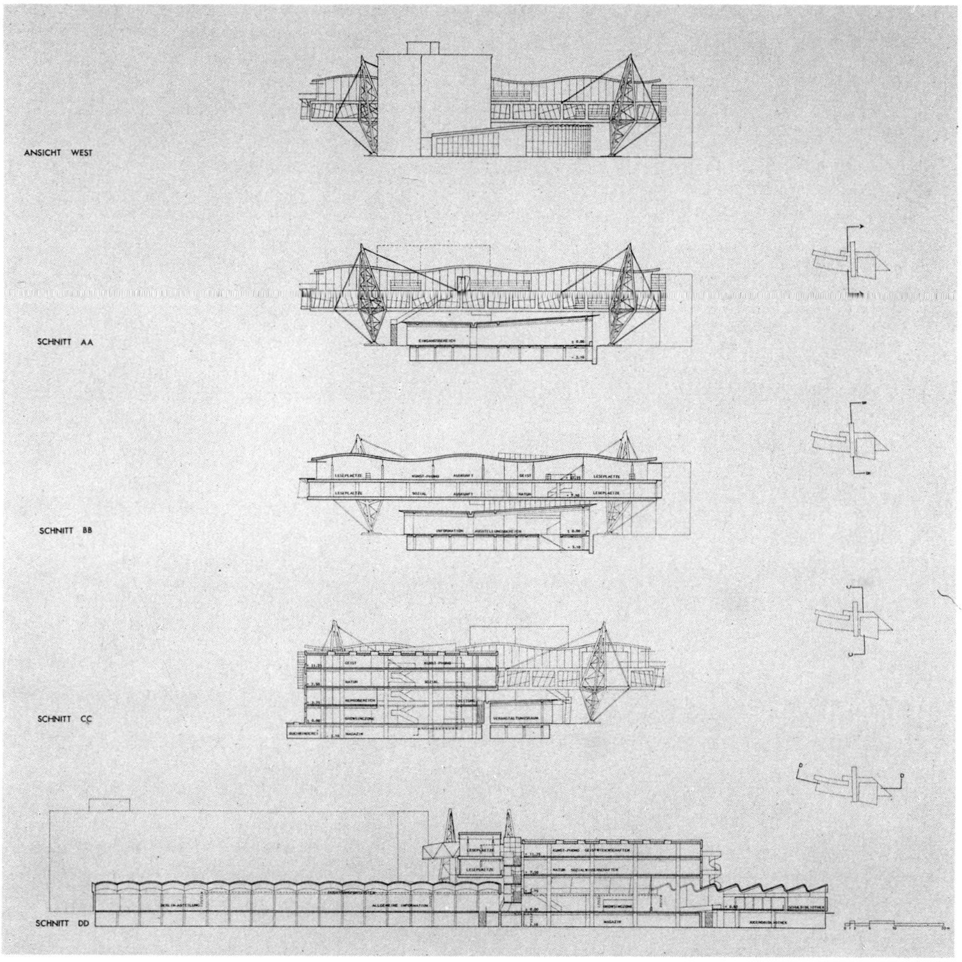
ANSICHT WEST
SCHNITT AA
SCHNITT BB
SCHNITT CC
SCHNITT DD

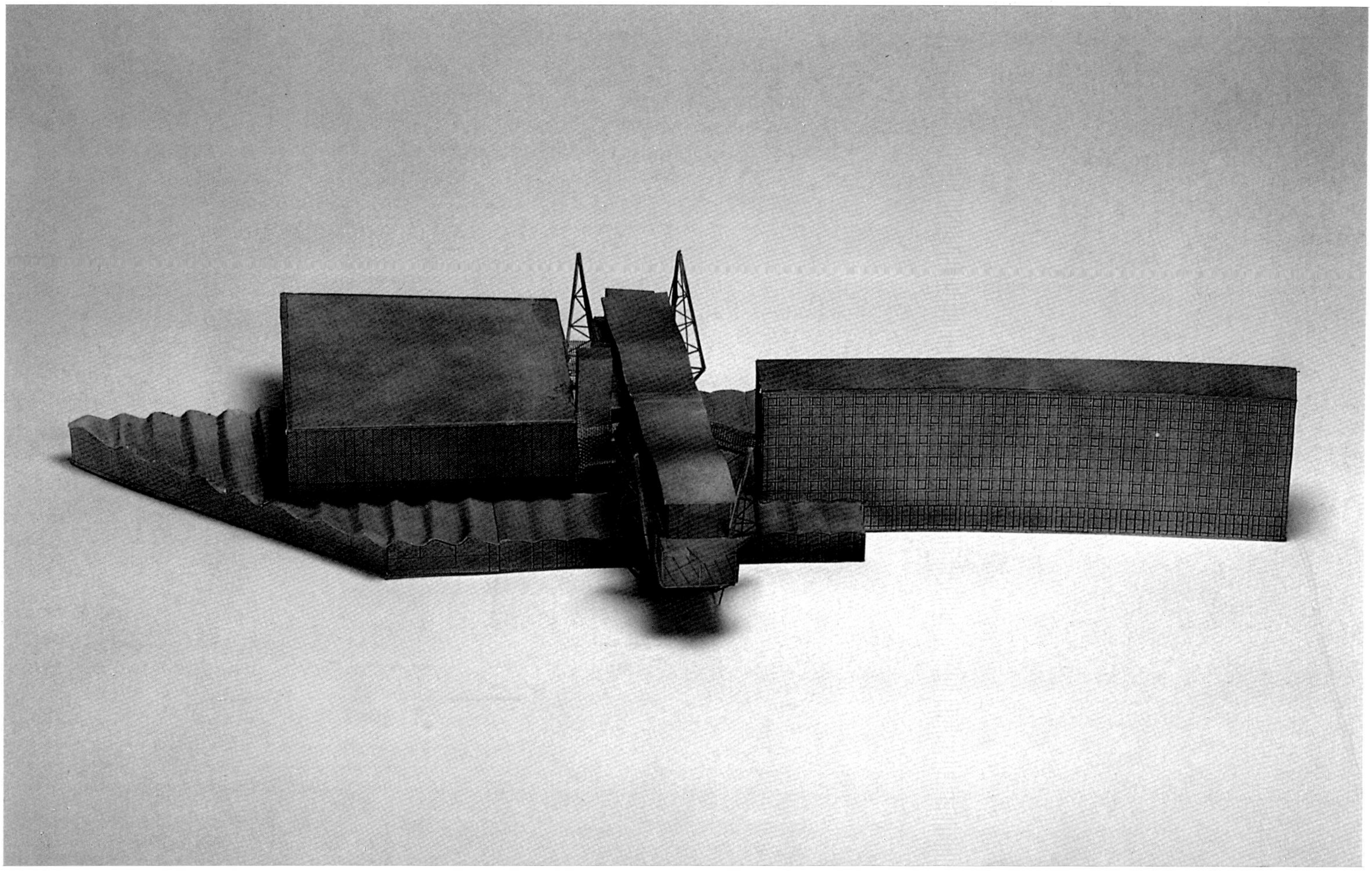

Donald B. Genasci (Eugene, Oregon)
Mitarbeiter: Harold W. Bahls, Keith T. Akiyama, Shannon J. Baird, Michael W. F. Fischer, Adonica Inzer, Fanny Lee, Brendon Nig
Berater: Earl Moursund

Erläuterungsbericht

Dieser Entwurf basiert auf folgenden Prinzipien der Stadtplanung:
Wir glauben, daß Gebäude die Fähigkeit der Architektur demonstrieren sollen, die Nutzbarkeit öffentlicher Plätze und die Lebensqualität einer Stadt zu steigern. In unserem Schema wenden wir uns diesem Ziel zu, indem wir mit Hilfe zweier distinktiver Gebäudetypen zwei neue öffentliche Plätze entwickeln.
Zunächst wurde der Blücherplatz neu entworfen, um sowohl einen zentralen dreieckigen Platz als auch einen Marktplatz zu schaffen. Zusätzlich wurde ein Park angelegt.
Die Bibliothek und die Geschäfte bilden ein langgestrecktes Flügelgebäude, das den dreieckigen Platz begrenzt.
Dieses Schema ist eine kritische Reaktion auf die Konzeptionen und Formen des modernen Städtebaus. Diese kritische Haltung wird durch das selektive Nebeneinander von historisch unterschiedlichen Gebäudeelementen und -typen erzielt. Der langgestreckte Block kontrastiert z. B. mit einem historischen Straßenhaus und einem Pavillon, neutrale Fassaden mit Loggien, Stahleinsätze mit traditionellen Ziegeln.
Wir halten es für wichtig, bekannte Strukturen und Formen in Harmonie mit neuen Ideen und Strukturen zu transformieren. Z. B. wird der Typ des historischen Straßenhauses durch eine neue Nutzung als Begrenzung sowohl des Marktplatzes als auch des Parks transformiert. Das flügelförmige Gebäude – im Normalfall ein freistehendes Objekt – begrenzt hier den Park. Das Nebeneinander diverser Typen und Formen evoziert beim Betrachter die Erinnerung an kollektive Erfahrungen und läßt so komplexe Interpretationen zu.
Zusätzlich zur Bibliothek werden Plätze zweier verschiedener Größenordnungen und Typen entworfen: Unser Schema ruft die Erinnerung an den historischen Blücherplatz wach, der jetzt Endpunkt der Friedrichstraße ist und im 18. Jahrhundert südlicher Berlin-Eingang war.
Durch die Errichtung des Hauptteils der Bibliothekserweiterung gegenüber dem Hertie-Kaufhaus geben wir dem Blücherplatz ein neues Gesicht. Durch den Entwurf kleinerer Gebäude für das Innere des Blücherplatzes erhalten wir eine Bibliothek und einen Marktplatz. Beide ermöglichen Festivitäten und kulturelle Aktivitäten. Einen Beitrag zur Gestaltung des Marktplatzes liefern zudem ein Turm, eine Eingangsrotunde und ein Gebäude für den technischen Service.
Das Gebäude für den technischen Service bildet nicht nur die östliche Grenze des Marktplatzes, sondern belebt den Platz und das Waterloo Ufer. Der neben diesem Gebäude stehende Aussichtsturm markiert den Eingang und die Lage des Platzes.
Die schon bestehende Bibliothek sollte ihre Bedeutung als essentieller Teil des neuen Platzes behalten, da dieses historische Gebäude ein Symbol der deutsch-amerikanischen Zusammenarbeit in Berlin ist.
Den Hauptteil der Bibliothekserweiterung bildet ein hohes flügelförmiges Gebäude, das den größeren Platz sowie den Park begrenzt. Abgesehen von der Berlin-Sammlung enthält dieser Flügel alle Bibliotheksabteilungen. Dieser Flügel leitet das Gegenthema des Pavillons ein. Im Zentrum des Hauptflügels ist ein die Länge und Tiefe des Gebäudes durchlaufender Licht-

Donald B. Genasci (Eugene, Oregon)
Collaborators: Harold W. Bahls, Keith T. Akiyama, Shannon J. Baird, Michael W. F. Fischer, Adonica Inzer, Fanny Lee, Brendon Nig
Adviser: Earl Moursund

Explanatory report

This proposal is based on the following urban principles:
We believe that buildings should demonstrate the ability of architecture to enhance the public places and public life of the city. We address this goal in our scheme through the development of two new major public places formed by the use of two distinct building types.
First, we formed the Blücherplatz to create both a major triangular plaza and market square. Second, we designed a connection to Mehringplatz and formed the park, based in part on the structure of the historic district and the German romantic gardens. The proposed library and commercial buildings that shape these major public places are, typologically, a modern slab block that makes the triangular plaza.
This scheme represents a critical response to the ideas and forms of modern urbanism. We achieve this critical attitude by selectively juxtaposing historically diverse building elements and types. For example, the typology of the slab block is juxtaposed with a historical street building and with pavillions, neutral façades are juxtaposed with loggias, and steel detailing with traditional brick.
We accept the importance of the transformation of known structures and forms in concert with new ideas and values. For example, the traditional street building is transformed to make the edge of both the market square and the park. The slab building, normally a free-standing object, is used here to make the edge of the park. The juxtaposition of diverse elements and types allows for the development of complex meanings, as individuals recognize elements of their collective experience and memory.
The proposed library includes the development of two scales and types of squares: Our scheme recalls the memory of the historic triangular Blücherplatz, the termination of the Friedrichstraße and the eighteenth century southern gateway into Berlin. By placing the main library addition opposite the Hertie department store, we reintroduce the historic triangular Blücherplatz at the scale of Mehringplatz.
By placing smaller buildings inside the Blücherplatz, we designed a smaller scale library and market square more appropriate for the festivals, cultural activities and everyday life of the surrounding district. Our proposal also includes a tower, an entry rotunda and a technical service building that shapes and supports the market square.
In addition to forming the east side of the market square, the technical service building of the library reintroduces commercial activity to the square and to the Waterloo Ufer. The viewing tower adjacent to this building marks the entry into the square and the position of this important public place.
The existing library should retain its prominence as an important historic part of the new square, because it is a historic building symbolizing German/American co-operation in post-war Berlin.
The majority of the library addition is in a tall, thin block that makes the edge of the larger scale plaza and the public park. The thin block contains all the departments of the library, except the Berlin Collection. This bar building initiates the counter theme of pavilions on the park. The center of the bar building is a light shaft running the length and depth of the building. The light from the central shaft penetrates all levels of the reading rooms.

schacht. Das Licht durchflutet alle Ebenen der Lesesäle. Alle Bücher innerhalb der Abteilungen werden anstatt in funktionale Magazine in verschiedene Lesesäle eingeordnet. Es gibt drei Typen von Lesesälen für einzelne Leser, für kleine Gruppen und für größere Gruppen.
Für die Bibliothek schlagen wir Materialien vor, wie sie auch bei traditionellen Gebäuden in Berlin verwendet wurden: gelben Ziegel für den Flügelbau und warmen roten Ziegel für die Pavillons. Die an Gartenelemente erinnernden Gebäudeteile werden aus modernen Materialien wie Stahl hergestellt. Die Arkaden, Loggien und Gitterwerke sind aus dunkelblau gestrichenem Stahl.
Die Berlin-Sammlung wird im Erdgeschoß der schon bestehenden Bibliothek angelegt, wo sie sich im Zentrum des Platzes und auf der verlängerten Achse der Friedrichstraße befindet.
Der öffentliche Platz ist als Zugang für die Bewohner des Viertels konzipiert. Er sieht einen Garten für Kinder, Spielplätze und allgemeine Bereiche vor.

All of the books contained within the departments are placed in diverse reading rooms, rather than utilitarian stack areas. There are three general types of reading rooms: individual, small group, and large group.
The materials used in the proposed library building are those of traditional Berlin buildings. We chose for our addition to the library the yellow brick typically used in older Berlin buildings. The pavilions that interrupt the slab block are in a warm red brick also common in traditional public buildings of Berlin. The parts of building that connote small scale garden elements are made of more modern materials such as steel. The arcades, loggias and trellises are steel, painted a traditional dark blue color.
The Berlin Collection is placed on the ground floor in the existing library on center to the plaza and on axis with the Friedrichstraße.
The public park is designed to be accessible to the people of the district. The park accommodates the children's garden, areas for games and general areas.

DARSTELLUNG DES KONZEPTES
ERWEITERUNG DER
AMERIKA
BIBLIOTHEK

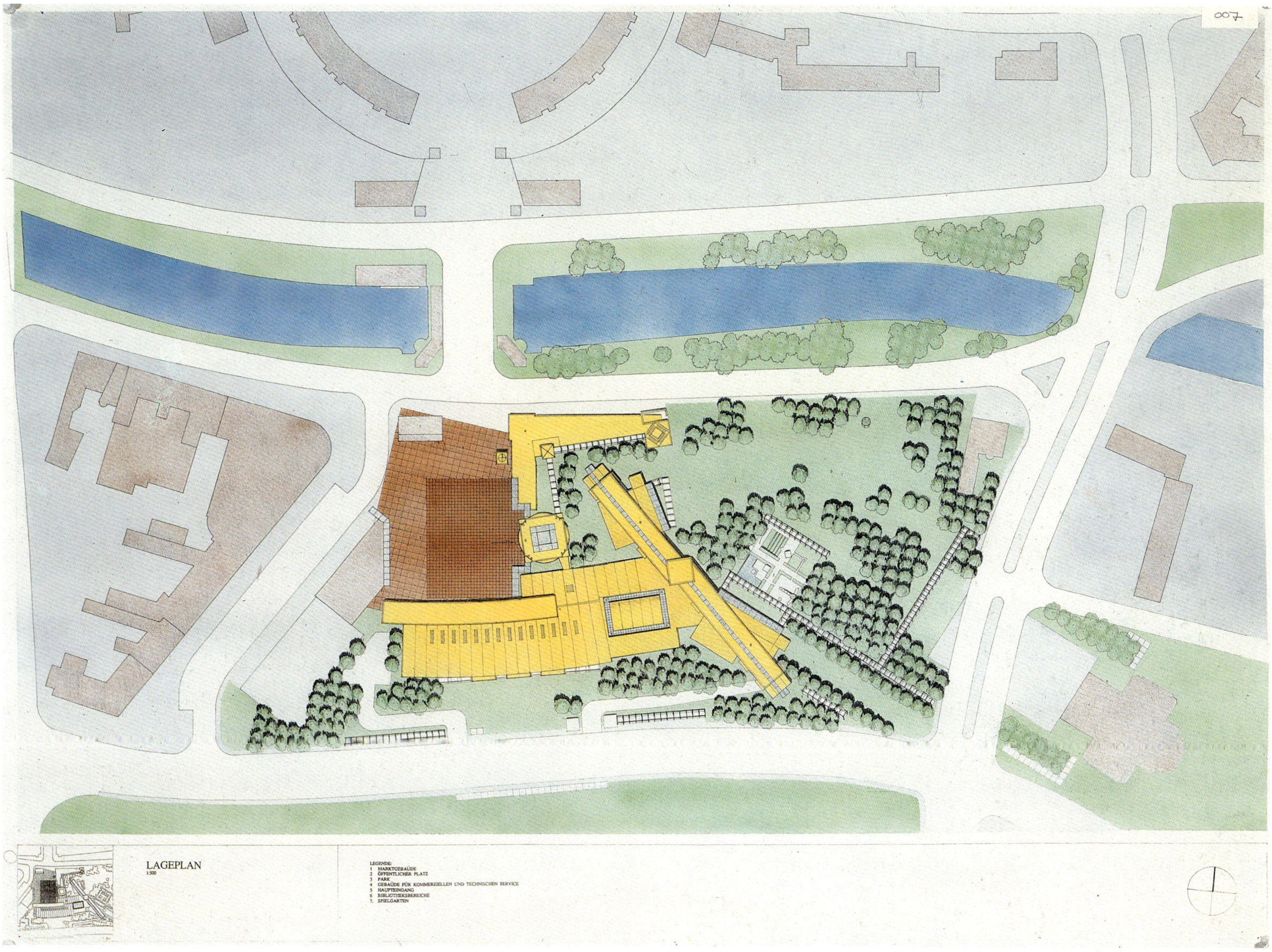
007
LAGEPLAN
1:500
LEGENDE:
1 MARKTGEBAÜDE
2 ÖFFENTLICHER PLATZ
3 PARK
4 GEBAÜDE FÜR KOMMERZIELLEN UND TECHNISCHEN SERVICE
5 HAUPTEINGANG
6 BIBLIOTHEKSBEREICHE
7. SPIELGARTEN

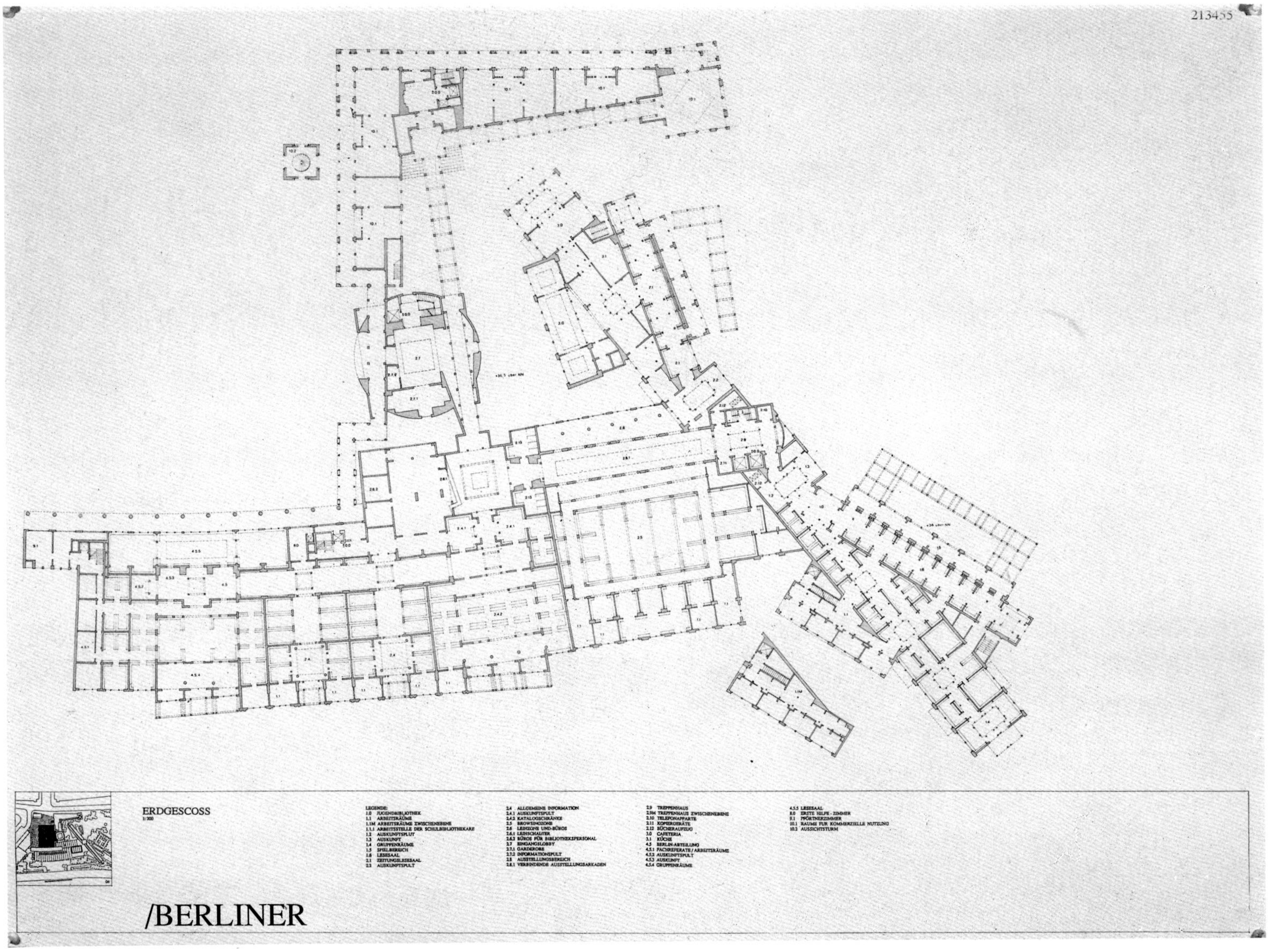
213455
ERDGESCOSS
LEGENDE:
1.0 JUGENDBIBLIOTHEK
1.1 ARBEITSRÄUME
1.1M ARBEITSRÄUME ZWISCHENEBENE
1.1.1 ARBEITSSTELLE DER SCHULBIBLIOTHEKARE
1.2 AUSKUNFTSPLUT
1.3 AUSKUNFT
1.4 GRUPPENRÄUME
1.5 SPIELBEREICH
1.6 LESESAAL
2.1 ZEITUNGSLESESAAL
2.3 AUSKUNFTSPULT
2.4 ALLGEMEINE INFORMATION
2.4.1 AUSKUNFTSPULT
2.4.2 KATALOGSCHRÄNKE
2.5 BROWSINGZONE
2.6 LEIHZONE UND-BÜROS
2.6.1 LEIHSCHALTER
2.6.2 BÜROS FÜR BIBLIOTHEKSPERSONAL
2.7 EINGANGSLOBBY
2.7.1 GARDEROBE
2.7.2 INFORMATIONSPULT
2.8 AUSSTELLUNGSBEREICH
2.8.1 VERBINDENDE AUSSTELLUNGSARKADEN
2.9 TREPPENHAUS
2.9M TREPPENHAUS ZWISCHENEBENE
2.10 TELEFONAPPARATE
2.11 KOPIERGERÄTE
2.12 BÜCHERAUFZUG
3.0 CAFETERIA
3.1 KÜCHE
4.5 BERLIN-ABTEILUNG
4.5.1 FACHREFERATE / ARBEITSRÄUME
4.5.2 AUSKUNFTSPULT
4.5.3 AUSKUNFT
4.5.4 GRUPPENRÄUME
4.5.5 LESESAAL
8.0 ERSTE HILFE - ZIMMER
9.1 PFÖRTNERZIMMER
10.1 RAUME FUR KOMMERZIELLE NUTZUNG
10.2 AUSSICHTSTURM
/BERLINER

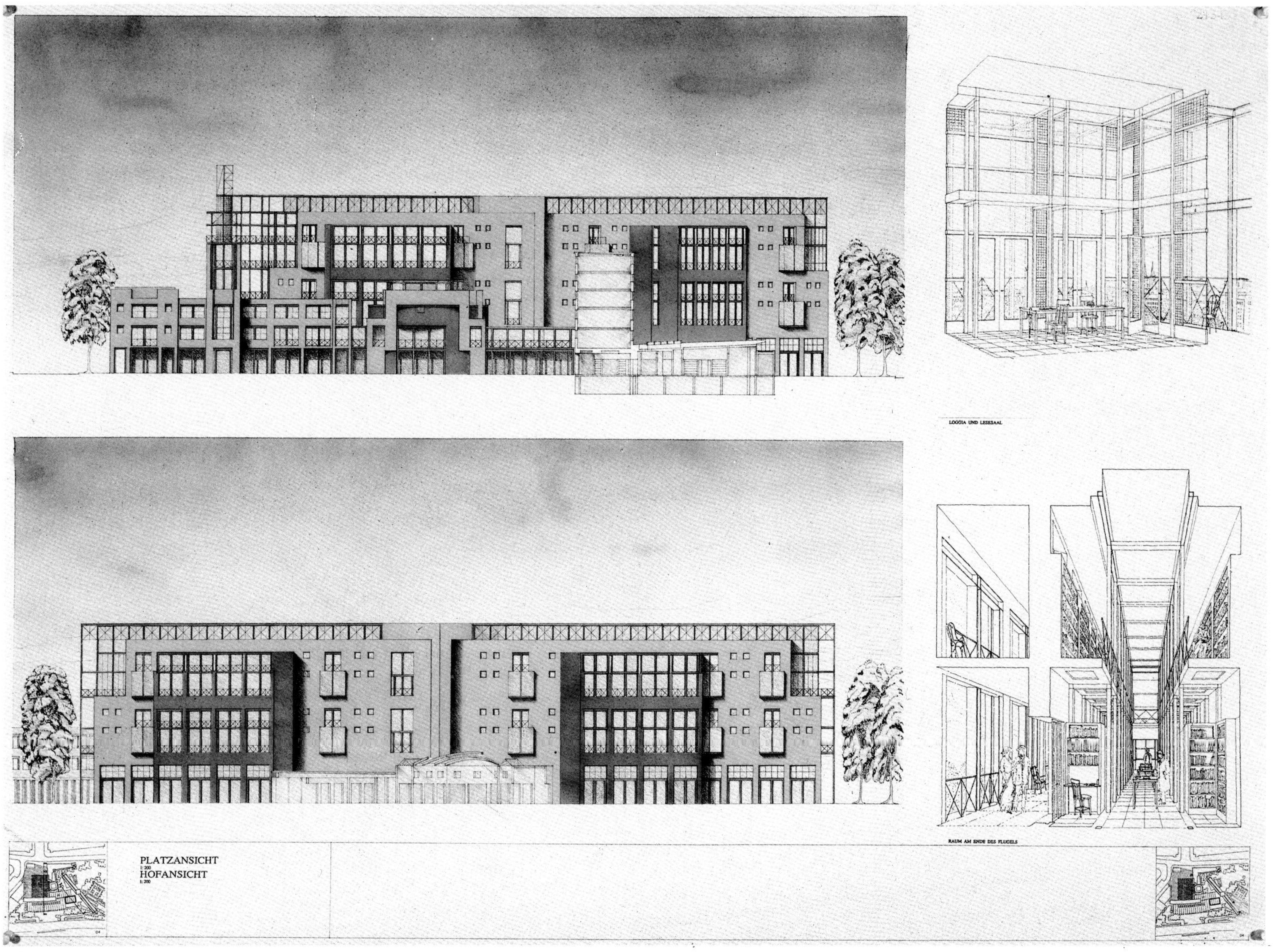
LOGGIA UND LESESAAL
RAUM AM ENDE DES FLUGELS
PLATZANSICHT
1:200
HOFANSICHT
1:200

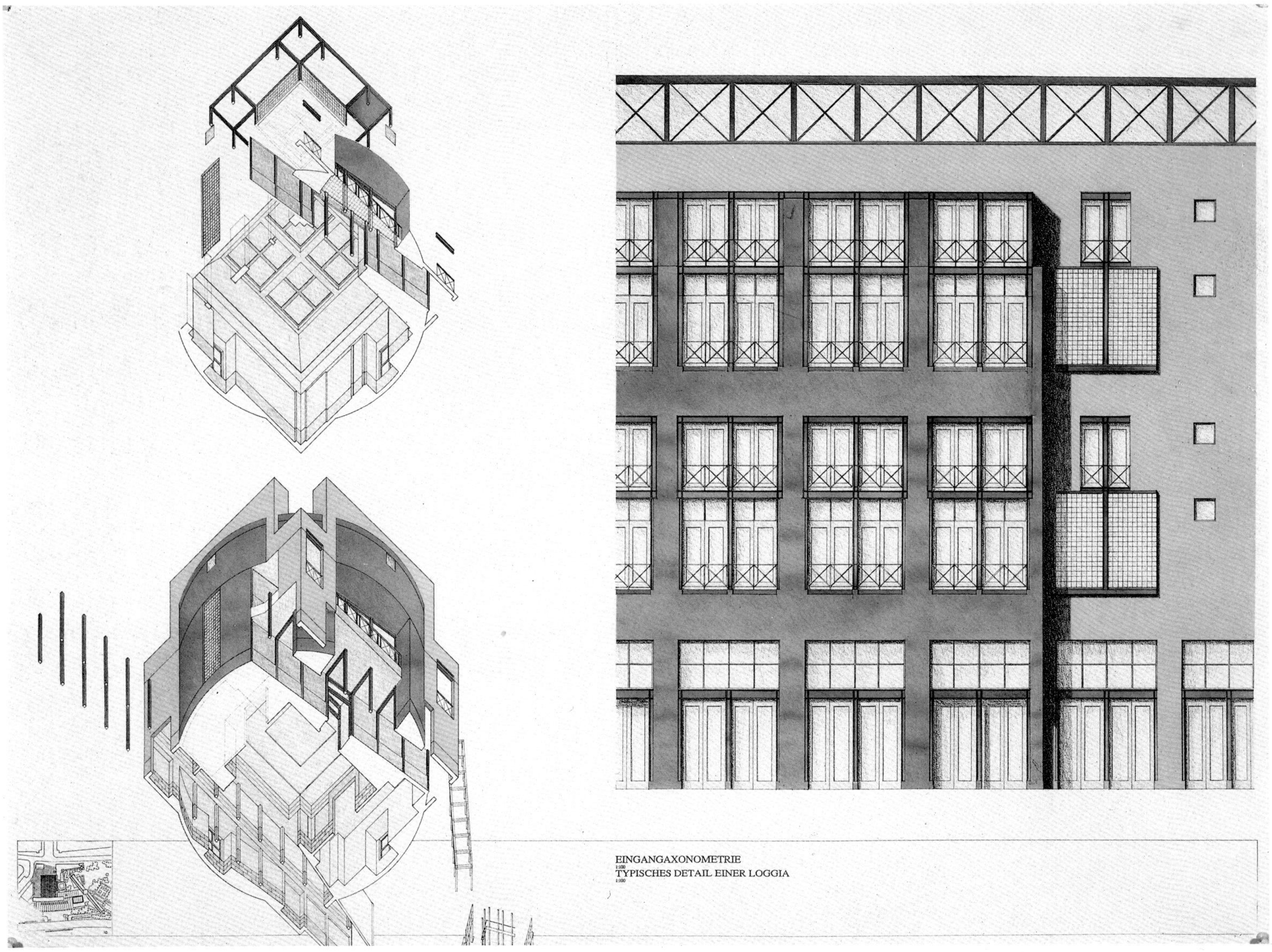
EINGANGAXONOMETRIE
1:100
TYPISCHES DETAIL EINER LOGGIA
1:100

Wilfried Wang (Cambridge, Massachusetts)
Mitarbeiter: Tom Rankin, Morgan Fleissig, Chris Scovel, Kevin Kieran, Inger Staggs, Gino Lee

Erläuterungsbericht

Die tiefgreifende Umgestaltung der Friedrichstadt nach dem Zweiten Weltkrieg würde eine isolierte, dem 19. Jahrhundert verhaftete Rekonstruktion am Blücherplatz wenig sinnvoll erscheinen lassen. Eine Verdichtung der städtebaulichen Erfahrungen der Bewohner und deren Überschneidung mit den tatsächlichen Nutzungsstrukturen ist dennoch anhand der architektonischen und städtebaulichen Mittel aus dem letzten Jahrhundert möglich.
Der vorliegende Entwurf versucht mit den gegebenen urbanen und architektonischen Elementen so umzugehen, daß eine Verwandtschaft zwischen Neu und Alt sichtbar wird. Eine räumliche Querverbindung zwischen der ehemaligen Kirche Zum Heiligen Kreuz, der AGB und dem Hertie-Block wäre nach diesem Entwurf durch platzsparende Elemente herzustellen. Diese sind der jetzige Hochhausteil der AGB, der durch einen Terrassenaufbau zu erhöhen wäre, der Jugendbibliotheksanbau, der die westliche Platzseite abschließen würde, die Verlegung des Haupteingangs zur AGB und die dichte Baumbepflanzung auf der nördlichen Platzseite parallel zur bestehenden Baumreihe am Waterloo Ufer. Der neugestaltete Blücherplatz könnte demnach als eigentlicher Endpunkt in der Raumsequenz der Friedrichstraße gedacht werden.
Die Erweiterung der AGB versucht der Konzentration und Kontemplation des Lesers zu dienen. Verschiedenartige Leseplätze bieten sowohl introvertierte, geschützte Sitzgelegenheiten als auch offenere, dem allgemeinen Verkehr verbundene Räumlichkeiten. Die einzelnen Leseplätze entlang der tragenden Außenmauer aus Klinker sind in unregelmäßigen Abständen, zum Teil an niedrigen Fenstern positioniert, deren Tiefe die ganze Mauerleibung aufnimmt, um damit den uneingeschränkten Bezug zur Außenwelt zu erlauben.
Der neue Baukörper, der sich aus der Erweiterung ergibt, versucht sich als Einheit zu verstehen, wobei die einzelnen Teile ihre Eigenständigkeit nicht verlieren sollten, so daß sie im Gesamtbild zum Orientierungsverständnis des Gebäudes beitragen. Die neuen Gebäudeteile übernehmen die Gewölbeform des bestehenden Flachbaus (der Hochbau bleibt somit einmalig) und sind von verglasten und gemauerten Außenwänden umgeben, die den verschiedenen Innenräumen gerecht werden.
Der Entwurf macht von der Möglichkeit Gebrauch, den jetzigen flachen Anbau der Jugendbibliothek und der Berlin-Sammlung abzureißen, um an dieser Stelle einen vergrößerten Innenhof mit Wasserteil zu setzen.
Der Anbau der Jugendbibliothek steht an der exponiertesten Stelle des Wettbewerbsgebietes. Vom Platz aus ist der direkte Einblick und gegebenenfalls Zugang zur Jugendbibliothek möglich. Der kleine Veranstaltungsraum könnte auch außerhalb der Öffnungszeiten für Vorlesungen, Filmvorführungen und dergleichen genutzt werden.

Wilfried Wang (Cambridge, Massachusetts)
Colloborators: Tom Rankin, Morgan Fleissig, Chris Scovel, Kevin Kieran, Inger Staggs, Gino Lee

Explanatory report

The profund transformation that has taken place in the Friedrichstadt after the Second World War would make an isolated reconstruction that is closely related to the nineteenth century appear to have little signification. However, an intensification of urban experience on behalf of the residents as well as visitors and their intersection with actual patterns of use is still possible by applying architectural and urban design means of the last decades.
The submitted design attempts to make use of the given urban and architectural elements in such a way as to render an affinity between new and old visible. In this design, a spatial connection between the Heilig-Kreuz-Kirche, the AGB and the Hertie department store would be made by certain place defining elements. These are the existing high-rise part of the AGB (this might be given a new sign), which would be increased in its height by the addition of a roof terrace; the new youth library that would terminate the western side of the square; the suggested transfer of the main entrance to the AGB; and the dense planting of trees on the northern side of the square parallel to the existing row of trees on the Waterloo Ufer. The newly rendered Blücherplatz could therefore by thought of as the actual terminating point to the spatial sequence of the Friedrichstraße.
This design for the extension of the AGB attempts to serve the reader's concentration and contemplation. Various reading places (individual as well as grouped ones) provide introverted, protected seating facilities, as well as more open spaces that are more closely connected to the general circulation system. The individual reading places along the load-bearing external brick wall are positioned at irregular intervals, on some occasions next to low windows, whose depth takes up the entire wall thickness (glazing is located on the exterior so as to permit an uninterrupted connection with the outside).
The design of the new building configuration so formed by the extension attempts to consider the resultant as a single entity, in which the parts are not to lose their own identity, so that they might contribute to the overall orientation understanding of the building. The new building elements would take on the vault form of the existing low-rise part (the high-rise part would therefore remain unique) and would be surrounded by glazed and masonry walls according to the various interiors.
The design makes use of the possible removal of the existing lower addition containing the youth library and Berlin Collection in order to locate an enlarged courtyard with a water element in its place.
The new youth library would be sited at the most exposed location of the competition area. A direct view (and entrance, if the financial and security related conditions would allow it) would be possible from the square. The small meeting hall would also be accessible outside opening hours for lectures, film shows and such things.

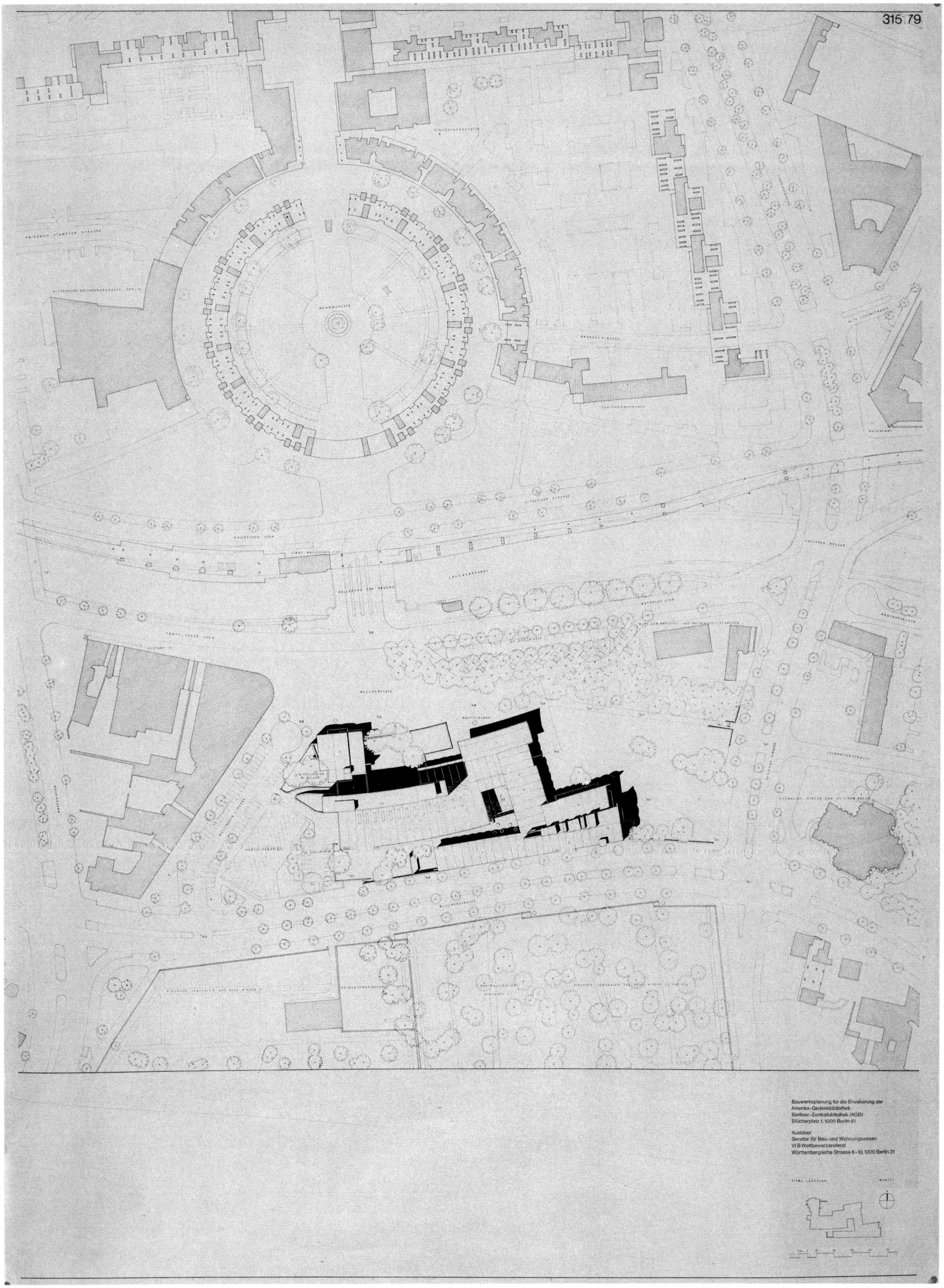
315.79
Bauwerksplanung für die Erweiterung der
Amerika-Gedenkbibliothek
Berliner-Zentralbibliothek (AGB)
Blücherplatz 1, 1000 Berlin 61
Auslober
Senator für Bau- und Wohnungswesen
VI B Wettbewerbsreferat
Württembergische Strasse 6-10, 1000 Berlin 31

BLATT 12 PERSPEKTIVE DER DREISCHOSSIGEN HALLE

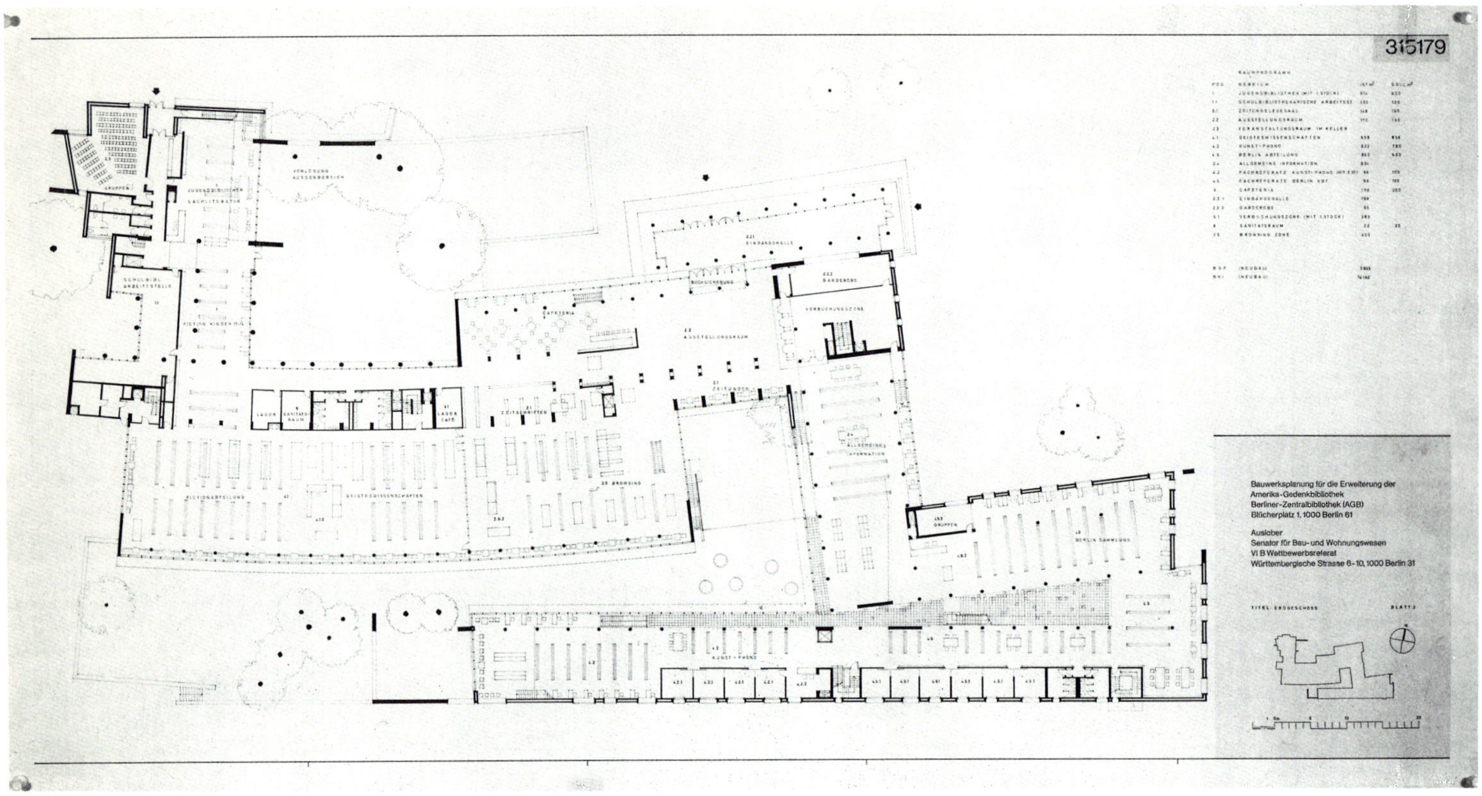
315179
Bauwerksplanung für die Erweiterung der
Amerika-Gedenkbibliothek
Berliner-Zentralbibliothek (AGB)
Blücherplatz 1, 1000 Berlin 61
Auslober
Senator für Bau- und Wohnungswesen
VI B Wettbewerbsreferat
Württembergische Strasse 6-10, 1000 Berlin 31

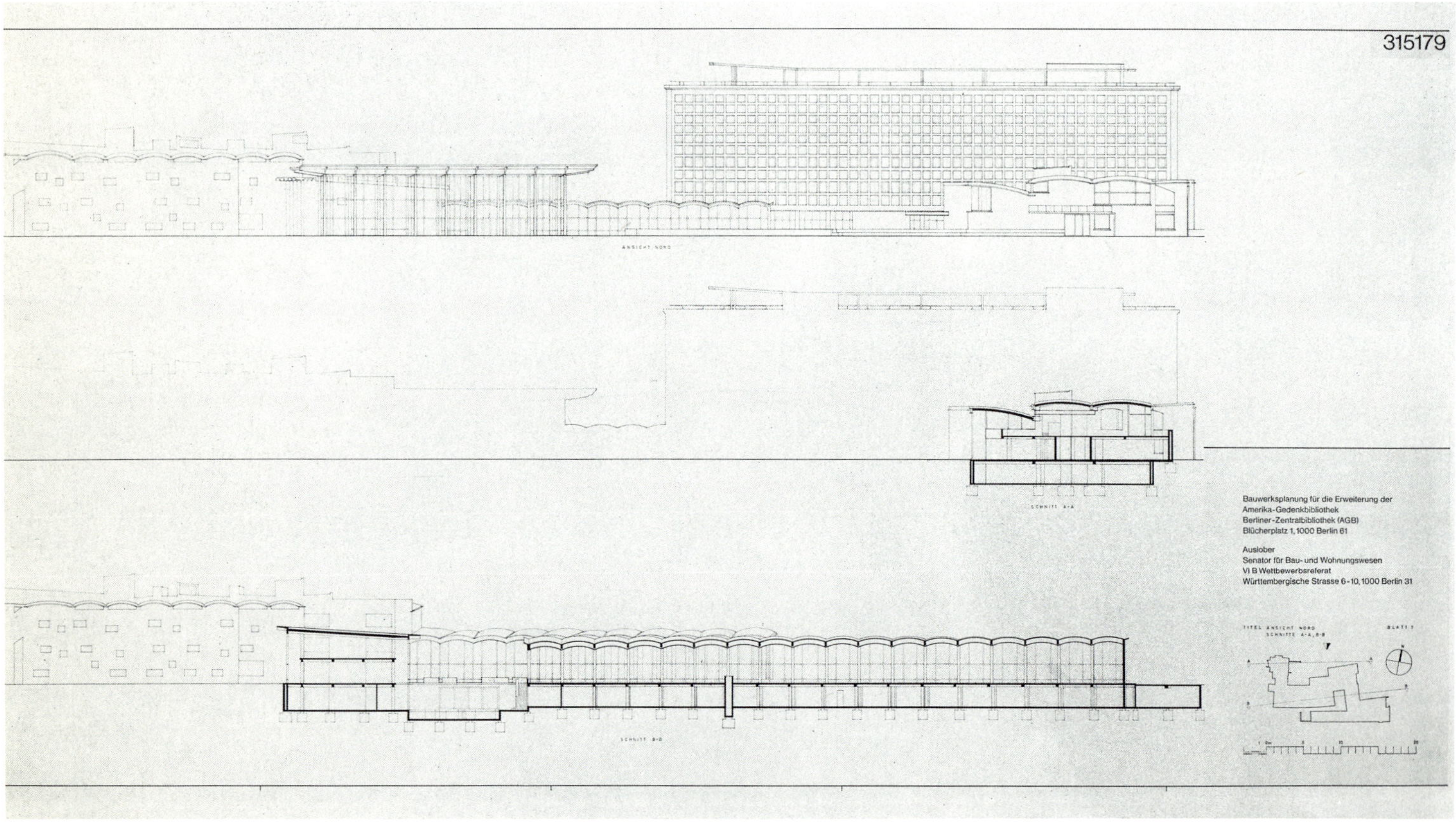
315179
Bauwerksplanung für die Erweiterung der
Amerika-Gedenkbibliothek
Berliner-Zentralbibliothek (AGB)
Blücherplatz 1, 1000 Berlin 61
Auslober
Senator für Bau- und Wohnungswesen
VI B Wettbewerbsreferat
Württembergische Strasse 6-10, 1000 Berlin 31
TITEL ANSICHT NORD
SCHNITTE A-A, B-B

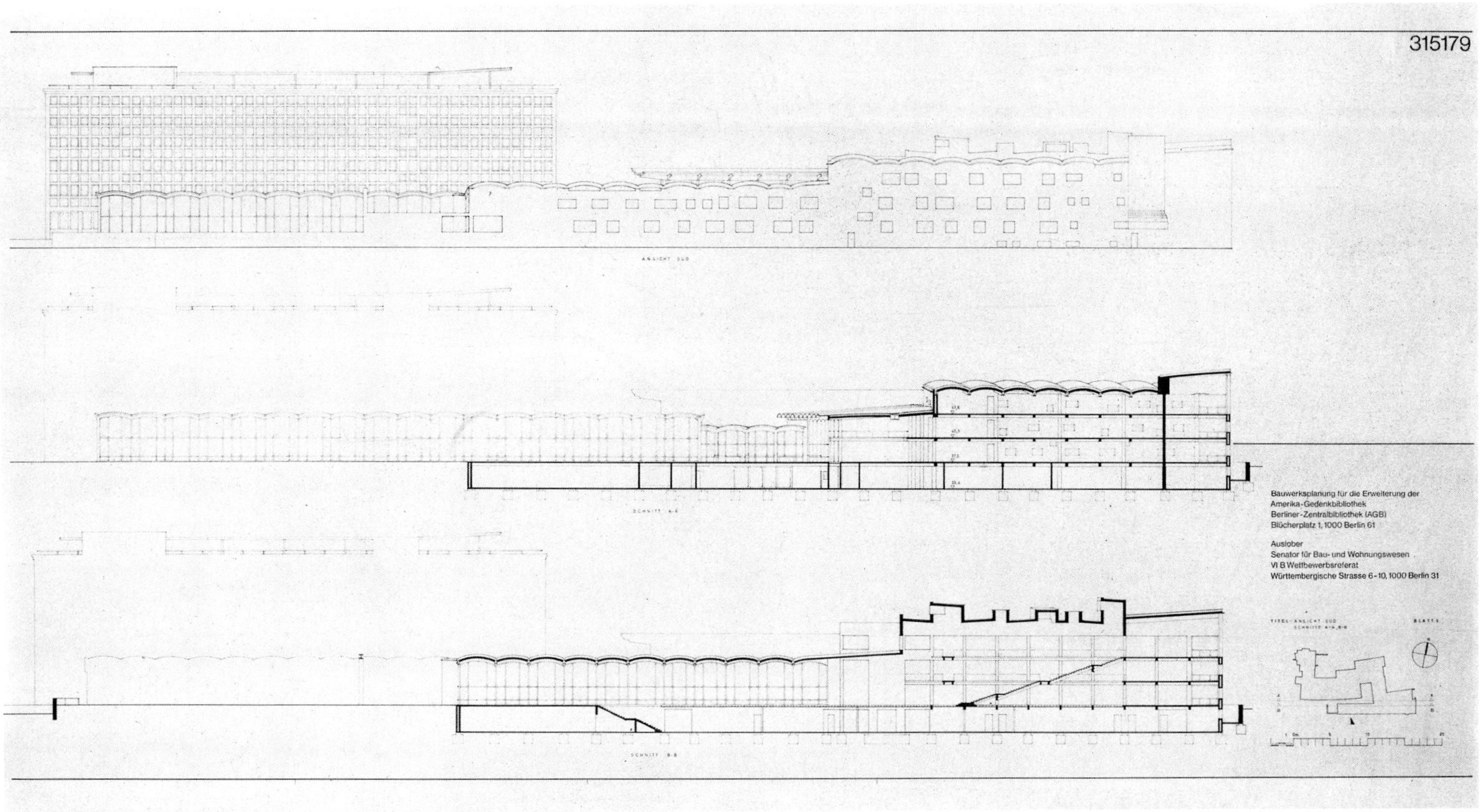
315179
Bauwerksplanung für die Erweiterung der
Amerika-Gedenkbibliothek
Berliner-Zentralbibliothek (AGB)
Blücherplatz 1, 1000 Berlin 61
Auslober
Senator für Bau- und Wohnungswesen
VI B Wettbewerbsreferat
Württembergische Strasse 6-10, 1000 Berlin 31

Biographische Notizen

Angélil, Marc M.
Geb. 1954 in Alexandria, Ägypten. Studium an der Eidgenössischen Technischen Hochschule, Zürich. Lebt in Boston, Massachusetts. Partnerschaft mit Sarah R. → Graham.

Duany, Andres
Geb. 1949 in New York. Studium an der Princeton University, Princeton, New Jersey, an der École Nationale Supérieure des Beaux-Arts, Paris, und an der Yale University, New Haven, Connecticut. Lebt in Miami. Partnerschaft mit Elizabeth → Plater-Zyberk.

Florian, Paul
Geb. 1950 in Chicago, Illinois. Studium der Kunstgeschichte an der Johns Hopkins University, Baltimore, Maryland; Studium der Architektur an der Washington University, St. Louis, an der Architectural Association School of Architecture, London, und an der University of Illinois, Chicago. Lebt in Chicago. Partnerschaft mit Stephen → Wierzbowski und William → Worn.

Genasci, Donald B.
Geb. 1938 in Kalifornien. Studium der Architektur an der University of Oregon, Eugene, an der Architectural Association School of Architecture, London, und an der University of Essex, Colchester. Lebt in Eugene.

Graham, Sarah R.
Geb. 1951 in Portland, Oregon. Studium der Architektur an der Harvard Graduate School of Design; Studium an der Eidgenössischen Technischen Hochschule, Zürich; Studium in Kunstgeschichte und Design an der Stanford University, Stanford, Kalifornien. Lebt in Boston und Los Angeles. Partnerschaft mit Marc M. → Angélil.

Holl, Steven
Geb. 1947 in Bremerton, Washington. Studium an der University of Washington, Seattle, und an der Architectural Association School of Architecture, London. Lebt in New York.

Krueck, Ron
Geb. 1947 in Cincinnati, Ohio. Studium der Architektur am Illinois Institute of Technology, Chicago. Lebt in Chicago. Partnerschaft mit Keith → Olsen.

van Lengen, Karen
Geb. 1951 in Syracuse, New York. Studium der Psychologie am Vasser College, Poughkeepsie, New York; Studium der Architektur an der Columbia University, New York. Lebt in New York.

Lerup, Lars
Geb. 1940 in Växiö, Schweden. Studium des Bauingenieurwesens in Schweden; Studium der Architektur an der University of California, Berkeley, und an der Harvard University, Cambridge, Massachusetts. Lebt in Berkeley.

Lohan, Dirk
Geb. 1938 in Berlin. Studium an der Technischen Hochschule München und am Illinois Institute of Technology, Chicago (bei seinem Großvater Mies van der Rohe). Lebt in Chicago.

Mack, Mark
Geb. 1949 in Judenburg, Österreich. Studium an der Technischen Hochschule Graz und an der Akademie der bildenden Künste, Wien. Lebt in San Francisco.

Mayne, Thom
Geb. 1944 in Waterbury, Connecticut. Studium an der Harvard University, Cambridge, Massachusetts, und an der University of Southern California, Los Angeles. Lebt in Santa Monica. Partnerschaft mit Michael → Rotondi (Morphosis).

Olsen, Keith
Geb. 1947 in Dover, New Jersey. Studium der Architektur am Illinois Institute of Technology, Chicago. Lebt in Chicago. Partnerschaft mit Ron → Krueck.

Plater-Zyberk, Elizabeth
Geb. 1950 in Pennsylvania. Studium an der Princeton University, Princeton, New Jersey, und an der Yale University, New Haven, Connecticut. Lebt in Miami. Partnerschaft mit Andres → Duany.

Rotondi, Michael
Geb. 1949 in Los Angeles. Studium am Southern California Institute of Architecture, Los Angeles. Lebt in Santa Monica. Partnerschaft mit Thom → Mayne (Morphosis).

Saitowitz, Stanley
Geb. 1949 in Johannesburg. Studium in Südafrika und an der University of California, Berkeley. Lebt in San Francisco.

Tschumi, Bernard
Geb. 1944 in Lausanne. Studium an der Eidgenössischen Technischen Hochschule, Zürich. Lebt in New York.

Wang, Wilfried
Geb. 1957 in Hamburg. Studium an der Bartlett School of Architecture, London. Lebt in Cambridge, Massachusetts.

Wierzbowski, Stephen
Geb. 1953 in Greensburg, Pennsylvania. Studium an der Carnegie Mellon University, Pittsburgh, und an der University of Illinois, Chicago. Lebt in Chicago. Partnerschaft mit Paul → Florian und William → Worn.

Worn, William
Geb. 1950 in Chicago, Illinois. Studium der Psychologie und Architektur an der University of Illinois, Chicago. Lebt in Chicago. Partnerschaft mit Paul → Florian und Stephen → Wierzbowski.